LÉON DAUDET
de l'Académie Goncourt

LE STUPIDE

XIXᵉ SIÈCLE

EXPOSÉ DES INSANITÉS MEURTRIÈRES
QUI SE SONT ABATTUES
SUR LA FRANCE DEPUIS 130 ANS
1789-1919

PARIS
NOUVELLE LIBRAIRIE NATIONALE
3, PLACE DU PANTHÉON, 3

MCMXXII

À LA
HAUTE ET FIÈRE MÉMOIRE

© 2024, Léon Daudet (domaine public)
Édition : BoD – Books on Demand, info@bod.fr
Impression : BoD – Books on Demand,
In de Tarpen 42, Norderstedt (Allemagne)
Impression à la demande
ISBN : 9782322544240
Dépôt légal : Août 2024

DU COMTE EUGÈNE DE LUR SALUCES
EXILÉ DE FRANCE
EN CHATIMENT DE SA CLAIRVOYANCE

L. D.

TABLE DES MATIÈRES

AVANT-PROPOS EN MANIÈRE D'INTRODUCTION

CHAPITRE PREMIER

STUPIDITÉ DE L'ESPRIT POLITIQUE AU XIXe SIÈCLE FRANÇAIS. — RÉVOLUTION ET LIBÉRALISME. — LA PRESSE ET SON RÔLE

CHAPITRE II

L'ABERRATION ROMANTIQUE ET SES CONSÉQUENCES

CHAPITRE III

DÉCADENCE AU XIXe siècle DE LA PHILOSOPHIE ET DE SON ENSEIGNEMENT

CHAPITRE IV

AFFAISSEMENT PROGRESSIF DE LA FAMILLE, DES MŒURS, DES ACADÉMIES, DES ARTS. — DISPARITION D'UNE SOCIÉTÉ POLIE QUE REMPLACENT LES « SALONNARDS »

CHAPITRE V

DOGMES ET MAROTTES SCIENTIFIQUES AU XIXe SIÈCLE

CONCLUSION

LE STUPIDE XIXᵉ SIÈCLE

AVANT-PROPOS
EN MANIÈRE D'INTRODUCTION

    Né dans le dernier tiers du dix-neuvième siècle et mêlé, par la célébrité paternelle, à l'erreur triomphante de ses tendances politiques, scientifiques et littéraires, j'ai longuement participé à cette erreur, jusqu'environ ma vingtième année. Alors, sous diverses influences, notamment sous le choc des scandales retentissants du régime, puis de la grande affaire juive, et des réflexions qui s'ensuivirent, le voile pour moi se déchira. Je reconnus que les idées courantes de nos milieux étaient meurtrières, qu'elles devaient mener une nation à l'affaissement et à la mort, et que baptisées dans le charnier des guerres du premier Empire, elles mourraient sans doute dans un autre charnier pire. Les quelques exposés qui vont suivre sont ainsi plus une constatation qu'une démonstration. On en excusera la forme volontairement âpre, rude et sans ménagement. Ce qui a fait la force détestable de l'esprit révolutionnaire, et sa suprématie, depuis cent trente ans, c'est la faiblesse de l'esprit réactionnaire, rabougri, dévié et affadi en libéralisme. Les abrutis, souvent grandiloquents et quelquefois du plus beau talent oratoire et littéraire, allant jusqu'au génie verbal (cas de Victor Hugo par exemple), qui menaient l'assaut contre le bon sens et la vérité religieuse et politique, ne ménageaient, eux, rien ni personne. Ils se ruaient à l'insanité avec une sorte d'allégresse et de défi, entraînant derrière eux ces stagnants, qui ont peur des mots et de leur ombre, peur de leurs contradicteurs, peur d'eux-mêmes. Ils appelaient à la rescousse la foule anonyme et ignorante, cette plèbe intellectuelle qu'il ne faut pas confondre avec le peuple, et qui n'a été, au cours de l'histoire, que la lie irritée de la nation. Il n'est rien de plus sage, ni de plus raisonnable, que le peuple français dans ses familles, ses besoins, son labeur et ses remarques proverbiales. Il n'est rien de plus délirant que cette plèbe comiciale, infestée d'étrangers, errante et vagulaire, mal définie, qui va des assaillants de la Bastille aux politiciens républicains de la dernière fournée. Conglomérat baroque et terrible (baroque en ses éléments, terrible en ses résultats), qui mêle et juxtapose le juriste sans entrailles et borné, au médicastre de chef-lieu, au ploutocrate de carrefour, au souteneur mal repenti, à la fille publique travestie en monsieur. Jamais, même au temps d'Aristophane ou de Juvénal, jamais pareille matière ne s'est offerte au satirique, avec une semblable profusion, un tel foisonnement d'ignares, de tâtonnants, d'infatués, de foireux et de fols. Nous verrons les noms à mesure, car je n'ai nulle intention de les celer.

C'est, je crois, le philosophe catalan Balmès, défenseur illustre et clair du catholicisme, qui exprima, le plus justement, cette idée qu'il importe, pour nuire réellement à une doctrine pernicieuse, de s'en prendre à ceux qui la propagent. Rien de plus juste. Les polémiques *ad principia* ont leur autorité et leur prix. Mais elles ne deviennent percutantes qu'en s'incarnant, en devenant polémiques *ad personas*, du moins quant aux vivants. « Vous compliquez la tâche », s'écrient les paresseux et les timides. Pour vous peut-être, qui vous contentez d'un semblant de lutte et de fausses victoires académiques. Nous la simplifions, au contraire, pour ceux qui veulent des résultats tangibles, positifs, solides. En voici un exemple et récent :

Pendant de longues années, des historiens, des théologiens, des hommes politiques de droite ou du centre (j'emploie à dessein le jargon parlementaire, parce qu'il correspond à des visages) se sont attaqués à la maçonnerie, qui est l'instrument électoral du peuple juif en subsistance chez les Français. D'excellents ouvrages ont paru sur ce sujet. La maçonnerie, dévoilée ou non, ne s'en portait pas plus mal, quand, à l'automne de 1904, un député patriote courageux et jusqu'à la mort, du nom de Gabriel Syveton, fit éclater le scandale des fiches de délation et souffleta, en pleine séance, le chef des mouchards (et du même coup les auxiliaires et renseigneurs de l'Allemagne), autrement dit le ministre de la Guerre général André. Cet acte porta à la maçonnerie un coup terrible, dont elle ne s'est pas relevée, dont elle ne se relèvera peut-être pas. Or, le soir même de cet événement, d'une importance historique, j'eus la stupeur d'entendre désavouer ce glorieux et malheureux Syveton (mon ancien condisciple de Louis-le-Grand), par presque tous ses amis et partisans, qui lui reprochaient ce beau soufflet comme impolitique… Impolitique !… Alors qu'il passait en efficacité tous les discours et tous les articles, concentrant en un moment, sur une blême face de chair et d'os, l'indignation accumulée par la célèbre, trop célèbre compagnie des frères mouchards. Pendant toute la journée qui suivit, je chapitrai à ce sujet, à son domicile, passage Landrieu, puis dans la rue, Edouard Drumont, auteur de la *France juive*, de ce grand pilori nominal, si puissant et majestueux, tout animé d'un bruissement dantesque. Mais, Drumont étant député, d'ailleurs assez muet, et participant à la convention générale, déplorait la gifle vengeresse ; « Ah ! mon ami, tout de même, le général André a soixante-cinq ans sonnés ! » Cet argument me paraissait niais, piteux ; je le dis à Drumont, que j'aimais et admirais de toutes mes forces, et nous faillîmes nous disputer.

N'allez pas en conclure, au moins, que je préconise la violence (posthume ou non), vis-à-vis des penseurs ou écrivains pernicieux, qui ouvrirent et peuplèrent les charniers du premier Empire, de la Commune, des deux guerres franco-allemandes de 1870 et de 1914. Je préconise plus simplement l'examen critique, ferme et dru, puis le déboulonnage des idoles de la révolution et de la démocratie au XIXe siècle. Mais pour que cette indispensable opération ait lieu, il faut d'abord que les gens aient remarqué le lien de ces idoles (lien de cause à effet), aux maux qu'ils engendrèrent. C'est un premier point, et sans doute le plus malaisé à obtenir.

En effet, le sens de la responsabilité personnelle s'est fortement déprimé au XIXe siècle, alors que tout le long du moyen âge, et encore au XVIe siècle et au XVIIe siècle, il était si vigoureux. Le fatalisme et le déterminisme en sont le témoignage, qui font croire aux hommes, et notamment à nos compatriotes, que les maux subis et soufferts, dans le domaine des choses d'État notamment, tiennent, non à de mauvaises institutions et à une mauvaise politique, non au mûrissement des erreurs et lâchetés, mais à des nécessités lointaines et inéluctables, comme la rotation de la terre, ou la succession des saisons. L'affaissement de l'esprit déductif est une caractéristique du XIXe siècle, en même temps que sa timidité psychologique. Les écrivains prétendus sceptiques (un Renan, par exemple), n'osent pas aller jusqu'au bout de leur raisonnement, ni même d'un raisonnement quelconque, de peur d'y rencontrer la personne divine, ou son reflet dans la conscience humaine, qui est la responsabilité directe. Lus de ce point de vue, ces philosophes sans philosophie (car il n'aime point pour de bon la sagesse, celui qui s'arrête en chemin), ces hésitants, effrayés et aboulignes, excitent un rire d'une qualité supérieure. Je vous recommande la correspondance falote de Renan et de Berthelot. L'esprit borné, fanatique et buté de Berthelot (dès qu'il sort de ses oignons, c'est-à-dire de la chimie, de la chaleur et des explosifs) voudrait en vain entraîner le souple Renan dans des voies introspectives, dont Renan, ancien clerc, flaire le danger et devant lesquelles il renâcle. Claude Bernard aussi est bien inquiet, le cher homme, quand, au delà du foie et de son sucre, du cerveau et de la distinction des nerfs sensibles et des nerfs moteurs, il aperçoit une sorte de lueur, qui n'est pas de pure phosphorescence. Vite, il se détourne et s'enfuit. Il n'est presque pas d'esprit prétendu libre, en cette époque si profondément timide, chez qui ne se remarque, plus ou moins dissimulée, tacite ou arrogante, cette panique du divin. Les théologiens n'avaient pas les mêmes transes, certes, vis-à-vis de l'incrédulité, et ils vous l'empoignaient hardiment.

La méconnaissance des effets, dans leurs rapports avec les causes, m'objecte quelqu'un, c'est absurdité, plus que stupidité. Sans doute, mais, dans le fait d'être absurde, il subsiste une possibilité, une notion d'énergie. Au lieu que le XIXe siècle se complaît dans ses insanités. Étymologiquement, « stupet » : il demeure là, au même point, immuable, béat et réjoui, comme un âne assis dans une mare ; et il s'admire et il se mire, et il convie les passants à le célébrer et à l'admirer. Lisez *l'Avenir de la science* de Renan, déjà nommé, qu'il appelait son « encéphalite » et trouvait manifestement un bouquin rare et hardi, et qui nous apparaît aujourd'hui comme une prud'homie sans nom. Lisez la burlesque correspondance du bon Flaubert, boule de jardin, où apparaissent, grandies en tous sens, toutes les sottises et niaiseries de son époque. Le plus drôle, c'est qu'il crut condenser sottises et niaiseries dans *Bouvard et Pécuchet*, morne recueil des fantaisies de deux imbéciles, alors que sa correspondance est un compendium beaucoup plus sérieux (et donc beaucoup plus comique), de néoponcifs autrement dangereux. Flaubert était trop ouvert à la sonorité des mots pour ne pas se griser du romantisme, lequel est lui-même l'exaltation des parties basses de l'humanité, aux dépens de la divine raison. J'ai vu, jadis, dans un jardin, un massif de roses admirables, et d'un coloris surprenant, dont le parfum grisant était contrarié et troublé par une autre odeur indéterminée. Le propriétaire de la roseraie se demandait s'il y avait, là derrière, quelque bête crevée. Non de bêtes puantes, mais d'une fosse d'aisance, jadis opulente, puis désertée et dont subsistait le fade souvenir. Là m'apparut l'image du romantisme, qu'inauguré la lyre de René et qui, finalement, s'incarne en Zola. Toute redondance verbale aboutit à l'instinct.

L'infatuation du XIXe siècle en général (et qui dépasse même celle des encyclopédistes de la fin du XVIIIe siècle, dont elle est issue), m'apparaît comme un legs de la

Réforme et un épanouissement de l'individualisme. On la trouve aussi bien dans les académies, qui se dépouillent de leur substance et abandonnent le labeur, et même la politesse intellectuelle, pour le décorum, que dans les cénacles littéraires. Seule y échappe une savoureuse bohème de lettres, d'arts ou de science, méconnue par les contemporains, et qui sauvera la cause de l'originalité. Le poncif est de tous les temps, mais celui qui s'étend de 1830 à 1900, sous des déguisements successifs, avec une même candeur, est un poncif doctrinaire et pompier, d'une fibre, d'une qualité unique, car il prétend à l'innovation, à la singularité, à la hardiesse.

En voulez-vous quelques spécimens, résumés en quelques propositions ? Il n'y a que l'embarras du choix, et cent devises de néant (dont chacune pourrait servir d'épigraphe à un chapitre du présent ouvrage) résument cent années de discours, discussions, palabres, poèmes, romans, journaux, critiques et considérations philosophiques, dont le fatras remplirait dix bibliothèques de la contenance de celle d'Alexandrie. Car tout le monde prétend plus ou moins à écrire, résumer, juger, expliquer son propre caractère ou celui d'autrui, ou libérer ses humeurs, où améliorer la Constitution. Le bavardage n'est pas seulement sur la langue ; il est dans la plume, où des poétesses, volontairement hagardes, improvisées et échevelées, délaient en douze mille vers, de moins en moins sincères, leurs souvenirs d'enfance et l'éveil de leur puberté, où des prosateurs, d'ailleurs bien doués, racontent, en cinquante tomes, leurs navigations et escales en divers pays, jointes à la crainte qu'ils ont de la mort. Ah ! cette mort, comme on la redoute, dans le clan des laïcs et des sceptiques, des belliqueux négateurs de l'éternité et de son Juge ! Comme elle préoccupe et embringue tous ceux qui devraient pourtant se moquer d'elle, puisqu'elle est, à leurs yeux, néant, et que le néant abolit la souffrance, ainsi que tout souvenir de l'être, ainsi que toute préoccupation !... « Hélas ! je mourrai, je disparaîtrai, il ne restera plus rien de mon beau corps ni de mon esprit si subtil, ni de ma sagesse, ni de mes bondissements, ni de ma folie, ni de mon lyrisme, ni de ma gloire, ni de mes lauriers ! — Hélas ! non, d'après vos doctrines mêmes, rien ne restera, monsieur, madame. — N'est-ce pas une chose épouvantable ? — Mon Dieu non, c'est chose ordinaire et courante en matérialisme, et dont il faut, dès la naissance, prendre votre parti. » Comparez à cette pusillanimité devant l'inéluctable, à cette chair de poule, à ces frémissements, l'impavidité des gens du XVIe du XVIIe, même du XVIIIe siècle, où aristocrates et bourgeois regardèrent avec des yeux calmes la guillotine et haussèrent les épaules devant leurs bourreaux. Cette charrette d'enfants, hurleurs et échevelés, qui parcourt les avenues du romantisme français, en ameutant et terrifiant les badauds, à l'aide de phrases sonores et de rimes alternées, est quelque chose de dégoûtant et qui rend honteux. Le manque de tenue devant la Camarde est le pire de tous, et l'acceptation de l'inéluctable devrait s'enseigner de bonne heure aux enfants, avec la façon de lire et de manger.

> Quiconque meurt meurt à douleur.
> Celui qui perd vent et haleine,
> Le fiel lui tombe sur son cœur,
> Puis sue, Dieu sait quelle sueur !

dit sobrement François Villon…, et il court à d'autres exercices. Est-il sottise plus grande que de passer le bref temps de la vie à conjecturer et lamenter la mort, et n'y a-t-il pas plutôt une curiosité, attenante à ce moment de passage, que nous devrions cultiver en nous ? Puis après pareilles guerres, semblables holocaustes et le peuplement de tant de cimetières, de fossés et de champs convertis en cimetières, quelle surpuérilité ridicule que cette plainte, que cette inquiétude, que cette angoisse ! En vérité, il est temps de fermer le vocero du cercueil qui vient et de chercher d'autres sujets d'élégie que celui de notre propre anéantissement. Depuis quelque temps, je juge un poète (hors de son rythme et de son élan) à la façon dont il prend bien la mort. Tel Mistral, dans les *Olivades*, conjecturant avec sérénité son tombeau et l'évanouissement progressif de sa gloire. Qu'il s'estime heureux, celui qui n'est pas mort d'une balle au front, obscurément, de 1914 à 1918, et qui peut encore manger la soupe baudelairienne, « au coin du feu, le soir, auprès d'une âme aimée ! » Qu'elle s'estime heureuse, celle qui n'a pas dû vendre son corps pour gagner son propre pain et qui a lit, canapé, mari, enfants, voire belle-mère, entourage de médisants et de calomniateurs ! Tout cela vaut mieux que la terre froide et prématurée, ou que le sourire pernicieux de l'entremetteuse.

Revenons donc à nos poncifs, ou plutôt à quelques-uns d'entre eux :

1° Le XIXe siècle est le siècle de la science.

2° Le XIXe siècle est le siècle du progrès.

3° Le XIXe siècle est le siècle de la démocratie, qui est progrès et progrès continu.

4° Les ténèbres du moyen âge.

5° La Révolution est sainte et elle a émancipé le peuple français.

6° La démocratie, c'est la paix. Si tu veux la paix, prépare la paix.

7° L'avenir est à la science. La Science est toujours bienfaisante.

8° L'instruction laïque, c'est l'émancipation du peuple.

9° La religion est la fille de la peur.

10° Ce sont les États qui se battent. Les peuples sont toujours prêts à s'accorder.

11° Il faut remplacer l'étude du latin et du grec, qui est devenue inutile, par celle des langues vivantes, qui est utile.

12° Les relations de peuple à peuple vont sans cesse en s'améliorant. Nous courons aux États-Unis d'Europe.

13° La science n'a ni frontières, ni patrie.

14° Le peuple a soif d'égalité.

15° Nous sommes à l'aube d'une ère nouvelle de fraternité et de justice.

16° La propriété, c'est le vol. Le capital, c'est la guerre.

17° Toutes les religions se valent, du moment qu'on admet le divin.

18° Dieu n'existe que dans et par la conscience humaine. Cette conscience crée Dieu un peu plus chaque jour.

19° L'évolution est la loi de l'univers.

20° Les hommes naissent naturellement bons. C'est la société qui les pervertit.

21° Il n'y a que des vérités relatives, la vérité absolue n'existe pas.

22° Toutes les opinions sont bonnes et valables, du moment que l'on est sincère.

Je m'arrête à ces vingt-deux âneries, auxquelles il serait aisé de donner une suite, mais qui tiennent un rang majeur par les innombrables calembredaines du XIXe siècle, parmi ce que j'appellerai ses idoles. Idoles sur chacune desquelles on pourrait mettre un ou plusieurs noms. Nous aurons amplement l'occasion d'y revenir et de discerner, sous chacune d'elle, dans son socle, la timidité et l'outrecuidance dont nous venons de parler. Essayons auparavant de situer le XIXe siècle en France, quant à ces vastes mouvements de l'esprit humain, comparables à des lames de fond, qui déferlent, au cours de l'histoire, sur les sociétés, et dont l'origine demeure obscure, comme celle des grandes conflagrations, invasions ou tueries où elles atterrissent et qui en paraissent les chocs en retour.

Le moyen âge français est dominé, quant à l'esprit, par l'incomparable scolastique — dont nous commençons à peine à retrouver les linéaments — et par saint Thomas d'Aquin ; quant à la pierre, par les cathédrales ; quant au mouvement, par les Croisades, dont l'aboutissement est Jeanne d'Arc. Car la vierge héroïque est issue de cet immense frisson fidèle.

Puis vient la Renaissance, personnifiée chez nous par ces trois noms : François Ier (avec sa prodigieuse couronne d'artistes, de poètes, d'érudits), Rabelais, Montaigne et ce qui s'ensuivit. Si cette époque nous est mieux connue que le moyen âge, elle est loin cependant de nous avoir livré ses secrets et sa filiation. Car la révélation d'Aristote par saint Thomas n'est-elle pas l'origine de la Renaissance ?

Maintenant voici la Réforme, avec Luther, Calvin, l'assombrissement de l'esprit européen par la négation du miracle, finalement la déification de l'instinct et de la convoitise brute. De la Réforme sortent Rousseau à Genève et Kant à Koenigsberg. Ce dernier ébranle la raison occidentale par cette exhaustion de la réalité qui s'appelle le criticisme transcendantal, et en niant l'adéquation de la chose à l'esprit, du monde extérieur au monde intérieur.

À la Réforme succède la Révolution française, directement inspirée de Rousseau, puis de l'Encyclopédie. C'est la fin du XVIIIe siècle et aussi l'aurore sanglante du XIXe. Examinons ce dernier, enfant et jeune homme (1806 à 1815), puis adulte (1848), puis vieillissant (1870), puis moribond (1900 à 1914). Car il faut tenir compte du décalage de quelques années, entre la morne et fatale Exposition de 1900 et la grande guerre, comme du décalage des débuts, entre le Directoire et l'assiette de l'Empire. Les siècles ont, comme les gens, une part de continuité héréditaire et une part d'originalité, un *moi* et un *soi*. Je renvoie, pour cette démonstration, à *l'Hérédo* et au *Monde des Images*.

Quelle est la part du moyen âge, dans l'esprit et le corps du XIXe siècle français ? Entièrement nulle. Le XIXe siècle court après une philosophie de la connaissance, c'est-à-dire après une métaphysique, sans la trouver. Car le kantisme est l'ennemi de la connaissance, puisqu'il en nie le mécanisme essentiel (*adæquatio rei et intellectus*). Le XIXe siècle n'a pas d'architecture, ce qui est le signe d'une pauvreté à la cime de l'esprit, et aussi d'un profond désaccord social entre le maître d'œuvres et l'artisan. Le XIXe siècle n'a pas de mouvement, dans le sens que je donne à ce mot, en parlant des Croisades et de Jeanne d'Arc. Il n'a que de la tuerie. Nous dirons pourquoi. Bonaparte est une sorte de parodie sacrilège des Croisades. Il représente la Croisade pour rien.

Quelle est la part de la Renaissance, dans l'esprit et le corps du XIXe siècle français ? Presque nulle. L'ignorance s'y répand largement par la démocratie, et elle gagne jusqu'au corps enseignant, par le progrès de la métaphysique allemande ; si bien que le primaire finit par y influencer le supérieur ; ce qui est le grand signe de toute déchéance. Lorsque le bas commande au haut, la hiérarchie des choses et des gens est renversée. Mon « presque » est motivé par quelques érudits et penseurs (notamment un

Fustel de Coulanges, un Quicherat, un Longnon, un Luchaire), héritiers de l'esprit sublime qui remonta aux causes, tout le long du XVIe siècle, par la fréquentation des anciens ; et aussi par quelques peintres (école de Fontainebleau) et sculpteurs (Rude, Puget, Carpeaux, Rodin) animés du feu de Rome et d'Athènes.

Quelle est la part de la Réforme, mêlée à sa fille sanglante la Révolution, dans l'esprit et le corps du XIXe siècle français ? Considérable. Bien mieux, totale. Je comparerai ce bloc de l'erreur, réformée et révolutionnaire, à un immense quartier de roc, placé à l'entrée du XIXe siècle français et qui en intercepte la lumière, réduisant ses habitants au tâtonnement intellectuel. Qu'est-ce en effet que le romantisme, sinon la Révolution en littérature, qui ôte à la pensée sa discipline et au verbe sa richesse avec sa précision. Car le clinquant n'est pas de l'or et Boileau l'a joliment dit.

Oui, mais il y a là la Science (avec un grand S) ; et le XIXe siècle a pour lui le laboratoire et l'usine, ces deux instruments de tout progrès.

Ici je demande au lecteur de me faire crédit jusqu'après la lecture du chapitre où nous examinerons, ultérieurement, d'abord la timidité de l'esprit scientifique (dérivation lui-même de l'esprit et de l'imagination poétiques) au XIXe siècle, la fragilité d'une partie de sa science, aussi éphémère en ses hypothèses, que ces insectes qui éclosent et meurent tout ensemble à la surface des étangs, et la nocivité de l'autre. Il ne s'agit nullement ici de proclamer la faillite, ou la banqueroute de la science, comme le fit ce fol de Brunetière, dans ses inconsistants travaux de hérissé dogmatique, contradictoire et bien pensant. Il ne s'agit pas non plus de bouder les quelques avantages stables et positifs, qui sont sortis de l'effervescence scientifique entre 1860 et 1914. Mais il s'agit de voir l'envers de la médaille et le retournement du laboratoire et de l'usine (sous l'influence de l'insanité politique) contre cette humanité qu'ils étaient censés avoir portée, l'un et l'autre, au plus haut point de perfection.

Car la science vraie (qui dépasse le laboratoire et l'usine), ne date pas d'hier, et c'est ce dont les nains et rabougris de l'esprit, qui encombrent les avenues et passages du XIXe siècle, n'ont pas l'air de se douter.

Le calcul, le haut calcul, et les lois astronomiques qu'il exprime, étaient connus des Égyptiens, dont les monuments présument aussi d'extraordinaires connaissances mécaniques. Mais qui dit connaissances mécaniques dit connaissances physiques et biologiques. L'embaumement des corps en est la preuve. Aussitôt que l'esprit humain s'ébranle dans le sens de la conception du mouvement et des modalités du mouvement, il s'ébranle simultanément dans la catégorie de la vie animée.

La navigation à voiles est une science.

La fabrication du pain est une science, et qui implique une connaissance approfondie de la fermentation et de ses vertus, bien avant Pasteur.

La fabrication du vin est une science. Même remarque quant aux ferments.

Pas plus que les proverbes, chansons, ou légendes populaires, ces découvertes ne furent l'œuvre d'une collectivité. Elles nous vinrent d'hommes de génie, dont les noms et les autres travaux sont perdus et oubliés. De même pour la taille des métaux, le tissage des vêtements, les textes législatifs, les routes et conduites d'eau, et autres connaissances, devenues essentielles et consubstantielles à l'existence civilisée. Or, aucune des découvertes, dont le XIXe siècle est si vaniteux, n'a ce caractère de pérennité et de consubstantialité. On sent que la science de l'électricité pourrait s'éteindre et disparaître, par un court-circuit intellectuel, comme l'électricité elle-même. La chimie actuelle, en voie de transformation, se débat, comme une agonisante, dans les hypothèses atomiques, et dans celles concernant l'éther, qui elles mêmes s'effondrent de tous côtés. Le sol de la bactériologie pastorienne est lézardé, et les cuisiniers des divers sérums et virus, devenus plus ou moins inopérants, se demandent si les microbes s'habitueraient à leurs méthodes d'attaque. Bref, il apparaît que la stabilité des découvertes est inversement proportionnelle à leur nombre et à leur vitesse, et que, là comme ailleurs, la nature (aussi bien naturée que naturante, comme dit Spinoza) exige du temps et des délais, à la façon du mauvais débiteur.

Or, la précipitation est une caractéristique du XIXe siècle, au même titre que la timidité et l'infatuation ; et cette hâte, si préjudiciable aux travaux de l'esprit, comme à ceux du corps, augmente régulièrement de la cinquantième à la cent-quatorzième année de ce personnage séculaire. Puisque nous admettons que le XXe siècle commence en réalité à la formidable réaction de la première bataille de la Marne. Cette précipitation a eu un bon côté, en s'objectivant et en donnant les chemins de fer, les bateaux à vapeur, les diverses télégraphies, les automobiles, les téléphones et tous les multiplicateurs de la vitesse. Elle a eu, mentalement, son mauvais côté, en donnant comme résolus, ou fort avancés, des problèmes encore dans l'œuf, comme parfaites et immuables des institutions détestables et des erreurs grossières, comme immortelles des réputations usurpées. La fabrication des fausses gloires est une industrie de ce temps morose, et dont témoignent suffisamment les vaines statues qui peuplent nos carrefours et les sots noms donnés à nos rues.

Qu'est-ce que la précipitation ? C'est d'abord la perte du rythme intérieur, qui permet d'approcher, dans tous les domaines, la vérité et la beauté. C'est, ensuite, un manque de vues générales. C'est, enfin, un effet de l'infatuation.

Il y a un rythme intérieur, qui préside aux atteintes des émotions comme aux mouvements de la raison. Il est très sensible dans la musique, dans la sonate comme dans la symphonie, et aussi dans le développement psychologique de l'enfant, depuis le moment où il commence à parler, jusqu'à celui où il se met à conjoindre des concepts. Mais aucun siècle, autant que celui qui nous occupe, n'a méconnu l'enfant : sa précoce sagesse et lucidité vers la septième année, sa déviation imaginative ultérieure, vers la douzième année, par l'éveil de l'instinct sexuel. Les théologiens et les psychologues du moyen âge et de la Renaissance ont connu et décrit ce rythme intérieur, duquel dépend toute la logique, la mystérieuse et puissante logique. La Réforme, en réduisant la perspective de l'esprit et sapant la foi, a appauvri et embrouillé ce rythme intérieur, que la Révolution et ses laudateurs et disciples libéraux ont complètement obscurci. La méconnaissance de ce rythme intérieur est un des solides piliers de la bêtise. C'est ce rythme intérieur qui donne, à la parole et aux écrits, leur portée, aux personnalités leur poids et leur ampleur, à la poésie claire, sa force magique. Le génie d'un Ronsard consiste à libérer, à exprimer ce rythme intérieur, et son harmonieuse cadence palpite comme l'âme universelle des choses. De même chez Léonard de Vinci, lequel invente comme il respire, et toujours dans le sens de la beauté.

Le manque de vues générales est un travers commun à bon nombre de savants du XIXe siècle, à la plupart des historiens et, au plus romantique de tous, à Michelet. Ils les remplacent par des aspirations, ce qui n'est pas la même chose, ou par des prophéties, ce qui est ridicule. Le type de la vision historique d'ensemble est fourni par le *Discours sur l'histoire universelle* de Bossuet, placé sur un promontoire intellectuel d'où l'on distingue les causes, leurs mouvements sinueux, leurs affluents, leurs embouchures, comme un tracé de fleuve lumineux. Cet ouvrage incomparable montre comment le sens précis du divin — tel que le développe le catholicisme — éclaire et renforce le diagnostic des déterminantes humaines. Il est une preuve vivante de la faiblesse et du vague de l'hérésie protestante, mère elle-même d'une critique rudimentaire et incertaine. Rapprochez du *Discours sur l'histoire universelle* la rêverie de Michelet, la platitude d'Henri Martin, ou l'honnête controverse des Thierry, et mesurez la hauteur de la faille, en ce domaine, du XVIIe au XIXe ! Elle est à peu près de même taille que celle de Molière à Augier ou Dumas fils et de Descartes à Ravaisson ou à Cousin.

C'est que l'esprit réformateur, ou rousseauiste, ou révolutionnaire (c'est tout un), présume lui-même cette erreur foncière — et meurtrière des idées générales — qui consiste à croire qu'on innove sans continuer. Tout novateur véritable est un continuateur. *Nihil innovatur nisi quod traditum est.* L'idée que l'humanité rompt la file et repart du pied gauche, à un moment donné, sur un point de la planète, est puérile. Nous retrouvons en elle l'infatuation.

J'ai approché, dans ma jeunesse, mais avec des yeux déjà exercés — grâce à l'éducation paternelle — un type complet des meilleures qualités scientifiques de son temps, mais aussi de cette infatuation caractérisée : le professeur Charcot. Il n'était aucune des vingt-deux idoles énumérées plus haut, qu'il n'adorât respectueusement, avec quelques autres, en s'admirant lui-même de les adorer. Ce médecin de haute envergure, et, par certain côté, génial, raisonnait, comme un produit de l'école du soir, des choses de la politique et de la religion. Il croyait que la Révolution française, avait émancipé l'humanité, que les mystères de la religion catholique sont des sottises, bonnes pour les vieilles femmes, que Gambetta avait un cerveau et que la démocratie est un régime normal, sous lequel peut vivre, durer et prospérer un grand pays. Je ris quelquefois, de bon cœur, en me rappelant certains propos tenus par ce savant, auréolé, de son vivant, d'une autorité telle et si tyrannique que personne n'osait le contredire. Par contre, il se déclarait plein de vénération pour le bouddhisme (voir travaux, aujourd'hui bien désuets, d'Eugène Burnouf), lequel semble une confusion sans nom de toutes les vases réunies de la sociologie et de la morale, brassées entre l'Orient et l'Occident au cours des âges, et dont la misère intellectuelle est saisissante. Imaginez un Charcot au XVIe ou au XVIIe siècle. Contenu, bridé, sur les points essentiels, par les disciplines mentales, l'humanisme et l'humilité consécutive et bienfaisante de ces temps vigoureux, il eût été une imagination universellement forte. C'est l'infatuation de son siècle qui l'a borné et affaibli, quant aux sommets. (religion, politique) de l'esprit humain.

La prétendue émancipation de l'esprit français au XIXe siècle (telle qu'elle s'enseigne encore lisiblement dans nos facultés et nos écoles) est, au contraire, un asservissement aux pires poncifs, matérialistes, ou libéraux, ou révolutionnaires. Et sur ce terrain, comme c'est la politique qui juge les doctrines humaines en dernier ressort, de même que c'est elle qui les met en mouvement, je vous dirai : comparez le traité de Westphalie (1848) à la paix de Versailles (1919). Mesurez, si vous le pouvez, la chute des parties, dites souveraines, de l'intelligence politique française, de la première de ces deux dates à la seconde ; mesurez l'affaissement de la sagesse et le recul psychologique !

Mais, dès le 31 juillet 1914 (où finit, en réalité, le XIXe siècle, dans le charroi de l'artillerie allemande, issue de Kant et de Fichte, autant que de Bismarck et de Moltke) la stupidité politique, qui caractérise ces cent et quelques années, ou minutes, ou secondes, apparaît en éclair, dans une mesure militaire inouïe : le recul initial de 10 kilomètres, imposé aux armées françaises par le gouvernement français, suggéré lui-même par les socialistes français, lesquels étaient influencés par les socialistes allemands, lesquels obéissaient à leur empereur. D'une part, le plan de combat de notre état-major (le premier du monde, comme on l'a vu, et de beaucoup) comportait l'offensive sur tous les points. De l'autre, l'humanitarisme homicide, à la mode chez les Anglo-Saxons et chez nous depuis 1900, comportait, aux yeux du régime républicain, la nécessité d'une preuve de non-agressivité. Cette preuve de non-agressivité, ce recul de 10 kilomètres, sur toute la ligne frontière, renversait le plan de notre état-major. Elle nous mettait en état d'infériorité immédiate et manifeste, stratégique et tactique. Elle affolait nos liaisons et paralysait nos troupes de couverture. Elle nous valut la triple défaite de Morhange, Dieuze et Charleroi. Elle amorça l'invasion et l'occupation allemandes. Elle aurait pu nous coûter la vie nationale. Il n'est pas indifférent, on le voit, d'admettre telle ou telle doctrine politique, de subir telle ou telle institution, reliée à cette doctrine. Nos vingt-deux idoles veulent du sang.

Je mets en fait qu'à aucune époque de notre histoire une semblable insanité n'eût été possible, ni tolérée. Elle fut tolérée, parce que le généralissime des armées françaises, Joffre, croyait que, même en temps de guerre, l'autorité militaire doit s'incliner devant les politiciens. Le généralissime Joffre et vainqueur de la Marne croyait cela (qui est absurde et funeste) parce que la presse républicaine et ses maîtres républicains le répétaient depuis sa jeunesse. Il eut bien la force de vaincre l'Allemagne, dans de pires conditions que celles où Charles Martel vainquit les Sarrasins à Poitiers. Il n'eut pas la force de secouer les préjugés démocratiques, qui lui avaient été inculqués de bonne heure et au milieu desquels il avait grandi et gagné ses grades.

Le *Credo* en vingt-deux points qu'on a lu plus haut (et qui rappelle l'hilarante guerre faite à l'admirable *Syllabus*, du pape Pie IX, par tous les ignorants et ignares diplômés de ces quarante dernières années) avait, avant les travaux de Maurras, acquis une telle force qu'il s'était imposé, même à ses adversaires. Comment cela ? Par la presse quotidienne à grand tirage et à très bon marché, tombée aux mains de l'oligarchie politicienne, qualifiée, chez nous, de démocratie. Nous étudierons le mécanisme de cette servitude. « Rarement un esprit ose être ce qu'il est », a dit Boileau. Tout le secret de cette influence de l'imprimé quotidien consiste, en République, à augmenter encore la timidité mentale, à refouler le sens commun, par le *credo* révolutionnaire du progrès indéfini et de la science toujours bienfaisante. C'est dire que le rôle de la presse, arme à deux tranchants, dans la diffusion des insanités au xixe siècle, a été et est demeuré considérable, et d'autant plus nocif qu'on avance de 1830 à 1900 et au delà. Nous étudierons ce processus en détail ; mais, dès maintenant, il faut se demander pourquoi cela ? Le schéma de cette servitude nouvelle de l'esprit public vis-à-vis de l'imprimé quotidien est le suivant :

Le xixe siècle a été le siècle par excellence de la banque et de la finance, donc le siècle juif. Car le peuple juif a, en cette matière, une formidable avance sur le peuple français et sa position internationale lui permet le jeu de Bourse à coup sûr.

La finance internationale a compris l'importance nouvelle de la presse, notamment en France ; et elle s'est, par divers moyens, saisie de la presse à grand tirage, dite d'information. C'est à cette manœuvre que tentaient de s'opposer les fameuses et prévoyantes ordonnances de Charles X, qui amenèrent la révolution de 1830.

Devant cette manœuvre, essentiellement ploutocratique, où c'est l'argent qui commande à la pensée et aiguille l'opinion publique, a été tendu le rideau des institutions et thèses démocratiques. La presse, dite démocratique, développe et impose l'absurde et meurtrier credo en vingt-deux points. Nous le retrouvons chaque jour, ce credo tiré à quelques millions d'exemplaires. C'est de cette presse, ainsi que de l'aveuglement criminel des politiciens français, notamment à partir de 1900 et du cabinet Waldeck Rousseau, qu'est issue l'impréparation à la guerre et que, si l'on n'y met bon ordre, sortira encore la guerre de demain.

En fait, et depuis de longues années, les Français du XIXe siècle prolongé jusqu'en 1914, se sont laissé mener, comme des moutons à l'abattoir, par une oligarchie financière sémite, masquée en gouvernement du peuple par le peuple. Une telle duperie n'était possible que dans l'affaissement et l'intimidation des élites, que dans la disparition des corps sociaux, œuvre de la Révolution française, de 1789 à 1793. À ces cinq années de guerre civile correspondent exactement, cent vingt ans plus tard, les cinq années de guerre exhaustive de 1914 à 1918. Jamais leçon n'a été plus manifeste, plus évidente, plus saisissante, plus palpable, plus tangible. Mais peu d'intéressés s'en doutent encore à l'heure où j'écris, à cause du voile de l'imprimé. La presse française à grand tirage ne sert point à divulguer ; elle sert à cacher, à celer, à dissimuler, et aussi, aux heures critiques, à fourvoyer.

Tout ceci se résume en quatre mots : l'État contre la nation. Qu'on y prenne garde : c'a été de tout temps la formule de la désagrégation, puis de la disparition des peuples. Le juif épouvantable, Alfred Naquet, qui s'y connaissait, annonçait ironiquement aux Français, dès 1912, que le rôle de leur pays était d'être crucifié, comme Jésus-Christ, pour le salut de l'univers. Tel est le sort que l'on nous propose aujourd'hui. Est-ce à dire qu'il n'y ait pas eu, dans le courant de ce siècle xixe, des hommes perspicaces, des hommes de grand talent et des hommes de bonne volonté ? Ce serait une forte injustice que de le prétendre. Mais les hommes perspicaces n'eurent pas, en général, l'audition de leurs contemporains. Mais les hommes de grand talent employèrent ce talent à des lamentations inutiles ou nuisibles (cas de Chateaubriand) ou à des prédictions et prédications insensées (cas de Hugo, le vaticinateur à rebours). Quant aux hommes de bonne volonté, ils ne firent pas porter celle-ci sur le point où elle eut été efficace. C'est une question de savoir si les héroïques missionnaires catholiques, qui sont — dans l'ordre du mouvement — l'honneur de la France à la dérive xixe siècle, n'auraient pas obtenu un résultat beaucoup plus important, du point de vue spirituel et pratique, en évangélisant leurs compatriotes, à la façon du grand Ozanam par exemple. C'est au fond ce que craignait l'État ploutocratique (car la foi est l'antidote de l'argent) ; d'où les persécutions que l'on sait. Ce domaine sacré n'est pas le mien et je m'interdis d'y pénétrer. Néanmoins, la vie terrestre étant un combat (et plus encore dans le spirituel qu'ailleurs), j'estime qu'il vaut mieux porter un coup au centre et au bulbe qu'à la périphérie et aux annexes.

Comment évangéliseront les missionnaires, quand leur recrutement en France sera tari par un État qui tarit tout ?

L'obscurcissement des vues générales tient, selon moi, au remplacement de la croyance, et de l'ambiance de la croyance, par la crédulité. Comparez un sceptique à un sceptique, et le grand nom du XVIe siècle dans cet ordre, qui est Montaigne, au grand nom du XIXe siècle en France, qui est Renan. Quelle richesse, quelle surabondance, chez le premier, et, dans la ligne de discussions ou de remarques, qu'il a finalement choisie, quelle assurance ! Car la façon de discuter de Montaigne s'inspire encore de la scolastique et épuise son sujet avant de conclure, même quand elle conclut qu'elle ne conclut pas. Sur chaque point, Montaigne fait le tour de l'homme, en général, puis de la question rapportée à l'homme, puis des références de la sagesse antique. Renan se contente d'énumérer, avec la grâce ironique qui lui est propre, deux ou trois points de vue assez flexibles, de constater leur désaccord, puis de s'en tirer par une esquive. Vous chercheriez en vain, chez Renan, une direction originale, — en dehors de son travail d'érosion, — une direction positive quant aux grands sujets qui maintiennent la civilisation : l'enseignement par exemple ; ou l'accord d'une forte morale et de la mobilité des mœurs ; ou la constitution de la famille ; ou la règle de l'État. Dans un de ses meilleurs ouvrages, la *Réforme intellectuelle et morale*, que de flottements et, chez cet hésitant, que d'affirmations hasardées, que de bévues ! Tel ce passage où il déclare qu'un peuple barbare n'aura jamais d'artillerie.

Tel cet autre où il affirme qu'un officier élevé par les jésuites (ce qui devait être, quarante-cinq ans plus tard, le cas de Foch) ne battra jamais un officier allemand de grade égal. Au contraire, lisez chez Montaigne le chapitre de la ressemblance des enfants aux pères, qui traite de l'hérédité, de façon plus complète et approfondie qu'aucun auteur du XIXe siècle. Si je comparais les vues générales à une forêt, plantée de toutes sortes d'essences d'arbres, je dirais que l'esprit du XIXe siècle représente un appauvrissement des deux tiers sur la forêt du XVIe siècle, et de plus d'un tiers et demi sur celle du XVIIe siècle. Avec Renan, un des plus grands remueurs d'idées générales, est, sans contredit, Auguste Comte. À côté de parties lézardées — notamment dans l'échelle et hiérarchie des connaissances — il y a des plans qui tiennent assez bien, pour toute la partie non spirituelle, car la faiblesse augmente à mesure que *mens agitat* davantage *molem*, et sa fermeture à la haute psychologie, qui touche forcément à la théodicée, est totale. Mais qu'est-ce que Comte à côté de Descartes, du solide Descartes du *Discours de la méthode* et du poète si original des tourbillons ! Car je parle ici non du reliquat indestructible de l'imagination philosophique, — reliquat forcément réduit, même chez les plus grands, — mais de l'intensité, de la variété de cette imagination. Les tourbillons ne sont pas plus vrais en fait que les atomes de Lucrèce ; mais la fantaisie en est plus vaste et alléchante que le système étagé de Comte, avec ses mathématiques au rez-de-chaussée, et sa théologie au sixième, dans les chambres de bonne, comme on l'a fait observer.

La raréfaction et l'obscurcissement des vues générales expliquent le peu de résistance qu'a rencontré le culte aberrant des vingt-deux idoles exposées plus haut. Au lieu de dresser immédiatement contre elles les faciles marteaux, critiques et philosophiques, qui les eussent brisées, ceux qui auraient pu et dû manœuvrer ces marteaux ont fait des concessions, de forme et de fond, à ces idoles. Ils ont feint de croire à leur nouveauté, à leur intérêt, à leur fascination, à leur excellence. Ou bien ils les ont combattues, sentimentalement, sensiblement, alors qu'il fallait les combattre rationnellement, les extirper, et cela dès le début. Elles ont ainsi fait leur chemin tragique ; les immolations qui en sont résultées dépassent tous les sacrifices de Moloch et de Baal. J'écris ce livre avec la confiance qu'en dépit de ses imperfections, son alarme incitera des hommes jeunes, ardents, sains et cultivés, ayant le sens de la patrie, et l'usage, avec l'amour, de sa forte langue, à lutter, comme nous le faisons à l'*Action française*, contre ces erreurs maîtresses de massacres. Mourir avec les yeux ouverts sur la raison pour laquelle on meurt est un avant-goût de l'immortalité. La mort, en ilote, les yeux fermés sur les causes, sur les Mères de Gœthe et la genèse de sa mort, est un tombeau double et piteux. Je n'écris pas seulement pour les victimes, virtuelles ou présentes, de ces erreurs, mais aussi pour leurs pères et mères. Les pères, mes contemporains, ont besoin d'être désengourdis et instruits.

Ils ont trop cru à la stabilité du mal, à son non-parachèvement par le pire. Les mères, ayant davantage gardé l'habitude de l'oraison (qui est la toilette quotidienne de l'esprit), ont peut-être plus de clairvoyance. Mais elles craignent, en allant jusqu'au bout de cette clairvoyance, de se mêler de ce qui ne les regarde pas. Or, la sauvegarde de leurs enfants les regarde ; et celle-ci serait définitivement compromise, si la prolongation des idoles amenait demain un nouveau massacre.

Car les révolutions et les guerres, et en général les maux humains, découlent naturellement des erreurs des hommes. Erreurs des esprits, erreurs des tissus, erreurs héréditaires, erreurs des groupes, erreurs nationales, erreurs politiques, erreurs morales, qu'on aurait pu redresser, rectifier, ridiculiser, anéantir, sur tel ou tel point, avant qu'elles devinssent meurtrières, de même qu'on peut corriger l'hérédité et qu'on le pourra — j'en ai la certitude — de plus en plus. Ce qu'on appelle la destinée physiologique n'est souvent qu'une mauvaise hygiène. Ce qu'on appelle la destinée psychologique n'est souvent qu'une mauvaise éducation. Ce qu'on appelle la fatalité n'est le plus souvent qu'incurie politique et légèreté, S'il est une leçon que l'âge apporte à celui qui lit et réfléchit, c'est que les possibilités de l'homme, dans le bien, sont infinies ; alors que ses possibilités dans le vice et dans le mal sont assez courtes ; c'est que sa responsabilité est entière et reste entière.

Le jour où vous jugez que cette responsabilité n'est plus entière, la loi et ses sanctions s'écroulent et avec elles la famille, et bientôt l'État. Comme on le voit dans le divorce (chute de la loi divine et humaine du mariage) où la prétendue libération des conjoints aboutit à la servitude et à l'écartèlement de l'enfant. Comme on le voit dans la molle répression des crimes, inculquée aux magistrats débiles par la fausse théorie des impulsions irrésistibles. L'homme qui n'est pas complètement dément peut toujours résister victorieusement à une impulsion ; mais toute la philosophie régnante du XIXe siècle lui enseigne à n'y pas résister. Cette philosophie ne cesse de lui répéter, depuis cent ans, que tous ses actes et son inertie elle-même, sont commandés et inéluctables ; que ses nerfs, ses instincts n'ont pas de frein ni de contrepoids ; et il a fini par le croire. La notion de la résistance morale et intellectuelle, jusqu'au 5 septembre 1914, semblait plus que compromise chez nous. Les sept jours de la victoire de la Marne ont donné un ébranlement en sens contraire, et prouvé, sur tous les points, l'efficacité de cette résistance. Il importe que le bienfait intérieur n'en soit pas perdu.

Ceci posé, nous allons examiner successivement la stupidité foncière et béate du XIXe siècle :

1° Dans son esprit et ses manifestations politiques. Il faut bien commencer par là, car la politique est la grande commande. Les pays vivent et meurent de la politique. Ils s'abaissent par la politique, ils se relèvent par elle. Elle est le lien ou le poison de la cité. On peut dire de l'absence de bonne politique ce que le dicton provençal dit de l'absence de pain au couvert : « La table tombe » ;

2° Dans son esprit et ses manifestations littéraires, notamment en ce qui concerne le romantisme et ses applications à la vie publique ;

3° Dans certaines de ses doctrines philosophiques. Celles-ci aussi ont leur importance, et nous y joindrons, chemin faisant, l'avilissement systématique de l'enseignement à tous ses degrés ;

4° Dans la législation, la famille, les mœurs, les académies et les arts ; c'est-à-dire dans l'existence en société, et en ce qui concerne la disparition progressive d'une société polie ;

5° Dans son esprit scientifique ; notamment en ce qui concerne le dogme du déterminisme et celui de l'évolution.

La toile se lève sur une comédie tragique. Je n'ose promettre au spectateur qu'il ne regrettera pas son attention. Mais je lui certifie (sans crainte de me tromper) que la ruine de ces principes faux, qui seront mes principaux acteurs et bouffons noirs, est la condition de son propre salut et de celui du peuple français.

CHAPITRE PREMIER

STUPIDITÉ DE L'ESPRIT POLITIQUE AU XIXe siècle FRANÇAIS. — RÉVOLUTION ET LIBÉRALISME. — LA PRESSE ET SON RÔLE

La politique, c'est le grand art : *ars magna*. On a proposé d'elle, au cours des âges, bien des définitions. Son rôle est de garantir la cité (et par conséquent le langage, et tout ce qui en découle) contre les dislocations intérieures, résultant des luttes civiles et religieuses, et contre les agressions venant du dehors. Elle est à la fois la philosophie et l'action de l'État. Une politique qui aboutit à l'ébranlement national, aux luttes intestines et à la guerre, qui fait le malheur du pays, sa ruine, le deuil des familles, l'anéantissement des groupes sociaux, professionnels ou provinciaux, est donc une mauvaise politique, une politique dangereuse et fatale. Sauf le court intervalle de la Restauration (qui remplit le programme de son nom) la politique de l'État français, au XIXe siècle, a été une politique exécrable, puisque son premier flot a abouti aux guerres inutiles du premier Empire et à la révolution de 1830 ; son second flot à la révolution de 1848 et à la guerre de 1870-1871 ; son troisième flot à la guerre européenne de

1914. Soit, cinq invasions, en 1792 (le siècle commence en réalité en 1789) en 1814, en 1815, en 1870-1871 et en 1914 (date à laquelle finit en réalité le siècle). Si les choses devaient continuer de ce train-là, un enfant de sept ans, concevant les relations de cause à effet, pourrait annoncer à coup sûr, la fin du pays pour l'an 2014. J'entends, par la fin d'un pays, son passage sans réaction sous une domination étrangère, et le renoncement à son langage. Il y a dix ans, une pareille hypothèse aurait fait hausser les épaules. Il n'en est plus de même aujourd'hui.

L'affaissement politique, au XIXe siècle, quand on regarde les choses de plus près, tient plus encore au libéralisme (qui est la branche femelle de la Réforme) qu'à la Révolution proprement dite, qui en est la branche mâle. Napoléon Ier, Napoléon III, puis Gambetta, puis Ferry, puis Waldeck-Rousseau, marquent la pente de la dégringolade, qui suivit la rupture de la politique monarchique traditionnelle ou mieux, de la politique véritable, de la politique de vie et de durée, cédant à la politique de ruine et de mort. Cette dernière masquée, bien entendu, sous les mots pompeux de liberté, humanité, égalité, fraternité, paix universelle, etc… L'antiphrase est la règle au XIXe siècle, oratoire par excellence, comme tel condamné au retournement de la pensée par la parole, et tout le long duquel les Furies portèrent le nom d'Euménides, ou de Bienveillantes.

Napoléon Ier ou, si vous préférez, Bonaparte, est la combinaison, à parties égales, d'un soldat de génie, d'un aberrant et d'un disciple éperdu de Rousseau, c'est-à-dire d'un imbécile (*imbecillis,* faible d'esprit). La lecture du Mémorial, qu'il dicta à Sainte-Hélène, est très caractéristique à ce point de vue. Les pages consacrées à l'art militaire donnent l'impression de la sécurité, de la certitude. Elles respirent le plus solide bon sens. Celles consacrées aux motifs de guerre (que l'impérial causeur eût été bien embarrassé de préciser) sont d'une puérilité déconcertante. Celles consacrées aux institutions, aux travaux des jurisconsultes, etc… apparaissent comme d'une rare niaiserie et d'une outrecuidance qui appartient au style de l'époque. Bonaparte y semble un personnage de Rabelais, un Picrochole réalisé. La chose est encore plus sensible chez l'historien contemporain fanatico-maboul Frédéric Masson, qui grossit les insanités de son idole Bonaparte, à la façon d'une boule de jardin. Les ouvrages de Masson, de l'Académie française, constituent, par leur exactitude même, mêlée de latrie napoléonarde, le plus redoutable des réquisitoires. Je n'ai pas connu Bonaparte, autrement que dans les propos de Roederer (qui rendent jusqu'au son de sa voix), mais j'ai bien connu Frédéric Masson, hargneux et falot, avec sa grosse tête sans cervelle, ses moustaches retombantes, sa voussure dorsale, ses humeurs pittoresques de mauvais chien, son incompréhension totale et envieuse de la grandeur vraie, et sa curieuse compréhension de certaines tares et de certains maux. Il a écrit, dans son style affreux de cantonnier ramasseur de crottin, quelques fortes pages de son *Sainte-Hélène,* parce que là, il reniflait le malheur. De même, à propos de la mauvaise conduite des sœurs de Bonaparte, il fait, étant comiquement mysogyne, d'amusantes réflexions sur la beauté corporelle antique de cette famille et, de là, sur son sens du clan. Mais, d'une façon générale, il est l'historien qui enfouit la gloire sous le fatras. C'est aussi la pétarade, sur l'épopée vaine et terrible, d'un homme qui a trop mangé de documents.

Tout a été dit, et trop bien dit pour y revenir, contre le code napoléonien, le partage forcé et les textes insanes auxquels nous devons la dépopulation subséquente de la France, avec la pulvérisation révolutionnaire des provinces et des métiers. Ce ne fut point perversité chez l'Empereur, mais bien sottise et infirmité d'esprit. Il bousculait ses jurisconsultes raisonnables et non serviles, comme il bousculait Talleyrand, s'imaginant, le pauvre type, faire le bonheur de « ses peuples ». C'est qu'il tenait de son éducation roussiste (aggravée par les méditations solitaires d'une imagination sans frein) cette conviction qu'il faut faire neuf et table rase des prédécesseurs, la révolution ayant apporté au monde étonné, mais récalcitrant, l'évangile des temps nouveaux. Cela, jusqu'à l'extrémité des terres habitées : « Mon imagination est morte à Saint-Jean-d'Acre. » En outre, Napoléon Ier possédait ce don de fascination, tenant à l'allure, à la voix, à la corporéité et aussi à l'irradiation nerveuse qui, rendant la résistance d'autrui difficile, ne laisse plus subsister, comme obstacles, que les chocs en retour de la réalité meurtrie et irritée. Il y a deux sortes d'obstacles pour l'homme d'action : ceux qui viennent des gens ; ceux qui viennent des choses. Ayant surmonté les premiers, au point d'écarter de lui les assassins promis à tout grand acteur de la politique, il succomba devant les seconds. Waterloo ne fut que la somme de ses infirmités politiques, surmontant son génie militaire, et je pense que ni Wellington, ni Blücher n'y furent pour rien.

Notons en passant, que Balzac (chez qui l'historien illumine parfois, et parfois obscurcit et alourdit le grand romancier) semble avoir eu la vision du prodigieux imbécile que fut Bonaparte. Il n'osa pas la formuler nettement, parce qu'elle était encore trop proche de son objet, mais il en nota les répercussions. Il fallut attendre Masson pour avoir les dimensions de cette sottise, armée comme aucune autre ne le fut sans doute ici-bas. Heureusement que la nature ne joue pas souvent de pareilles farces aux hommes, par le canal de l'hérédité. Sans cela, le genre humain (faute de combattants) finirait en même temps que le combat.

Bonaparte n'a pas été seulement funeste à la France par lui-même ; mais encore par tous ceux qui, dans tous les domaines, se sont efforcés de l'imiter et de faire, de leur action, la sœur de leur rêve, révolutionnaire ou libéral. Mon père disait que les deux grands pôles de la pensée au XIXe avaient été Napoléon et Hamlet, le frénétique et l'aboulique, celui qui se décide et tranche tout le temps, et celui qui ne se décide jamais. Mais Alphonse Daudet disait cela en admirant *tout* Bonaparte. Alors que, de ses décisions, les militaires seules étaient admirables, et les autres d'une rare et tragique infirmité. On pourrait mettre sur sa tombe aux Invalides : *il a gaspillé le patrimoine français*. Un pareil conquérant est un fléau et pire assurément que la Terreur. Parce que la Terreur est un objet de répulsion historique, au lieu que beaucoup de personnes soupirent encore : « Ah ! Napoléon ! » Rien ne s'oublie plus vite que le déluge de sang, et la rapidité de l'oubli est proportionnelle aux dimensions de l'hécatombe ; pourquoi cela ? Parce que l'esprit humain chasse naturellement l'image du deuil et du charnier. On n'aurait pas imaginé le Jour des Morts, si l'on n'oubliait pas les morts presque tous les jours, surtout quand leur trépas fut collectif et violent.

Soûle d'assemblées et de clubs, de bavardage et de sang, et lasse de cette législation frénétique, vaine et contradictoire, qui est le fruit du régime des assemblées, la France se donna à la dictature napoléonienne, puis au plébiscite qui en découle, en deux crises de courte durée. L'hybridité même de la constitution impériale (semi-héréditaire, semi-plébiscitaire) la faisait osciller entre la révolution, fille de la Réforme, et la réaction. Administrativement, les Napoléon renchérirent sur la centralisation Louis XIV (qui avait failli amener des malheurs vers la fin du règne étincelant), mais ils la pratiquèrent sans mesure, sur un pays arbitrairement découpé en départements et appauvri par une longue suite de guerres. Leur administration compléta ainsi, par le nivellement, le saccage affreux de la nuit du 4 août. L'abolition des coutumes locales et des privilèges fédératifs et corporatifs, le mécanisme inhumain qui en résulta, firent plus et pire pour la dépopulation (en dehors même du pernicieux régime successoral) que n'avaient lait les hécatombes. Les étais ramifiés dans toute la nation, et qui la soutenaient séculairement, les droits, devoirs et chartes des communes et des métiers, s'écroulèrent parmi les acclamations conjointes des libéraux (qui voyaient là l'émancipation de l'individu divinisé) et des autoritaires forcenés, qui s'ébahissaient d'un grand pays réduit ainsi en domesticité. De ces deux stupidités, célébrées à l'envi comme une suite de la déclaration des Droits de l'Homme, sortit le pire des maux sociaux, et contre lequel la monarchie traditionnelle avait toujours âprement lutté : l'effondrement de la justice par la servilité des magistrats. Dépendant uniquement du pouvoir central, malgré le principe hypocrite de l'inamovibilité, commandés au doigt et à l'œil et gourmandés secrètement par ce pouvoir, d'un bout à l'autre du territoire, privés des appuis locaux, de la surveillance locale, qu'assure la décentralisation, ces magistrats eussent été des héros, s'ils avaient résisté à la complaisance politique, qui est la gangrène de leur haute et redoutable profession. Ils s'écroulèrent, entraînant avec eux le grand intérêt social dont ils avaient la garde, et fournissant ainsi à l'esprit révolutionnaire son principal et son plus dangereux argument.

Car ce sont les mauvais magistrats qui font les peuples enragés.

Un ministre de la République, fort intelligent et bon juriste et qui a fait ses preuves pendant la guerre, me disait récemment : « C'est curieux, plus les magistrats sont élevés dans la hiérarchie judiciaire et plus ils sont dociles quant au pouvoir central. Rien n'égale la servilité de la Cour de cassation. » La chose est facile à comprendre, d'après ce que nous venons d'écrire. Les magistrats de l'ordre le plus élevé, les magistrats de la forme pure et du *Droit* en quelque sorte métaphysique, sont aussi les plus centralisés de tous. Ils sont au sommet d'une pyramide, sans communication avec les vivants, dont ils débattent les intérêts. Bien qu'ils n'aient plus grand'chose à attendre de l'État, la revanche du réel sur l'irréel les pousse à subir secrètement, docilement, les suggestions et impulsions de cet État, et c'est ainsi que le summum jus tend à devenir la summa injuria. On l'a vu au moment de l'affaire Dreyfus, où les juifs, devenus maîtres de l'État, se sont trouvés, du même coup, les maîtres de la Cour suprême, et l'ont amenée à l'acte inouï (et historiquement sans précédent) de l'altération volontaire de l'article 445 du Code de Procédure criminelle.

Cet acte, qui s'est produit précisément à la fin du XIXe siècle (et, en vertu du décalage susdit, à l'aube du XXe) est ainsi une conséquence du lent travail de délitement judiciaire qui succéda à la centralisation jacobine et napoléonienne. De la justice de paix à la Cour de cassation, la justice ira désormais en diminuant, jusqu'à devenir imperceptible. Elle est ancillaire quant à l'État ; et l'État napoléonien, dictatorial ou libéral est un État fol, livré à lui-même, sans contrepoids, mille lois plus absolu que la monarchie de ce nom, laquelle était « absolue » uniquement quant à l'intérêt national, dont elle se montrait la jalouse gardienne.

Je mets en fait qu'un président du Conseil de la République, dans la constitution actuelle, qui sait jouer de l'inertie, de l'incurie, de l'ignorance ou de la servilité de sa double majorité à la Chambre et au Sénat, est aussi absolu que le plus absolu des souverains (et sans présenter aucune garantie souveraine) dans l'exercice de son éphémère pouvoir. Il peut plonger le pays dans un abîme de maux, sans avoir aucun règlement de comptes ultérieurs à redouter. Il peut ne rien faire, alors que, pour conjurer un péril imminent, il faudrait faire quelque chose. Il joint l'omnipotence à l'irresponsabilité. Tel est l'aboutissement de quelques centaines de beaux discours, prononcés par de « grands » libéraux de 1789 à 1914. À mes yeux, je vous le dis franchement, il n'est « grand » libéral qui ne soit un grand âne, et d'autant plus grand qu'il est plus libéral. Qu'est-ce en effet que le libéralisme, si ce n'est la recherche, théorique et pratique, et finalement l'acceptation d'une moyenne entre le meilleur et le pire, entre l'excellent et l'exécrable, entre le vrai et le faux, entre le raisonnable et l'absurde ?

Le libéral est un homme qui révère le Bon Dieu, mais qui respecte le diable. Il aspire à l'ordre et il flatte l'anarchie. Cela, dans tous les domaines, notamment l'intellectuel et le politique. Il va donc s'efforcer de trouver une formule qui concilie un terme et l'autre. D'où la notion du centre dans les assemblées, du « raisonnable » centre, qui tient la balance égale entre les extrêmes et défend la propriété et la famille avec la religion, par exemple, en souscrivant d'avance à tous les assauts passés, présents et futurs, donnés à la propriété, à la famille et à la religion. Il y a là, à la fois l'indice d'une faiblesse mentale et le signe d'un tempérament craintif. Le modèle en fut Émile Ollivier, qui mena la France à l'abîme en 1870-1871, mais continua, malgré l'évidence, à penser qu'il avait eu raison, et publia sur *l'Empire libéral* je ne sais combien de volumes pour le démontrer. Cela aussi est très dix-neuvième siècle. On a vu, à toutes les époques, des hommes d'État, des politiciens, se tromper lourdement. Mais ceux issus de ce suffrage universel, qu'inventa chez nous le XIXe siècle, gardent toujours l'espérance secrète qu'ils remonteront le courant, et qu'ils démontreront victorieusement que le noir est blanc, et qu'il fait nuit en plein midi. Ils puisent une confiance invincible dans l'incohérence qui les a portés au pouvoir, puis brisés.

J'ai connu, fréquenté et même aimé, de fameux libéraux. Je me suis toujours demandé en quelle inconsistante mie de pain était construit leur débile cerveau. Depuis que je suis député et que j'ai vu fonctionner de près ce régime absurde d'assemblée, où prend forme oratoire le libéralisme, ma pitié pour un tel état d'esprit s'est encore accrue. Alors que la force de l'être humain est dans l'affirmation et la certitude, toutes les facultés du libéral sont tendues vers l'équivoque et l'aboulie. Imagine-t-on rien de plus comique que des parlementaires qui se réclament encore, en 1920 (!)

de la charte périmée des Droits de l'Homme et du Citoyen et de la dictature du Tiers, de 1790 à 1793, et qui tonnent, et s'indignent, et vocifèrent contre la révolution russe de Lénine et la dictature du prolétariat ! Quelle savoureuse inconséquence ! Mais la tribune, comme le papier, et peut-être encore mieux que le papier, supporte tout, pourvu que celui qui l'occupe ait un certain ton et un certain ron-ron.

Le libéralisme, c'est l'individualisme, donc l'anarchie édulcorée. Il aboutit, en fait, à la finance, à la pire et à la plus dure des tyrannies : celle de l'or. Inutile d'insister sur le mécanisme par lequel il annihile toute originalité de pensée, puisqu'il ne table jamais que sur des moyennes. Quand on le traque dans ses inconséquences, son suprême refuge est dans l'abstention. J'ai remarqué l'espèce de gourmandise avec laquelle, au Parlement, le Centre s'abstient. Gourmandise analogue à celle avec laquelle tout libéral, ou haut fonctionnaire, ou haut président de conseil d'administration, ou président de la République, démissionne dès que les affaires se gâtent et que la responsabilité se dessine. Assumer une responsabilité, c'est accepter une initiative. Le libéral n'accepte jamais une initiative, et le fin du fin consiste, pour lui, à se ranger à l'avis de son contradicteur, en lui disant : « Je vous laisse la responsabilité de mon acceptation,... ou de ma défaite. » En dernier ressort, aux yeux du libéral, c'est le plus violent ou le plus nombreux qui a raison. C'est pourquoi il n'y a lieu de tenir compte ni des restrictions, ni des avis de ce fuyard perpétuel.

Je n'ignore pas en écrivant ceci que le XIXe siècle a statufié un nombre considérable de libéraux, considérés comme éminents. Ces ânes bâtés ont peuplé les Académies, devenues, par l'affadissement des idées et l'affaissement des caractères, le sanctuaire de ces grotesques idoles. Ce sont eux qui ont poussé toutes les portes par lesquelles est entrée la Révolution. Une fois qu'elle eut « occupé » le bureau (comme on dit en style électoral), la grande et suprême habileté des libéraux consista à crier aux révolutionnaires : « Nous sommes plus avancés que vous. — Allons donc, pas possible ! — C'est comme cela. — Nous allons bien voir ; êtes-vous pour l'expulsion des moines ? — Attendez, il faut distinguer les moines qui ne font pas de politique de ceux qui font de la politique. — Nous n'avons pas le temps d'attendre. Vous avez cinq minutes pour répondre. Êtes-vous pour l'expulsion des moines ? — Eh bien ! puisqu'elle est un fait accompli, oui, nous sommes pour l'expulsion des moines. — Et des bonnes sœurs ? — Oh ! oh ! des femmes, y pensez-vous, et des femmes généreuses et dévouées qui soignent les pauvres malades gratis ! — Ce n'est pas de cela qu'il s'agit. On n'a pas le droit, quand on est libéral, de montrer une cornette à un mourant. Êtes-vous, oui ou non, pour les bonnes sœurs ? — Eh bien ! voici notre suprême concession, et dont vous goûterez et apprécierez l'importance : nous vous abandonnons les bonnes sœurs. Mais, pour le coup, laissez-nous les curés, à condition qu'ils soient démocrates. — Et comment s'assurera-t-on qu'ils le sont ? Non et non ! Il nous faut encore la peau des curés. »

Ainsi continue la conversation. Il est bien dommage qu'aucun Molière ne se soit levé pour portraicturer le démocrate et, comme l'on dit en argot de cimetière, ses concessions à perpétuité. C'est un personnage comicotragique, inhérent au XIXe siècle, nourri de ses bourdes et illusions, fier de cette nourriture et convaincu qu'elle dépasse en excellence, le pain matériel et mystique, le pain des meuniers, comme le pain des anges. Que dis-je ! Le libéral domine le XIXe siècle. Il en est l'enseigne et l'orgueil. Ce triomphe seul, s'il n'en était d'autres, suffirait à stigmatiser une époque. Ce n'est point la rue révolutionnaire, c'est le salon libéral qui est à l'aube des émeutes et septembrisades. Car sur le terrain social, comme sur le terrain économique et politique, les méfaits du libéralisme sont innombrables, d'autant plus pernicieux qu'ils tiennent à l'erreur des honnêtes gens. C'est ainsi que, dans les assemblées dites bonnes, élues sous le signe de la patrie et de la famille, les honnêtes gens font rapidement le lit des coquins.

Vous distinguerez d'emblée le libéral à la crainte qu'il a d'être taxé de réactionnaire. Est-il rien de plus beau, de plus net, de plus harmonieux, de plus efficace aussi, je vous le demande, que de s'affirmer en réaction contre la sottise et le mal, ceux-ci eussent-ils pour eux le nombre et la force ? Comment le corps humain sort-il de la maladie ? Par la réaction. C'est cette réaction que cherche le médecin hardi et intelligent, tant que les sources de la vie ne sont point taries, tant que le grand ressort n'est pas brisé. En clinique, l'absence de réaction, c'est la mort. Il en est de même en politique. L'objection fameuse du libéral contre la riposte aux assauts démocratiques et révolutionnaires est tirée de la comparaison dite fluviale : « On ne fait pas qu'un fleuve remonte à sa source. » Partant de là, aucun vice ne sera jamais enrayé, ni aucun fléau arrêté, ni aucune diathèse combattue, ni aucune invasion repoussée. Il est affreux de songer que, par la stupidité et la complexité de l'ambiance, de tels et si pauvres arguments ont contrebattu et annihilé de 1790 à 1914, les efforts de tant de braves gens ! Ah ! les défenseurs de l'ordre, de l'autorité, de la sagesse politique au XIXe siècle, comme il faut les plaindre et les honorer ! Tous ont eu, plus ou moins, le sort de l'héroïque François Suleau, des *Actes des Apôtres,* déchiré par les tricoteuses, au 10 août, sur la terrasse des Feuillants. Un libéral vous dira : « Aussi, quelle n'était pas l'imprudence de ce Suleau ! Il n'avait qu'à rester chez lui, ou qu'à hurler avec les louves. »

Ce sont les libéraux qui, ce même dix août, conseillèrent au malheureux Louis XVI de ne pas ouvrir le feu sur la canaille, qui envahissait le château, avec l'histoire de France, et allait déchaîner, sur notre beau pays, des torrents de sang et de fange ; chaque fois qu'il y eut une gaffe à persuader ou à accomplir, ils étaient là ; avec leurs mêmes raisonnements insanes et leurs mêmes tempéraments de froussards. Comme livreurs de places fortes et désorganisateurs de garnisons, je vous les recommande. D'ailleurs s'il y a des réactionnaires différents d'intentions et de principes, il n'y a qu'un libéral, toujours le même, stéréotypé, inéducable et incorrigible, attendu qu'il ne sait pas et ne veut pas savoir que le poulet sort de l'œuf, le blé du grain et la catastrophe sociale de la mauvaise organisation politique, de l'acéphalie.

Machiavel a passé au XIXe siècle, et chez les libéraux, pour un homme d'une immoralité effrayante, parce qu'il a dit : « Attention, ne ménagez jamais un ennemi public, ni privé. Si vous le ménagez, lui, le moment venu, l'occasion favorable trouvée, ne vous ménagera pas. Votre générosité ridicule fait le malheur de votre pays, ou de votre famille. » Mais ce n'est là qu'un axiome de bon sens, de même que c'en est un autre, du même penseur et guide, de ne jamais faire de vaines menaces, non suivies d'exécution. Louis XVI, qui a ouvert le XIXe siècle, en lui laissant sa tête comme otage, Nicolas II de Russie qui l'a fermé, dans des circonstances presque semblables, ont eu tort de ne pas écouter Machiavel, d'écouter les voix stupides du libéralisme meurtrier. Le maître qui ose être le maître, et parler et agir en maître, épargne au monde des millions de cadavres ; et l'attitude timidement défensive, qui a toujours été celle du libéralisme, n'a jamais produit rien de bon.

Le libéralisme c'est la Réformette, et c'est aussi la genevoiserie de Jean-Jacques, mise à la portée des cœurs de lièvre et des raisons déraisonnantes.

Que nous dit la Raison ? Qu'il faut réagir. C'est la vie et c'est le salut. Mais qu'il faut réagir à fond, et persister dans la voie de la réaction choisie, si l'on veut aboutir à quelque chose. Cela, c'est l'énergie politique, qui complète la détermination politique, et assure infailliblement son succès. Presque tout le long du XIXe siècle (sauf pendant la Restauration) c'est la déraison politique qui a tenu la corde et discrédité la réaction. Pourquoi cela ? Parce que le libéralisme avait empoisonné les hommes d'ordre et mis l'autorité légitime en défiance contre son propre droit.

L'esprit révolutionnaire (rendons-lui cette justice) a senti cela. Il a su remarquablement profiter de la reculade chronique des libéraux et persuader même à quelques réactionnaires que la réaction ne devait plus s'avouer, que le mot même en était péjoratif. Qu'est-ce que la réaction ? C'est la tradition militante, le bon sens et l'expérience en armes et refoulant l'insanité révolutionnaire. Car le terme même de gouvernement révolutionnaire est absurde, comme la chose qu'il représente. La révolution est un cataclysme voulu. Le gouvernement, c'est l'organisation politique qui, dans l'État, assure l'ordre. On n'assure pas l'ordre au bénéfice d'un cataclysme... à moins qu'on ne soit un libéral. Donc l'esprit révolutionnaire a lui aussi sa tradition, comme le Diable a son Enfer, et elle tient en quelques aphorismes, auxquels la plus bête des presses bourgeoises (et dont la bêtise a égalé celle de son siècle) a fait un sort étourdissant.

Aphorisme n° 1 : la propriété, c'est le vol. C'est le poncif proudhonien, qui a le numéro 16 dans la nomenclature de notre introduction. La réfutation en est simple : la propriété c'est le champ où reposent les ancêtres et le toit qui abrite les laboureurs et cultivateurs de ce champ. Il n'est rien de plus légitime, ni même de plus auguste, que la propriété ; et ce droit de propriété fait partie du droit primordial du sédentaire, comme de celui du nomade fixé. Le mot de Pascal : *ce coin est à moi, disent les hommes, ces pauvres enfants,... et voilà l'origine de la propriété*, est parfaitement janséniste et faux. L'arbitraire de la propriété n'existe pas. La propriété, c'est le moule du corps mort et l'abri du corps vivant, l'un joignant l'autre. On a honte d'exposer un principe aussi élémentaire. C'est l'expropriation qui est le vol. Or toute révolution aboutit, en fait, à une expropriation, donc à un vol appuyé sur des meurtres.

À quoi les libéraux me répondent, timidement, par la parole de leurs orateurs et de leurs penseurs de néant : « Il y a du vrai, mais c'est exagéré. La propriété n'est pas tant le vol que cela. Elle l'est un peu seulement. » C'est merveille qu'au cours du siècle, avec une si piètre défense, ait été maintenu le principe fondamental de la propriété. Entendons-nous : maintenu, quant à l'individu. La propriété collective et associationnelle a été combattue et finalement annihilée chez nous. C'est même un juriste républicain (c'est-à-dire révolutionnaire), le funeste Waldeck-Rousseau, qui a confisqué les biens de mainmorte, par lesquels s'établissent, en dehors de l'héritage, la continuité de la propriété collective et son inaliénabilité. Waldeck-Rousseau est le type du juriste spoliateur, au fanatisme froid, formé à l'école du XIXe siècle. C'est ce qu'on appelle un grand libéral. Il est un exemple saisissant du ravage opéré, dans les cerveaux, par le libéralisme et le jurisme romantique à partir de 1850 ; et d'autant plus saisissant qu'il était, dans le privé, un parfait galant homme et assez cultivé.

Aphorisme révolutionnaire n° 2 : la famille, c'est le hasard de la rencontre. Il y a famille, sans curé ni maire, dès que deux êtres de sexes différents, couchant ensemble, font un enfant. Cette assimilation de la famille animale et de la famille humaine était au fond du Contrat Social de l'aliéné Jean-Jacques Rousseau. Sa fortune, depuis cent ans, est liée à la conception de l'animalité humaine et de l'origine animale de l'homme, bourde immense, que nous retrouverons. En fait, la différence de l'homme le plus humble au plus relevé des animaux est cent fois plus considérable que celle de ce même animal au ver de terre ou à l'étoile de mer. L'abîme n'est pas seulement dans le langage articulé et la mémoire héréditaire, renforcée de la mémoire individuelle (voir le *Monde des Images* et l'*Hérédo*). Il est aussi dans le sentiment religieux. Il est aussi dans la raison. Tout indique, ou évoque, ou postule, dans l'homme, une création particulière et non l'aboutissement d'une série.

Incapable de concevoir même un tel renversement des âneries (par débilité mentale) à la mode du siècle, le libéralisme a répondu : « Sans doute il y a, à la base de la famille, le hasard de la rencontre, mais tout de même pas tant que cela. » Pour un libéral, reconnaître et proclamer l'importance et l'indissolubilité du sacrement de mariage, c'est « fournir des armes » aux ennemis de la religion. Tout libéral respecte l'union libre et considère le divorce, d'abord comme un mal nécessaire, puis, comme un presque bien légitimement acquis. Tout comme le révolutionnaire, le libéral ne voit, dans le divorce, que les conjoints. Il ne voit pas l'enfant, c'est-à-dire l'avenir immédiat. Le déchirement de l'enfant par le divorce lui importe peu. Les juifs lui ont appris à en rire, tout en n'usant, pour eux et leurs enfants, du couteau du divorce qu'avec une extrême parcimonie.

Si la famille a résisté comme elle l'a fait, en France, aux assauts de l'insanité philosophique, de la facilité verbale et de l'ignominie politique de la révolution au XIXe siècle, c'est à sa constitution terrienne et agricole qu'elle le doit. La puissance de vue d'un Le Play, sa divination, sont remarquables. La propriété terrienne est le corps de la famille, comme le sacrement du mariage en est l'âme. Entre le sol cultivé, agraire, et la famille, il y a un fameux concordat. Alors que, pour la Révolution et pour le libéralisme, la famille c'est une roulotte de bohémiens.

Troisième aphorisme : « La Patrie, c'est la grande illusion meurtrière, c'est la mangeuse d'hommes. » Cette formule est au fond du pacifisme romantique, conséquence naturelle des guerres pour rien du premier Empire. Les guerres pour rien correspondirent elles-mêmes au principe de la nation armée, de l'appel aux armes de tous les citoyens valides, édicté par la Convention. C'est une des plus grandes leçons de l'histoire que le siècle de l'humanitarisme et du pacifisme théorique ait été aussi celui de l'enrôlement universel, et des plus atroces boucheries que le monde ait jamais connues. Ainsi l'image de la Patrie, qui est une image de conjonction, pour la défense commune et les intérêts communs, des hommes de même langage et de mêmes aspirations, a-t-elle pu être travestie, par ses adversaires de mauvaise foi, en une image de Baal et de Moloch.

Sur ce point aussi, la défense du libéralisme, bien que facile, a été extrêmement faible. Ou plutôt, il ne s'est pas défendu. Du moment qu'il s'inclinait devant le fétiche révolutionnaire, qui bêle la paix universelle avec les pieds dans le sang, il devait s'incliner devant le coup de faux périodique, donné à travers des générations, devant ces mobilisations, où le grand-père se bat aux côtés du petit-fils. Monstruosité qu'avait su éviter la sage monarchie française, dans sa volonté de « toujours raison garder ». C'est que la paix est le chef-d'œuvre de la politique. Mais comment comprendraient-ils cela, les amateurs et doctrinaires de la guerre civile en permanence ?

On voit aujourd'hui où nous a conduits le principe révolutionnaire-césarien, d'après lequel il appartenait à la France de décréter la liberté au monde ! Je ne me rappelle pas sans effroi la salle à manger de Hugo, à Guernesey, où une statue de la Sainte Vierge, tenant dans ses bras l'Enfant Divin, était ornée des vers suivants du maître d'erreurs :

> Le peuple est petit, mais il sera grand,
> Dans tes bras sacrés, ô mère féconde,
> Ô Liberté sainte au pas conquérant,
> Tu portes l'enfant qui porte le monde !

Tout le romantisme politique est là : une parodie sacrilège des Évangiles, avec, comme aboutissement, le massacre. Mais, entre les deux, quel flux de paroles et de déclarations retentissantes, juste ciel, que de tribunes dressées, que d'orateurs vains ! Mirabeau, Danton, Hugo, Gambetta, Jaurès, soufflant la mort à tour de rôle et de tous leurs poumons, en réclamant la fraternité universelle, tel est le schéma de cette époque étrange et qui donne à son historien un frisson de colère et de dégoût.

Notons-le ici : alors que la Renaissance, en exaltant l'art et la vraie science, la Connaissance en général par le commerce des anciens, donnait un prix infini à la vie humaine, la personne (qu'il ne faut pas confondre avec l'individu) y était honorée en raison même des œuvres belles et utiles dont on la savait capable. Elle était relevée et garantie par le suffrage professionnel des connaisseurs et des pairs. Au lieu que, dans la conception réformiste, encyclopédiste et révolutionnaire, si les droits légaux et sociaux de l'individu sont exaltés, au détriment de la communauté, le sacrifice de la personne au nombre et au suffrage universel devient la règle courante ; il est quasi divinisé. La vision du troupeau l'emporte sur la vision de la personne, la vision de la Convention et de Bonaparte sur celle de François Ier et de l'humanisme.

À quoi le libéral répond : « Évidemment, l'idée de patrie est une idée à reviser. » Triple crétin, du moment que tu la revises, tu l'abandonnes, de même que celui qui revise sa prière abandonne du même coup sa foi !

C'est ainsi que nous arrivons au quatrième et virulent aphorisme révolutionnaire, d'après lequel le catholicisme et la religion en général font obstacle à l'émancipation humaine, en accoutumant le citoyen à subir. Mais quand donc le libéral a-t-il su répondre que le catholicisme enseigne, au contraire, à ne pas subir le mal, sous sa triple forme de l'ignorance, de l'oppression et du désordre ? N'est-il pas, ce catholicisme, le maître et le guide de cette émancipation intérieure, de cette liberté de détermination, qui est la seule liberté permise et concevable ici-bas, en ce qu'elle échappe à la chaîne des événements, comme au contrôle de la collectivité, comme à la tyrannie des tissus organiques ! Ce sont là vérités courantes, que la théologie enseignait, et qui, des couvents, au cours des âges, diffusaient à travers la culture française. Les clercs les transmettaient aux laïcs, qui les répandaient à leur tour. C'était cela, le cléricalisme, dont le seul nom est aujourd'hui encore, après cent trente ans d'abrutissement méthodique, un objet d'horreur et de terreur pour le libéral.

Nous pouvons, cette fois, jeter un regard d'ensemble sur cette obnubilation politique, d'où pleut le sang des hommes infortunés du XIXe siècle. Ce regard traversera les groupes sociaux, si nous divisons ceux-ci en ouvriers, bourgeois et paysans.

Avant la Révolution, il y avait en France des artisans. Après la Révolution, et de plus en plus, il y a eu et il y a en France des ouvriers d'industrie, dont l'ensemble constitue ce terme affreux, couramment employé par les dupeurs du peuple et politiciens de la démocratie : le prolétariat. Les artisans, en se groupant, constituaient les corporations, dont de nombreux travaux d'histoire politique et sociale, ceux notamment du marquis de la Tour du Pin, ont montré le rôle bienfaisant dans l'architecture nationale, et les heureux résultats quant à la paix intérieure et quant au perfectionnement professionnel. La rupture révolutionnaire des corporations a créé le prolétariat, véritable servage démocratique, où la masse des travailleurs, ayant troqué ses droits et libertés réelles pour le dérisoire bulletin de vote au suffrage universel, se trouve transformée en machine à propulser des politiciens. Régulièrement ces politiciens, après s'être hissés sur les épaules des travailleurs, jusqu'aux sommets du pouvoir politique, rejettent et renient, une fois nantis, ceux auxquels ils doivent leur ascension et leur accession : c'est ainsi que le renégat ajoute à l'amertume de la catégorie sociale, dont il prétendait vouloir le bonheur et par qui il a fait sa fortune. Il est remarquable qu'après cinquante ans d'une mascarade aussi rudimentaire que scélérate, la masse ouvrière ne se soit pas encore avisée de l'énorme farce dont elle est la victime et continue à fabriquer, à la douzaine, des Viviani et des Briand, eux-mêmes captés, puis commandés, par les maîtres de l'or et de la Bourse. L'affaissement intellectuel de la classe ouvrière au xixe siècle a égalé celui de la bourgeoisie, ce qui n'est pas peu dire.

Les syndicats ont été, vers la fin de ce même xixe siècle, une résurrection bâtarde des corporations, sans l'ampleur et l'ingénieuse organisation de celles-ci, où employeurs et employés discutaient et débattaient leurs intérêts, à l'abri de toute ingérence politique. Tels quels, ces syndicats eurent d'abord contre eux les libéraux, partisans acharnés de l'individualisme esclavageur (puisqu'il est clair qu'un ouvrier isolé est sans recours devant son patron). Ces libéraux entraînèrent avec eux de nombreux conservateurs, ignorants des instructions politiques si sages du comte de Chambord, et aux yeux inclairvoyants de qui la désorganisation du monde des travailleurs était une condition de sécurité sociale, alors qu'elle est précisément le contraire. Pas plus que les ouvriers ne comprenaient leur véritable intérêt, qui est de développer le syndicalisme jusqu'au corporatisme (excusez le vilain mot, pour la belle chose) intégral et complet, les conservateurs ne comprenaient le leur, qui est de faire au travail manuel sa place aussi large et puissante que possible dans les assises de la Société, de lui assurer le bien-être, la libre expression de ses désirs, de ses responsabilités, la possession et la gestion de ses caisses et de ses ressources, le droit d'acquérir et déléguer, etc… Alors que les républicains et les jacobins, contraints de donner un os à ronger aux travailleurs dont ils sollicitaient les suffrages, leur contestaient et contestaient à leurs syndicats le droit de propriété et de transmission de propriété (cela en raison des grands principes révolutionnaires), les libéraux et un trop grand nombre de conservateurs entraient dans cette vue injuste, absurde et courte. Les salonnards, littéralement, s'y ruaient. Que de querelles j'ai menées à ce sujet, dans les milieux où je fréquentais, de 1897 à 1908 notamment, stupéfait de l'incompréhension totale des meilleurs parmi nos amis, aussi bouchés dans leur opposition au syndicalisme professionnel que les républicains eux-mêmes. Seuls quelques royalistes et grands catholiques, à la suite du marquis de la Tour du Pin et du comte de Chambord, comprenaient l'importance primordiale d'un retour aux groupements corporatifs, la nécessité d'une extension du syndicalisme et le péril social d'une guerre aux syndicats.

Les conservateurs firent ainsi le jeu des républicains, qui se fichant du monde des travailleurs (et comment !) les représentaient à ce monde, facile à éblouir et à tromper, ainsi que des ennemis de classe et des ventres dorés égoïstes. Les grands chefs de la finance internationale virent, immédiatement, tout le parti qu'ils pouvaient tirer de ce terrible malentendu. Eux, les véritables ventres dorés de la société contemporaine, firent alliance avec les avocats et les meneurs du prolétariat et subventionnèrent la presse révolutionnaire, en même temps que, de tout le poids de leur influence, ils poussaient au pouvoir les dupeurs du peuple.

Meurtrier aux corporations et groupements provinciaux et professionnels (en raison de son individualisme et de sa centralisation révolutionnaire), le XIXe siècle a été, en France, l'âge d'or du parlementarisme de style anglo-saxon. Je pense que la vague d'anglomanie politique, qui suivit la défaite de Waterloo, comparable à la vague de germanophilie intellectuelle, qui suivit la défaite de Sedan, a été pour beaucoup dans la vogue de ce mode de représentation, fort étranger à notre génie national et réaliste, et qui nous a fait tant de mal.

Qu'est-ce, en somme, que le Parlement, Chambre et Sénat, avec ses groupes, ses commissions et son prétendu contrôle ? C'est un immense trompe-l'œil. Je le savais *grosso modo*, avant d'en faire partie. Mais, depuis que j'en fais partie et que je suis à même de juger les choses de près, je m'étonne qu'une pareille illusion ait duré si longtemps, et j'y vois, une fois de plus, la preuve de la faiblesse de l'esprit public au siècle précédent. Je ne dis pas de la volonté publique, parce que, pour vouloir, il faut concevoir. Le peuple français s'est laissé imposer le parlementarisme par ignorance, et il continue à le subir par inertie. Quant aux députés et sénateurs, lesquels sont censés contrôler les éphémères gouvernements, qui s'éboulent, puis se réédifient pour s'ébouler encore, au sein de l'insanité constitutionnelle, ils s'attachent au système, non seulement en raison des commodités qu'il leur procure, mais aussi en raison du divertissement qu'il leur apporte. Le métier de parlementaire est décevant, mais il n'est pas ennuyeux. À certaines heures, une parole ferme et renseignée peut être écoutée à la tribune et rendre des services. Il serait très faux de s'imaginer que tous les parlementaires soient des ignorants, ou des êtres avides et mal intentionnés. Ils sont, en général, non seulement le résultat d'une élection, mais une sélection. Ce qui est mauvais et nocif, c'est le système, c'est la grande machine dans laquelle ils tournent, débattent et légifèrent, et qui repose sur plusieurs postulats irréels. Celui-ci, notamment, qu'un individu, sacré par le suffrage vague, flottant, de l'universalité, au premier ou au second degré, devient apte, par cela même, à déterminer et diriger la politique générale d'un grand pays. Confier cette politique (dont tout dépend) au produit du suffrage universel ou du plébiscite, c'est confier la montre au bûcheron. Il peut se rencontrer, par fortune, un bûcheron qui ait quelques notions d'horlogerie ; mais, même s'il a ces notions, sa hache ne lui permet pas de les appliquer aux rouages délicats de la montre.

La réalité politique méconnue se venge et cruellement. Il est donc arrivé, en quelques législatures, que le gouvernement républicain, en lutte chronique (la collaboration était impossible par définition même) avec le parlement, a imaginé, pour mater celui-ci, tout un réseau de corruption, d'intimidation et de manœuvres, dont l'ensemble constitue un impressionnant bagage. Ce bagage, unique compétence valable en politique républicaine, est le lot, à chaque génération, d'une équipe d'une vingtaine de gens habiles, rompus aux intrigues d'assemblée, et qui s'entendent ou se querellent, de clan à clan, pour la possession, à terme et à bail, du pouvoir. Chacun de ces clans, cherchant des appuis, les trouve, soit à l'étranger, selon les vicissitudes des ententes et alliances, soit dans la finance et les banques rivales. C'est à cela, à cette bataille confuse d'intérêts bancaires ou étrangers, sous les noms de clans opposites, qu'aboutit le fameux dogme de la souveraineté du peuple ; et l'on ne saurait trop en rire, de peur d'être obligé d'en pleurer.

Joignez à cela les forces d'inertie et de paresse, renforcées, dans nos assemblées, par la surabondance et la contradiction de textes législatifs hâtivement votés. Ajoutez-y la tendance naturelle des hommes réunis qui est (s'ils se trouvent ensemble plusieurs fois la semaine) de rechercher, un jour sur quatre, la dispute pour la dispute, et, les trois autres jours, l'assoupissement ; vous comprendrez ainsi comment les questions essentielles, vitales, foncières ne sont pour ainsi dire jamais évoquées à la Chambre ni au Sénat, ou bien sont évoquées par le travers, ou dans un porte à faux. Ce qui passionne de telles assemblées, ce n'est pas l'intérêt public, c'est l'assaut des clans et des personnalités représentatives de ces clans, c'est le jeu d'échecs. À ce jeu, quelques-uns deviennent de première force, soit aux couloirs, soit en commission, soit en séance, et les copains les regardent faire avec ébahissement et envie. Mais ce jeu absorbe toutes leurs facultés, au point de ne plus leur laisser aucun loisir pour la vue nette du bien de l'État, ni pour la détermination consécutive, ni pour l'action. C'est quand le parlementaire est le plus roué, qu'il devient le plus dangereux pour la chose publique. C'est alors aussi qu'il est ministre et président du Conseil le plus fréquemment.

C'est ainsi que le parlementarisme, quant au gouvernement, opère bien une sélection, mais à rebours.

Quant au remède, préconisé par quelques serins, qui consisterait à prendre des ministres en dehors du parlement, et selon leur compétence, il a donné, les quelques fois où il fut appliqué, des résultats pires encore que l'autre système. Il arrive, en effet, ceci, que ces ministres improvisés, ignorants du jeu parlementaire, ou commettent une énorme gaffe qui annihile d'emblée leur autorité, ou se confient à un lascar d'assemblée quelconque, qui abuse de leur naïveté et les entraîne aux pires compromissions. Exemple : combien d'excellents amiraux et de remarquables généraux ont vu leur prestige amoindri par un passage au ministère de la Marine ou de la Guerre, où leur inhabileté parlementaire donna l'injuste impression d'une inhabileté tout court, où leur manque de caractère politique donna l'injuste impression d'un manque de caractère tout court. Combien de fois n'est-il pas arrivé (cas de Gallifet notamment, dans le cabinet Waldeck) que le ministre militaire de la Guerre, traité immédiatement, par les gauches, de baderne et d'assassin, ou de traîneur de sabre, au choix, ait voulu prouver à ses détracteurs sa largeur d'esprit, ce, au détriment de l'armée. L'écueil est classique.. Même observation quant à l'amiral ministre. Le service le plus important de tous, qui est celui de la Défense nationale, peut ainsi se trouver gravement compromis par le besoin qu'éprouve son chef militaire et politique de faire des avances et mamours à ses pires ennemis, ou de les amadouer par des concessions inopportunes et en lâchant quelque chose, non seulement de ses principes, mais de son principe.

Car la République est à gauche, ne l'oublions pas. Elle n'est ni au centre, ni à droite. Son aiguillage est devenu ainsi, par une pente naturelle et normale, antimilitariste et antipatriote, et elle doit, périodiquement, se conformer à cet aiguillage. Il y a incompatibilité absolue entre les Droits de l'Homme et la discipline de l'autorité militaire. La guerre de 1914-1918 en a fourni la preuve saisissante. Sa durée a tenu moins aux tranchées qu'à la lutte sourde et chronique du préjugé républicain, représenté par les gouvernements antérieurs à celui de Clemenceau, contre les grands chefs militaires. Le politicien de gauche hait ou redoute, par définition, l'officier supérieur ; et l'officier supérieur s'imagine qu'il lui faut se concilier le politicien de gauche. La première chose qu'aurait dû faire le généralissime Joffre, au 3 août 1914, eût été de coffrer les traîtres Caillaux et Malvy. Sa victoire de la Marne eût clos la guerre, en tranchant tout l'espoir allemand. Au lieu que, Caillaux et Malvy restant les maîtres politiques du pays, malgré la victoire de la Marne, le gouvernement allemand se rassura et considéra que toutes ses chances n'étaient donc pas anéanties.

En dehors du parlement bourgeois, et où dominent les avocats (c'est-à-dire où est assurée la prédominance des mots sur les choses) en dehors du tâtonnement syndicaliste des ouvriers et des employés, quelle est donc la force, obscure mais résistante, qui a maintenu la nation française et l'a empêchée de se dissoudre révolutionnairement, en cent trente ans ? C'est bien simple ; c'est la paysannerie. On peut considérer qu'en paix comme en guerre, le paysan français, non contaminé par la stupidité des « novations » ambiantes, échappant à l'effritement social par le sol, a, de 1789 à 1914, sauvé le pays. Il a maintenu le conglomérat. Il a alimenté la bourgeoisie, versé en elle, à chaque génération, des éléments physiquement et moralement sains, laborieux, parfois généreux, toujours originaux et puissants. Son épargne intellectuelle et morale a rendu plus de services encore peut-être que son épargne monétaire. Il a même résisté à la banque juive et à la presse, ce qui est presque inconcevable. Je ne saurais exprimer l'admiration où me plonge la vue d'une chaumine de chez nous, en Touraine, en Bretagne, en Vendée, en Provence, dans les Vosges, en Savoie, etc… avec sa cheminée, son petit enclos, sa barrique ou sa charrette devant la porte, son murmure d'enfants et de parents, son coq et ses trois poules, son chien, son cheval, ses six lapins. Je me dis que ce petit ensemble, humain et divin, a tenu tête aux assauts de toutes les balivernes meurtrières, à Rousseau, aux Droits de l'Homme, à Kant, à Robespierre, à Bonaparte, à leurs apologistes, à Hugo, au romantisme, aux banquiers juifs, aux politiciens républicains, aux démagogues, aux démophiles, aux sorbonnards, aux salonnards, aux journaux enfin, acharnés à la ruine et à la mort de la race, à l'écroulement de notre bel édifice français, et cela de 1789 à 1914. Je songe à ceci, les mains jointes et les larmes dans les yeux, des larmes de reconnaissance, historique et mystique, analogues aux pleurs de joie de Pascal.

Quand tout s'éboulait, se lézardait, s'effritait, sous les vers pompeux de ces poètes fous, gambadant devant leurs miroirs, sous les tirades de ces farceurs d'assemblée, sous les lois démentielles de ces magistrats (honnêtes certes, les malheureux, et pavés de bonnes intentions), sous les émissions de ces manieurs d'or et de papier, sous les mirobolantes tirades de ces académiciens valets du pouvoir, de ces ministres aspirant à l'Académie sans connaître le français ni l'orthographe ; quand les arcs, les dômes, les piliers, les colonnes s'effondraient dans le gravat révolutionnaire de la poussière humanitaire et libérale, elle tenait, cette chaumine paysanne, elle demeurait debout, abritant le labeur de braves gens, leurs saines amours, la soupe et les gosses. N'est-ce pas là une consolation à tant de misères, volontairement et orgueilleusement amoncelées ? N'est-ce pas là aussi un bienfait venu de loin, du fameux pré-carré de nos Rois, et aussi de la longue tutelle ecclésiastique, prudente et sage, et aussi de ce sol merveilleux, unique et gras, qui se laisse diviser en parcelles et rejoindre en champs d'un seul tenant, qui a la bonhomie de son laboureur, de son vigneron, de son semeur ? Aux gloires bestiales, tambourinées, homicides du siècle révolutionnaire, romantique et maboul, qui ne préférerait la gloire anonyme et obscure, l'immanent et mûrisseur soleil de ce mort auguste (ô La Rochefoucauld !) qu'est le paysan de chez nous !

Il était naturel que l'agglomération urbaine, en se développant par la multiplicité des moyens de transport, la diversité des besognes industrielles et la hausse continue des salaires, appauvrît progressivement nos campagnes et dissipât ainsi notre principale richesse : le paysan et aussi le marin français, ce cultivateur de la mer. La faute initiale, cette fois, en est aux choses et non aux hommes. Mais l'inertie des hommes politiques (tenant à la paresseuse institution démocratique) a grandement ajouté, par la suite, à ce fléau. Seul entre les républicains, un type de grand commis d'autrefois, M. Jules Méline, dans un ouvrage remarquable, le *Retour à la Terre*, a vu le mal et indiqué le remède. Mais le système électoral universel, quelle que soit sa modalité, exige que le troupeau des électeurs (qui, seul, importe à l'élu) soit de plus en plus attiré, appâté et concentré dans les grands centres, où on le triture, où on le malaxe à la grosse, ainsi que dans les fabriques de Chicago. Le politicien se moque des hommes. Il ne s'intéresse qu'aux voix, et au nombre de ces voix. Il lui faut donc des parcs urbains de plus en plus denses, des centres de recensement, de numérotage et de pression de clan. Cependant que la finance, pour une autre forme de détroussement, appelle aussi le paysan à la ville, afin de lui soutirer son argent. Ce que le parlementaire fait pour les hommes, ce que la finance fait pour l'épargnant rural, la prostitution le fait pour la rurale. On ignore (le sujet étant âpre et impossible à traiter crûment) les ravages de la prostitution contemporaine dans les grandes et moyennes villes, où abondent les faux plaisirs dont fait argent, comme de tout, un État barbare. Je laisse de côté la question d'hygiène. Je n'envisage que le déplacement, le dépaysement et l'appauvrissement rural. Il est effrayant de le conjecturer.

La chouannerie, cette résistance du paysan de l'ouest et de Provence (guidé par son solide bon sens traditionnel) à l'aberration révolutionnaire, m'apparaît comme un admirable symbole. Si la chouannerie l'avait emporté (cette chouannerie scandaleusement calomniée par ce déséquilibré de Michelet), que de maux eussent été épargnés au pays ! Que de guerres supprimées, quel déluge inutile de sang ! La chouannerie violente a été vaincue, mais une chouannerie latente et vigoureuse a continué à mettre en garde les campagnards contre l'épilepsie urbaine et ses délégués les plus notoires. Il est de mode de dénigrer le hobereau, le petit seigneur demeuré dans son patelin et qui maintient celui-ci, en se maintenant. Honneur au hobereau du XIXe siècle, honneur à sa résistance souvent difficile, honneur à sa prévision et sa clairvoyance ! Un des derniers étais fut son castel au milieu des chaumières sacrées ; et je souhaite, pour mon pays, que le temps à venir (par un de ce ces détours habituels à la Providence) le multiplie, ce hobereau français, en relevant son autorité. Transformé ou non, le hobereau sera toujours cher au roturier, comme moi, qui aime bien son pays et que le salonnard écœure.

Au résumé, les doctrines de mort, révolutionnaires et libérales, ont opéré, au XIXe siècle, une sorte de chasse d'eau et de feu à travers les trois grands groupements de la nation française. Elles ont envahi la Cour par les philosophes, puis la haute magistrature et bourgeoisie, puis la moyenne et petite bourgeoisie, puis le monde ouvrier, produit isolé et perturbé du mouvement industriel sans cesse grandissant, produit, en somme, inassimilé. Elles se sont arrêtées au paysan, qu'elles ont à peine contaminé, qu'elles ont cherché à contaminer par la centralisation électorale et le parlementarisme, qu'elles risquent de contaminer par la presse. C'est de la presse française, au point de vue politique et social, qu'il nous reste à nous occuper maintenant, pour compléter un panorama, dont je ne me dissimule pas les trous et les vides. Mais, encore une fois, tout ceci démontre qu'un pays tel que le nôtre ne saurait se passer d'un père politique, consubstantiel à sa politique traditionnelle, héréditaire comme cette politique, toujours vigilant, toujours raisonnable et opposant, à chaque péril et piège nouveau, une digue appropriée.

Les libelles (qui étaient la presse d'antan) ont fomenté la Révolution. Mais déjà, sous la Révolution, le contrepoison a existé, et aux journaux de Camille Desmoulins et de Marat s'est opposé celui de Suleau, de Rivarol et de Chainpcenelz. En face du *Vieux Cordelier* et de *l'Ami du peuple* se sont dressés *les Actes des Apôtres*, Puis, après la tourmente a commencé la longue querelle pour ou contre la censure, ou la liberté de la presse, qui nous apparaît comme bien folle et bien spécieuse aujourd'hui où, après quelques avatars pittoresques, la grande presse, dite d'information, est, comme la politique dite démocratique, humblement asservie à la finance. La censure de l'argent a, en somme, remplacé la censure d'État, infiniment moins vigilante et tyrannique. Nous pouvons en parler savamment, nous autres royalistes, qui avons fondé en 1908, au milieu de mille difficultés (et quelques-unes qu'on pouvait croire insurmontables) l'*Action française* quotidienne, afin de mettre précisément nos contemporains en garde contre la guerre qu'on sentait venir, et dont la grande presse officieuse d'information niait l'imminent péril. Le développement intensif de la presse dite populaire (presse à un sou) en France, de 1880 à 1914 pendant trente-quatre ans, coïncide ainsi avec la période du pire aveuglement quant à la Défense nationale. Le journalisme politique, devenu, aux mains des républicains, journalisme d'affaires, est uniquement employé à travestir la réalité en matière de relations extérieures, à amorcer des emprunts nouveaux, et à accréditer, dans le grand public, les vingt-deux blagues ou propositions fausses, énumérées au début du présent livre. La presse française devient ainsi, dans la seconde moitié du XIXe siècle, tout ensemble un moniteur de Bourse, et un complément de l'école primaire, à laquelle tend la main l'enseignement, dit supérieur et gangrené, de la Sorbonne.

De nombreuses études, pénétrantes et documentées, ont été écrites sur ce rôle d'endormement et de perturbation de l'opinion par la grande presse, au premier rang desquelles celles de Drumont et d'Urbain Gohier. *Corruptio optimi pessima.* Rien de pire que la corruption du meilleur. Cette devise peut et doit s'appliquer à ce journalisme intensif, dont le XIXe siècle, dit « des lumières », s'est montré si vain. Le régime d'assemblée, en donnant le pas à l'effet oratoire sur la sincérité, a naturellement développé outre mesure cet esprit d'hypocrisie, qui s'est identifié aujourd'hui avec l'esprit démocratique, et qui alimente le journalisme quotidien. Il faut se rendre compte de ceci, qu'aux yeux de la masse, du suffrage universel, ce qui est imprimé bénéficie, encore maintenant, d'un prestige considérable. Il n'y a qu'à voir avec quelle facilité les foules révolutionnaires acceptent et adoptent les bourdes et bobards de leurs feuilles habituelles. Cette déconcertante crédulité n'est même pas ébranlée par les chocs et les contre-chocs du réel. Les êtres simples croient ce qu'ils lisent parce qu'ils ne lisent, en fait, que ce qu'ils croyaient préalablement. Ils cherchent, dans leurs lectures, le reflet et l'exaltation de leur ignorance et de leur duperie.

À partir de 1830 environ, on distingue, en France, deux catégories de journaux et de périodiques : ceux qui sont des entreprises commerciales d'un genre plus relevé, ayant à leur tête un homme d'affaires, frotté de littérature, un imprésario doué d'un certain flair, dont le type est un Bertin pour *les Débats,* un François Buloz pour la *Revue des Deux*

Mondes, un Villemesant pour *le Figaro,* un Bunau Varilla pour *le Matin.* Ceux qui se résument dans la personnalité directoriale d'un politique, d'un agitateur d'idées, d'un polémiste, d'un Hugo (*Rappel*), d'un Veuillot (*Univers*), d'un Gambetta (*République Française*), d'un Rochefort (*Intransigeant*) d'un Drumont (*Libre Parole*), d'une Mme Edmond Adam (*Nouvelle Revue*). Les ressources financières, évidemment plus puissantes pour la première catégorie que pour la seconde, donnent à celle-là une diffusion supérieure que compense, pour celle-ci, une participation plus directe aux combats de plumes.

Il y aurait un ouvrage intéressant à écrire sur les réactions réciproques de l'esprit public, des assemblées et de la presse, dans le domaine de la politique, pendant le cours du XIXe siècle. D'une façon générale, le niveau de ces trois pouvoirs fut et demeure assez bas, d'un côté comme de l'autre, en dépit de la bravoure intellectuelle (mais desservie par un style trop apprêté) d'un Veuillot, de la verve toute voltairienne d'un Rochefort, du génie psychologique et historique d'un Drumont. Je n'ai pas connu le premier, dont les œuvres sont aujourd'hui trop oubliées (ce qui prouve qu'elles manquaient de fortes racines dans l'humanité générale, et les romans de Veuillot sont médiocres, en effet), mais j'ai connu intimement Rochefort et Drumont et joui profondément de leur commerce. Le premier, éblouissant dans la conversation, d'un style rapide, frais, traditionnel et clair, sacrifiait tout à l'humeur et même quelquefois le bon sens, joignant ainsi à l'irréalisme politique du XIXe siècle la légèreté redoutable du XVIIIe siècle finissant. Le second se délectait d'une humeur sombre et solitaire, à la façon de Manfred, et son sens historique général était combattu par un byronisme latent et dissimulé, qui l'écarta de tout aboutissement politique. Ni l'un ni l'autre ne pouvait servir de chef, ni de guide et on le vit bien dans la tourmente dreyfusienne de 1887 à 1900 où, maîtres de l'opinion française, ils se firent battre, sur le terrain de cette opinion, par un politicien de quatorzième ordre, qui était Waldeck-Rousseau. Ceci prouve que, si les écrivains politiques contribuent à la couleur d'une époque, il y a, dans l'ambiance politique de cette époque, quelque chose qui finalement les domine, s'ils n'arrivent à la dominer. La volonté est la seconde phase, et la plus intéressante, de l'intelligence. Rochefort et Drumont eurent de l'entêtement, non de la volonté politique ; ce qui fit qu'ils restèrent dans la polémique et ne pénétrèrent point dans l'État.

Comme clairvoyance dans le domaine de la politique étrangère (qui est celui de l'aberration principale, en France, sous le premier, le second Empire et les trois républiques), on ne peut citer, au lendemain de 1870, qu'une femme, mais extraordinaire et géniale, Mme Edmond Adam, en littérature Juliette Lambert, fondatrice et directrice de *la Nouvelle Revue*. Mme Edmond Adam, dans cette publication bimensuelle où j'eus l'honneur de faire mes débuts, s'était donné comme tâche la dégermanisation de l'esprit politique et philosophique français, au lendemain de Sedan, et la préparation de la Revanche. Son influence fut autrement forte et profonde, sur les hommes de ma génération, que celle, toute en surface, de Déroulède. Il ne faut donc pas s'étonner si, à la fin du siècle dit « des lumières » et, en réalité, de l'imbécillité politique et philosophique, c'est le nom de Déroulède, excellent homme et orateur entraînant, mais cerveau vide, qui est au fronton de la gratitude nationale, et non celui de Mme Edmond Adam, coupable d'avoir arraché le masque du rhéteur génois Léon Gambetta.

Ainsi le développement formidable de la presse, dans le dernier tiers du XIXe siècle, loin de servir la cause de l'intelligence et de la raison, c'est-à-dire, en politique, celle de l'ordre, a-t-il servi plutôt celle de la confusion mentale et de l'argent, c'est-à-dire, en somme, de l'anarchie. Quand arriva la guerre franco-allemande de 1914, on fut effrayé du nombre de journaux convaincus, ou soupçonnés, de s'appuyer sur des capitaux allemands et de suivre les directives de l'agresseur. Une telle perversion était cependant la conséquence directe du détachement progressif de la presse, quotidienne et périodique, quant aux intérêts permanents du pays, de son asservissement progressif à de tout autres causes que celle du bien général, en un mot de sa dénationalisation.

CHAPITRE II

L'ABERRATION ROMANTIQUE ET SES CONSÉQUENCES

Alors qu'aux grandes époques, la Cité inspire (si elle ne la suscite) la littérature d'imagination, sous toutes ses formes, aux époques de faiblesse mentale, c'est la littérature qui commande la Cité et qui désagrège la politique, en alimentant les rhéteurs. Il y a ainsi une correspondance directe entre le tonus politique d'un siècle et son tonus littéraire, que leurs rapports réciproques soient normaux ou renversés. Le XIXe siècle français ne fait pas exception à cette règle. Ses hommes de lettres, souvent aberrants et aveugles quant aux lois de la maintenance nationale, y jouent un rôle politique de premier plan ; et la puissance de la raison et du bon sens semble être, chez eux, inversement proportionnelle à la richesse, au moins apparente, de la forme. Les deux premiers tiers du siècle sont occupés et même obstrués, par le romantisme. Le dernier tiers appartient à une dégénérescence romantique, qualifiée tantôt de réalisme et tantôt de naturalisme.

Qu'est-ce que le romantisme ?

Je le définirais, psychologiquement, une extravagance, à la fois mentale et verbale, qui confond la notion du beau et celle du laid, en soumettant l'esthétique à la loi de l'énorme, et à la surprise du contraste, ou de l'antithèse. Sa principale caractéristique est la démesure, car : 1° il met tout au superlatif et ne tient compte que de l'excès, dans toutes les catégories et dans tous les genres ; 2° il donne la prédominance au sentiment sur la pensée, à la sensation sur le sentiment, à l'expression verbale et syntaxique sur l'une et l'autre. Il institue ainsi un faux Sublime, auquel la foule se laisse prendre, et qui perturbe le goût public.

Les critiques de la *Revue des Deux Mondes* et de l'Académie, notamment Faguet (qui a un certain pittoresque crasseux et parfois la chaude couleur de cette crasse) et Brunetière (galopant sur la bourrique paradoxe, à la poursuite de l'esprit qui le fuit), ont défendu cette thèse enfantine qu'il y avait du romantisme chez les classiques. De ce point de vue, un Corneille, un Bossuet, un Pascal seraient les plus échevelés des romantiques. C'est idiot. Le romantisme ne consiste pas dans une certaine impétuosité, intermittente ou chronique, du langage. Il consiste dans le désaccord d'une pensée pauvre et d'une expression riche, et dans la débilité du jugement, qui fait tantôt de la pitié, tantôt de la colère, tantôt du dégoût, tantôt de la mélancolie, la règle forcenée de l'univers et du style. On conçoit qu'un tel déséquilibre mène rapidement à l'insincérité, puisque la comédie de la sensibilité, ou de la sensualité, devient indispensable à quiconque veut émouvoir continûment, sans être ému lui-même, ou au delà de sa propre émotion. En fait, le romantisme, en littérature comme en politique, est l'école du mensonge et de l'hypocrisie. Il n'est pas de plus grand Tartuffe que Victor Hugo. On aurait pu le conjecturer d'après son œuvre, sans rien connaître de sa biographie.

Chateaubriand a donné le branle, il faut le reconnaître, avec sa somptueuse insincérité et une éloquence assise (disait Alphonse Daudet) qui, même après Rousseau, avait des allures de source jaillissante, de déraidissement de la nature au premier printemps. Il a joué de la mer, du clair de lune, de l'éloignement et des tombeaux, avec une magie descriptive que son dernier disciple en date, Pierre Loti, a imitée et côtoyée, sans jamais l'égaler. Cela tient à ce qu'il y a, en Chateaubriand, une formation classique, une période à la Tite Live, reprise abruptement par une rapide image à la Tacite, et qui joint les plaisirs de l'ellipse à ceux de la redondance. Il n'est rien de plus magnifique, et comme l'a noté justement Maurras, avant Lemaître, rien de plus décevant. Chateaubriand a donné le branle à cette affectation de la lassitude de vivre, jointe à une peur panique de la mort, dont l'agaçant et continuel refrain grince pendant tout le cours du siècle, où les hommes se sont le plus entre-tués. Il inaugure le grand cabotinage littéraire. Il est le grand père de tous le « moi, moi, moi », de tous les moitrinaires, qui se regardent pâlir et vieillir dans leurs miroirs ternis et écaillés.

Personne ne lit plus *le Génie du Christianisme*, ni *Atala*, ni *René*, ni (d'ailleurs injustement) *la Vie de Rancé*. Mais on lit encore les *Mémoires d'Outre-Tombe,* pour la splendeur de leurs cadences ; et l'esprit d'hypocrisie profonde, qui est au fond de Chateaubriand, revit, par mimétisme, chez nombre de nos contemporains et contemporains. Que ce comédien magnifique ait été pris pour un héros véritable, et que cette erreur ait recommencé pour Hugo, voilà qui justifie (au chapitre de l'inclairvoyance) notre accusation de stupidité, portée contre le siècle « des lumières ». Sainte-Beuve lui-même, qui ne respectait pas beaucoup de gens, parait avoir hésité, dans son fameux cours sur *Chateaubriand et son groupe littéraire,* devant la vérité crue quant à cette idole. Il n'ose extraire l'abondant comique des « drapés pour la postérité » du mort du grand Bé. Il prend son *tædium vitæ* au sérieux. Nous aurons souvent l'occasion de voir que l'absence d'un Molière au XIXe siècle s'est fait cruellement sentir. Pour la plaie durable du romantisme, le meilleur antiseptique eût été le rire. Or le dur Sainte-Beuve est rarement joyeux et le grand Veuillot n'a jamais su rire. Quarante années de larmoiement, de vague à l'âme et de désolation égocentrique, n'ont pas amené la réaction attendue d'un bon vivant, suffisamment armé pour l'observation satirique, et qui eût remis les choses au point par le ridicule. Cette lacune, qui s'est rarement produite dans le pays des fabliaux et des farces rabelaisiennes, est, pour une époque aussi fertile en cabotins du sublime et en faux géants, très caractéristique et regrettable. Le silence de l'esprit de raillerie et de fronde prouve l'universalité de l'esprit de jobarderie. Jamais pareil amas de bourdes philosophiques, morales et romanesques, ne rencontra, de la part de nos concitoyens, semblable, ni aussi déférente audition. Soit que les années tyranniques de la Terreur et Césariennes du premier Empire eussent obnubilé le sens du comique, par la crainte de Fouquier-Tinville, de Fouché et du petit homme surimaginatif de Waterloo et de Sainte-Hélène ; soit que la raison tourneboulée n'eût plus la force de réagir. Il y a un degré dans l'absurde où il n'est plus senti comme absurde. Rien n'est sérieux, en général, comme un préau de maison de fous.

Comment procède le romantisme ? Il démonétise le génie par l'ingéniosité, la force par la truculence, le pathétique par la contorsion. Ce triple travers est moins visible chez Chateaubriand qu'il ne le sera chez Hugo, parce que nous sommes encore à l'aurore du procédé. Mais il existe déjà et il est sensible dans le vieillissement précoce de ce prétendu sublime, qui émut si vivement nos pères et nos grands-pères. Je me rappelle le désappointement que me procura ma première lecture d'*Atala*, qui m'avait été représentée comme un chef-d'œuvre, et dont la redondante poncivité sauta au nez de mes quinze ans, et le trouble que j'éprouvai de ne point vibrer aux *Mémoires d'Outre-Tombe*, aussi violemment que me l'avaient annoncé mon père et ma mère, mes guides intellectuels habituels. Il faut d'ailleurs considérer que le chateaubriandisme de 1830 fut réveillé par le flaubertisme, qui fait le pont entre le romantisme et le réalisme naturaliste. Chateaubriand fut, en somme, le grand promoteur de ce que j'appellerai la littérature d'attitudes ; et il la porta d'emblée à son plus haut point d'habileté, par son don musical de la période. Il remplace le plaisir de l'esprit par celui de l'oreille, la réflexion ou l'observation par une sorte de lamento, tiré de la courte durée de notre passage sur la terre, de la fragilité des entreprises et de la brièveté des amours. Sentiment perçu par les femmes, avec une véhémence particulière et bien compréhensible, de sorte que, dans ce premier tiers du XIXe siècle, c'est Mme de Staël (la plus insupportable des bas bleus) qui porte les culottes, avec son ennuyeux et dangereux bouquin sur l'Allemagne, cependant que l'illustre René pousse ses thrènes sur le mode féminin, et entraîne des foules d'admiratrices passionnées vers le miroir et les « ossements légers » de Mme de Beaumont. J'avoue préférer aux corbillards empanachés, et aux incursions exotiques de Chateaubriand, sa manière rude et griffue du fameux morceau sur Bonaparte et les Bourbons. Le dépréciateur lyrique a, en lui, une autre verdeur et vigueur que le bon monsieur et que le voyageur. Psychologiquement, c'est un de ces rêveurs personnels, toujours moroses, toujours mécontents, trop admirés, trop encensés, et qui ne savent pas en somme ce qu'ils veulent, un ambassadeur du dégoût universel dans la lune, un Alceste fouetté par l'ouragan et l'éclipse. Il regrette et il déplore tout le temps, on ne sait pas au juste quoi ; il ne sait pas lui-même ; mais il le déplore et il le regrette. Ce « chat » — comme disait la trop indulgente Mme de Chateaubriand — devait être d'un contact insupportable, ainsi que ceux qui exigent que l'on s'occupe d'eux et de leurs humeurs, sans interruption.

En politique, un écrivain de grande et éloquente embouchure, du caractère de Chateaubriand, ne peut qu'aboutir à la pire confusion ; attendu qu'il souhaite (par hantise du charnier) la décrépitude et la disparition de ce qu'il est censé symboliser et regretter. Il lui faut à tout prix un thème de désespérance et il le puise dans l'effondrement et le piétinement de ses plus chères convictions. Dieu garde les grandes et justes causes de ces amers porteurs de couronnes funèbres !

Il est deux sortes de mélancolie ; l'une qui pousse à l'action, et que l'on peut dire héroïque, qui a sa formule dans la bouche du Taciturne, dans sa fameuse maxime sur « ce qu'il n'est pas nécessaire d'espérer pour entreprendre, ni de réussir pour persévérer ». C'est la mélancolie de Bonald et de Joseph de Maistre. Elle s'inspire de ce *mulla renascentur*, qui est une des plus exactes et profondes lois de la vie. L'autre mélancolie, simplement lyrique, est stérile. Elle donne une gloire d'attitude à celui qui l'éprouve, et dore et orne sa prose, ou ses vers. C'est la mélancolie de Chateaubriand. On sent qu'il n'y aurait pour elle de pire disgrâce que d'être privée d'aliment, par la réussite imprévue de ses aspirations vagues.

Le manque de simplicité, le côté « dessus de pendule » que l'on remarque en Chateaubriand, ne lui est point particulier. Il fera partie du bagage romantique et donnera à toute l'école quelque chose d'apprêté, d'insincère, contre quoi essaieront de réagir, plus tard, Stendhal, Mérimée, Jacquemont, contre quoi réagira efficacement le dévorant génie de Balzac. Le grand mérite, selon nous, de l'auteur de la Comédie Humaine, aura été de séparer le beau véritable de l'affectation grandiloquente du beau, et aussi de détacher l'auteur de son œuvre, par le dialogue, la peinture des caractères et des sentiments, envisagés en eux-mêmes, non plus seulement par rapport à leur peintre. Les récits de Chateaubriand ne sont que des effusions, des transpositions de son obsédante personnalité. Ce personnalisme exagéré, et exaspérant à la longue, est issu de Rousseau, et, par delà le pervers genevois, de la Réforme.

« Je suis un homme extraordinaire, un individu comme il n'y en a jamais eu, comme il n'y en aura sans doute jamais plus. Quel dommage que je ne sois pas immortel ! » Ces deux phrases implicites reviennent dans mon esprit, chaque fois que j'ouvre un livre de Chateaubriand ou de Hugo, et elles se superposent à ma lecture. Ce fond d'enfantillage enlève au lecteur cette sécurité que donne une page d'un bon auteur du XVIe et du XVIIe, au temps que régnait l'humanisme, antidote de l'apitoiement sur sa propre destinée. L'humanisme, qui proportionne les efforts de l'âme humaine (comme son nom l'indique) dans sa résistance à la nature, est le contraire du romantisme, qui se dresse brusquement et orgueilleusement devant la nature, pour lui céder tout d'un seul coup. C'est ce qui fait que le romantisme, encore chrétien avec Chateaubriand, devient panthéiste avec Hugo et Michelet. On suit aisément la pente du *Génie du Christianisme* à *la Légende des Siècles* et à *la Femme*, à *la Bible de l'Humanité* et à *la Mer*. Qu'est-ce, en somme, que la civilisation ? C'est, comme l'humanisme, avec lequel elle se confond, l'obstacle de l'être pensant, de la raison, équilibrée et réfléchissante, aux forces aveugles de la nature, dont le dépôt en nous est l'instinct. Cet instinct appelle la nature, et celle-ci renforce l'instinct. C'est pourquoi tous les panthéistes aboutissent à la divinisation de l'instinct, à l'apologie de ce qu'il y a en nous de trouble et d'imprécis, bien que moteur. Chateaubriand, c'est le premier élan (tempéré par une nostalgie traditionnelle) pour ce saut dans l'absurde qu'accomplirent magnifiquement, à la façon d'un tour de force réussi, Hugo et Michelet.

Une aberration vigoureuse trouve toujours, pour s'exprimer, un torrent de mots. Le romantisme, bavard comme un enfant menteur, a rapidement séduit un nombreux public, par l'étalage de ces grands sentiments d'abandon et de relâchement, qui sont la caricature de l'héroïsme, et par un vocabulaire truculent. Chateaubriand lui a donné son rythme, Hugo sa flamme sensuelle, et Michelet sa dislocation. La syntaxe romantique se caractérise par l'abus des épithètes indéterminées, le fléchissement du verbe, et l'exaltation, souvent inopportune, du substantif et de l'adverbe. Qu'on nous comprenne : il ne s'agit pas ici de poser des limites de grammairien ou de pet de loup à la Muse inspiratrice, ou à l'afflux vigoureux des images justes, ou profondes. C'est précisément au nom de la force du style et de sa puissance de percussion que nous réclamons pour la justesse et la pertinence des termes employés. Il est d'ailleurs une expérience que je vous recommande : lisez à la suite, une page de Chateaubriand, choisie parmi les meilleures (*Mémoires d'Outre-Tombe*), une de Bossuet dans les mêmes conditions (*Histoire universelle*), puis un poème de Ronsard, parmi les célèbres, et un de Hugo (*idem*), puis une page d'Amyot et une de Michelet, et vous saisirez la différence, que j'essaye de qualifier ici, entre ce que j'appelle la littérature de sincérité et cette littérature d'attitudes, qui est la littérature romantique, et qui a submergé le XIXe siècle.

Elle l'a submergé en le flattant, en lui répétant sur tous les tons, en prose et en vers, et du haut de toutes les tribunes, que jusqu'à la grande Révolution, c'est-à-dire jusqu'au début de la période sans précédent, ineffable et incomparable, la nation française avait croupi sous la tyrannie et dans l'erreur, courbée par les Rois, les moines, les soudards et les favorites. À partir de sa trente-cinquième année, c'est le thème fondamental de Hugo et c'est celui de Michelet et de Quinet, ce dernier aussi foncièrement absurde que Michelet, mais privé de ses dons merveilleux d'écrivain. Le dogme révolutionnaire et le dogme du progrès par la démocratie ont trouvé immédiatement, dans Hugo et dans Michelet, leurs tailleurs les plus somptueux, ceux qui les ont habillés le plus richement, tailleurs cousant les passementeries, les galons d'or et d'argent, les pampilles emperlées, sur la sombre défroque de la Réforme et la souquenille sanglante du jacobinisme. Le romantisme est une farandole, conduite par des assembleurs de mots remarquablement doués, qui entraînent à leur suite des rhéteurs et des politiciens. C'est une autre forme de la danse macabre. Il est entré, pour notre malheur, ce romantisme, dans les institutions et dans les lois, ainsi que dans les mœurs. Le code Hugo-Michelet, hélas, fait suite au code Napoléon. Toutes les grandes folies, politiques et sociales, étagées de 1860 à 1919, sortent de là.

Pourquoi le poison romantique a-t-il si bien pris ? Parce que l'ambiance y était. Il en a été de lui comme de la morphine, qui débute par une excitation agréable, par une euphorie, pour aboutir, par un stade de dépression, où il faut augmenter la dose, à un véritable abrutissement. Les violences révolutionnaires avaient sidéré l'élite du pays, coupé, tranché (c'est le cas de le dire) les communications entre la société la plus cultivée et la plus fière et la moyenne bourgeoisie. Les guerres interminables de l'Empire avaient fauché, presque aussitôt, les éléments jeunes et enthousiastes. Ce qui restait se jeta avidement sur ce mouvement romantique, qui avait les apparences du génie et de la nouveauté, sans avoir la réalité du génie, qui est la supériorité et la clarté du jugement. De même, la morphine se propage d'abord dans les éléments épuisés ou débilités, de cette zone de gens, fort nombreuse, qui hésitent entre la santé et la maladie. Je considère Hugo et Michelet comme deux pervertisseurs d'intelligences, d'une nocivité presque égale à celle de Rousseau ; et, encore une fois, la torrentielle splendeur de leur forme n'est pas pour me les faire absoudre de leur dangereuse insanité.

À moins qu'il ne soit admis, comme chez les thuriféraires à tout prix de Bonaparte, que l'on ne paie jamais trop cher des dons surprenants, ce qui est encore une conception romantique et très XIXe siècle. Mais, de même que Bonaparte prétendait faire le bonheur du peuple français, en le maintenant en état de guerre et de tueries perpétuelles, de même Hugo et Michelet prétendaient faire le bonheur de l'humanité, à l'aide de méthodes intellectuelles (par renversement du sens commun) dont il est démontré aujourd'hui qu'elles mettent le feu à l'univers, aussi sûrement qu'un grand conquérant, et qu'elles conduisent les individus, comme les peuples, à l'abêtissement, au malheur et au suicide.

Chez les disciples de Hugo, par exemple chez Gautier et Théodore de Banville, le poison romantique est très atténué. Il est plutôt une amusette, un hors-d'œuvre, qu'une nourriture, et il ne prétend plus à l'éducation, ni à l'évangélisation des masses populaires. Banville et Gautier permettent d'étudier, sans légitime irritation, les colifichets du romantisme, et de prendre plaisir à ses jeux syntaxiques. Mais « le père » qui est « là-bas dans l'île », a droit à une appréciation d'autant plus rigoureuse (du point de vue intellectuel et social) que le cabotinage était, chez lui, parfaitement lucide et conscient. L'hypocrisie de son existence privée (partagée entre sa femme légitime et sa maîtresse Juliette Drouet, celle-ci installée, pendant l'exil, à cent mètres de celle-là) en est la preuve saisissante. Que signifient tant d'hymnes éperdus à la famille, à l'amour conjugal, paternel et grand-paternel, quand la famille est, en secret, bafouée de cette façon ! Il est toujours extrêmement fâcheux qu'un homme éloquent, distingué par des dons lyriques hors pair, se donne ainsi pour ce qu'il n'est pas et nous joue Tartuffe en naturel, sur un rocher battu par les flots. Je préfère l'existence vadrouillarde, mais franche, de Paul Verlaine à la fausse auréole vertueuse de Hugo. Soyez salace, si c'est votre penchant, sacreblotte ; mais ne vous posez point, pour la postérité, en lauréat du prix Montyon ! Il en est de même pour l'avarice légendaire de l'auteur des Châtiments, qui ne se châtiait guère lui-même. L'avarice avouée peut être excusable et même comique ; au lieu qu'elle est odieuse, sous le masque de la générosité éperdue. Harpagon, drapé en petit manteau bleu, est plus haïssable qu'Harpagon cru.

La déveine du XIXe siècle français a voulu que son plus grand critique, et un des plus grands critiques de tous les temps, Sainte-Beuve, ait eu précisément la vision troublée (d'abord par l'amitié et l'amour, puis par la haine) quant à l'aberration romantique. Celle qu'il chanta si indiscrètement, et avec une goujaterie qui stupéfie, l'obnubila-t-elle sur ce point ? Ou quelque autre raison obscurcit-elle ses claires lunettes ? Toujours est-il que c'est quant à l'absurdité foncière du romantisme (si digne de son fouet) qu'il est le moins mastigophore. Dieu sait si sa célèbre malignité, tant reprochée (alors que l'indulgence outrancière est le pire des vices chez un critique) eût pu trouver là l'occasion de s'exercer ! Enfin Sainte-Beuve, remarquable et plutarquien quant aux personnalités, et au rattachement des œuvres à ces personnalités, s'occupe plus des sinuosités capricieuses des courants littéraires que de leurs sources et de leurs embouchures.

Il n'en est pas de même de Taine (un enfant, si on le compare à Sainte-Beuve) et dont l'influence fut naturellement très supérieure à celle de Sainte-Beuve, en raison même de l'époque où il prédomina. Taine est le type du bonhomme système, et l'initiale lubie avec laquelle il aborde un sujet le domine ensuite jusqu'à sa conclusion. Il plie les textes à sa marotte, sans les altérer le moins du monde (car c'est un consciencieux de l'esprit), mais en écartant ceux qui le gênent et en exaltant ceux qui le corroborent. Sa fameuse Critique de la Révolution française (qui fit scandale, à l'époque où elle parut) est une critique pittoresque et fort littéraire, mais « conservatrice » et ne s'appuyant guère que sur des raisons sentimentales et morales, alors qu'une critique « réactionnaire » se serait surtout attachée aux erreurs politiques des Droits de l'Homme. Ce qui l'indigne, c'est 1793, non 1789, ce sont les moissons, non les semailles. Ma génération a été nourrie de Taine, pluns encore peut-être que de Renan ; et l'esprit des *Débats* et de la conférence Molé, l'esprit centriste, comme l'on dit, s'en est trouvé singulièrement renforcé. Quant à la critique littéraire de Taine, elle est sommaire et abusive, sans lignes d'horizon, fondée sur l'incertitude scientifique, bref, telle qu'on pouvait l'attendre d'un homme qui n'a, en aucune façon, le sentiment du beau. Un laid moyen lui paraît plus utile, donc plus souhaitable, que le beau véritable, et ses hardiesses philosophiques (vertu et vice comparables au sucre et à l'alcool, etc.,) sont à pleurer. Le déterminisme de Claude Bernard, d'une part, la philosophie de Spencer et de Stuart Mill de l'autre, ont eu sur lui une fâcheuse influence. On trouve chez Taine, habillés en gens du monde, lavés, et pomponnés, les principaux préjugés du siècle, et la lecture de Thomas Graindorge nous le montre pourvu de cette fausse fantaisie, qui dérive de Sterne et de Xavier de Maistre. L'inaptitude au rire et à l'ironie transforme peu à peu son œuvre en désert, à mesure qu'on avance dans la vie. Exception faite pour deux ou trois chapitres (notamment quant à Swift) de la *Littérature anglaise*. Une inintelligence spéciale, quasi huguenote, brille dans son livre *de l'Intelligence*, où cette faculté, aérée et libératrice entre toutes, prend l'aspect d'un triste sanatorium suisse, avec des cellules numérotées. Néanmoins il faut lire cet ennuyeux ouvrage, parce qu'il est un remarquable spécimen du ratatinement de l'intelligence, à l'époque où il fut écrit. Certaines prétendues observations sur la formation du langage chez l'enfant sont des modèles de débilité mentale.

Il est vain de relever, comme l'a fait Flaubert, dans *Bouvard et Pécuchet*, les imbéciles conceptions de deux imbéciles. Il est fructueux de relever les sottises notoires des hommes considérés comme les maîtres et docteurs de la pensée d'un temps. Ce sont elles (dans la mesure où elles étonnèrent, captivèrent et se propagèrent) qui donnent l'étiage de la faiblesse générale de ce temps.

La vogue de Renan (assez comparable à celle du chansonnier Béranger, en ce qu'elle opéra dans les mêmes catégories de l'esprit public) en est un autre symptôme. Le scepticisme contradictoire de Renan, fort limité à côté de celui de Montaigne par exemple, apparaît surtout comme un moyen de fuir la grandeur. Montaigne aussi ramène à la toise ; mais sa toise (celle du XVIe) est beaucoup plus haute. C'est un scepticisme à l'usage des géants. Celui de Renan est à l'usage des nains, de nains déliés et de bossus retors, bien entendu. La fluidité magique de sa langue (où palpite la douceur, la suavité bretonne, du pays où la pluie ne mouille pas) a fait illusion, pendant longtemps, sur l'inconsistance de ses vues en balancé. C'est la pensée des Danaïdes, qui fuit à mesure qu'elle se remplit. Cette prière perpétuelle à Saint Décevant donne, à la longue, des courbatures. *L'Avenir de la Science* nous montre, dans Renan, un gobeur éperdu de tout ce qui se présente sous le signe du rationnel. Il ne songe pas que ce signe peut abriter des bourdes beaucoup plus saisissantes encore que le signe du surnaturel, et que le terre à terre n'est pas une garantie. Cela, c'est l'air des années où il a vécu, cet air confiné, empuanté de miasmes démocratiques et évolutionnistes, et qui rappelle cette atmosphère de fromage de gruyère, qu'un personnage de Courteline, se trompant de fenêtre, prend pour la première atmosphère du printemps. C'est l'air de la correspondance avec Berthelot, raréfié, pneumatique, étouffant.

D'où vient qu'on relit sans cesse Montaigne et qu'on ne relit pas, ou presque pas, Renan ? C'est que Montaigne pratique le doute dans l'espace à n dimensions, et que Renan ne le pratique que sur un seul point, qui est celui du dogme catholique. Le champ visuel du premier est illimité comme la nuit stellaire. Celui du second est étrangement circonscrit. De même l'ironie renanienne, souvent délicieuse (et telle que d'un éléphant qui ferait des finesses et de la calligraphie avec sa trompe), est une ironie unilatérale. Elle n'est pas universelle, comme celle du grand-père « que sais-je ? » Renan, incroyant défini, apparaît comme crédule dans la sphère fluide où baigne son incroyance. Montaigne, incrédule total, sourit de la science comme de la foi et encore mieux que de la foi, sourit de la logique comme de l'illogique. Il aurait — s'il eût vécu au XIXe siècle — souri de l'évolution comme du reste et aussi de ces élections de 1885, dont Renan ne sourit fichtre pas ; car Berthelot et lui y voient, avec le retour des « hobereaux », comme la fin de l'intelligence française !

Mais connaissez-vous un petit-à-propos de Renan, qui fut joué à la Comédie-Française, pour un anniversaire hugotique, et qui s'appelait, je crois, 1802 ? Il y avait là une sorte d'ange laïque (un « onge », comme disait Courbet) qui venait annoncer les merveilles du siècle et notamment la naissance du petit Victor. C'était d'un zozo prodigieux ! Notre grand sceptique y apparaissait ainsi qu'un gobeur de toutes les fables qui ont circulé, pendant soixante ans, entre la Sorbonne, la presse, les Académies, et les collèges électoraux. Or cette niaiserie n'était pas accidentelle ; elle était essentielle, et l'on sentait, en l'écoutant, qu'au centre de la papillote renanienne, de ces dorures, de ces pétards, du *Jésus-Christ,* de *Saint-Paul,* de *l'Averroës,* il y avait cela : cette conception fausse du progrès et de la paix universelle, accompagnée d'un tonnerre d'artillerie (on en conviendra), au Siècle des Lumières. Tout émue d'avoir interprété cette rare merveille, un jeune actrice (l'« onge », je crois) pleurait dans les coulisses et Renan lui tapotait les mains, pareil à Caliban, consolant Ariel avant de le manger.

Or, de 1875 à 1905 environ, Renan a été dieu… mais parfaitement, le dieu de la troisième République. Je l'ai vu adorer et encenser. J'ai vu se prosterner ses lévites. Quelqu'un qui, à cette époque, aurait écrit ce que j'écris ici, eût passé pour un sacrilège, ou un dément. La renanolatrie a peut-être dépassé encore, en intensité, la hugolatrie. Et l'on se moque des fétiches des nègres ! Il était devenu même populaire, car la vraie forme de la gloire est d'être admiré sans être lu, ce qui supprime les réserves et réticences. Les cochers de fiacre du quartier des Écoles célébraient Renan chez les marchands de vin et de tabac et j'entendis un jour l'un d'eux se féliciter de ce « qu'il en avait bouché un coin au pape » ! Un homme politique connu, à qui je citais le fait, en concluait à la diffusion de la haute culture dans les masses !

Certes il y a de belles pages, claires et clairvoyantes, d'harmonieux morceaux de bravoure chez Renan, notamment dans la *Réforme intellectuelle et morale* et dans *les Dialogues philosophiques*. Mais sa renommée, son influence ont été très supérieures à sa vigueur intellectuelle et se sont appuyées surtout sur ce qu'il y a en lui d'inférieur, qui est la rectitude du jugement. Son imagination est nombreuse et riche ; la tige en est grêle ; d'où ses oscillations perpétuelles. Comme tireur d'inductions, assembleur de vues d'avenir, il ne vaut rien ; et ce qu'il a annoncé, ou ne s'est pas réalisé, ou s'est réalisé au rebours. J'en ai donné ailleurs maints exemples. Cet historien d'Israël n'eut rien d'un prophète. Nous le retrouverons à la philosophie.

Revenant à la littérature pure, nous devons remarquer la méconnaissance, par le siècle, du très bon écrivain d'analyse que fut Stendhal (malheureusement embringué de théories matérialistes et sommaires, à la Condillac et à la Helvétius) et la demi-méconnaissance de Balzac. Le goût de l'appauvrissement littéraire commence avec la vogue de Paul-Louis Courier, à un pôle, et à l'autre, avec la diffusion des fades et illusoires romans de Mme Sand. Il se continue avec les foudroyants succès d'Alexandre Dumas père et d'Eugène Sue. Abstraction faite du feuilletonisme, qui introduit la manie de la péripétie continuelle (la suite au prochain numéro), l'immense confusion du goût public commence, qui n'est que le suintement, en littérature et en art, du suffrage universel victorieux. Le frelaté prend le pas sur le naturel, et le déclamatoire sur le sincère. En dépit du charme paysagiste de ses compositions champêtres, Mme Sand est le type de l'écrivain déclamatoire, qui veut, avant tout, montrer son grand cœur et dissimuler comme Hugo, d'autre façon, sous de belles périodes, un tempérament de feu. Elle fut une erreur de la nature, qui lui avait donné la violence du mâle dans un organisme féminin ; et elle transposa cette erreur en aspirations vagues, en abondante copie. Elle a son couvert mis au grand festin de l'hypocrisie romantique. Mais tout ce que l'on pourrait exprimer à ce sujet est dépassé, de cent coudées, par ce chef-d'œuvre de Maurras, *les Amants de Venise,* analyse et synthèse des amours pathétiques de Mme Sand et de Musset, et qui est un des rares monuments de la critique, au siècle dénué, dont nous nous occupons ici. L'œuvre de Mme Sand offre ceci de particulier que la démarcation du factice et du prédicant (où elle est insupportable) et du sincère (où elle atteint au charme le plus rare) y est très discernable. Quand elle ne sent pas ce qu'elle dit, quand elle est en représentation, elle bavarde à la façon d'un perroquet, ou d'un merle élevé par un socialiste révolutionnaire. Aussitôt qu'elle est elle-même, une dryade avec un encrier à la ceinture, elle se condense et se clarifie.

Qu'on ait pu la rapprocher de Balzac, la comparer à Balzac, c'est un scandale. Elle est tout instinct, et une haute raison brille chez Balzac. Mais Balzac, après un copieux et limoneux entraînement romanesque, combattit de front la plupart des préjugés de son temps, que flattait Mme Sand.

Aussi son temps lui fit-il la vie dure. Il n'eut jamais, en dehors d'une élite, que le public de l'étonnement ; et ce grand peintre de la passion féminine passa inaperçu de presque toutes les femmes et amoureuses de son époque. Balzac prosateur est, avec Mistral poète, le génie français authentique du XIXe siècle, si l'on appelle génie le fait d'embrasser, d'exprimer et de dominer les idées et les impressions majeures de tout un cycle littéraire, artistique et scientifique et de plusieurs générations. Ainsi ni Balzac, ni Mistral, ne furent-ils de l'Académie, ne connurent-ils la popularité. La sottise choisie et la sottise diffuse du XIXe les rejetèrent. Balzac rebuta par son insoumission au poncif du progrès perpétuel, Mistral par son ordre sublime ; l'un et l'autre par leur profondeur rythmique, qui fait que les ondes courtes ne les peuvent saisir. Quand la corde lyrique ou satirique, ou réaliste, qui constitue l'instrument séculaire, la harpe majeure, se trouve détendue d'une certaine façon, elle ne perçoit, ni n'exprime plus certains accords. Les grands esprits naissent encore, mais leurs travaux ne prennent point leur rang et leurs efforts ne portent plus. Si Stendhal passa inaperçu, et Balzac à demi inaperçu, c'est que le cabotinage romantique, non contrebattu par la critique, avait gâté le goût général. La mauvaise monnaie chassait la bonne.

On s'est efforcé, après coup, de découvrir des mérites divers à Dumas père et à Eugène Sue. Leur seul mérite véritable fut de n'exiger aucune autre attention, chez le lecteur, que l'attente, la curiosité bestiale de ce qui va arriver. L'aventure n'est rien ou presque rien. Ce qui la motive est tout. L'assassinat, l'empoisonnement, la pendaison, le feu, le couteau, la rage, l'amour, la haine, le désir n'ont, chez ces deux romanciers dits populaires, aucune adhérence avec le réel, et en deviennent insignifiants. Ce sont des massacres d'innominés et des catastrophes dans le vide. Il se passe peut-être des choses effroyables dans le monde des triangles et des circonférences ; seulement nous ne les percevons pas. Je n'insiste pas sur la littérature engendrée par les *Trois Mousquetaires* et *les Mystères de Paris*. Elle a trouvé sa véritable expression avec le cinéma actuel, qui frappe les yeux, en effleurant à peine l'esprit.

Quant à ce prodigieux Balzac (auquel ne manqua, pour égaler Shakespeare, qu'un sens poétique et féerique, que je considérerai volontiers comme la fleur de l'esprit humain, comme la pointe de diamant de la personnalité), quant à Balzac, on dirait qu'il a voulu suppléer à tous les manques, à toutes les lacunes de ses contemporains. Il est le gouffre éclairé, où se précipitent, pêle-mêle, les observations justes, les considérations judicieuses, les avertissements solennels, les prophéties réalisées. Il bat le rappel du méconnu, en mobilier comme en philosophie, comme en politique, comme en économie politique. Le bon sens se réfugie chez lui en tumulte et se fait sa place avec une véhémence trouble, qui n'appartient guère en général qu'à l'insanité. Il est le remède de Hugo, de Lamartine, de Mme Sand, mais un remède tellement rude, compact et cru, que les petits estomacs de son temps n'osent point l'avaler ; « Oh !

comme il y en a, comme c'est noir ! J'ai peur de vomir. » Il est l'huile de foie de morue qui va porter le soulagement dans les cavernes de la phtisie romantique, une huile où nagent encore d'amers petits morceaux de morue,

Brave Balzac, courageux Balzac, que de fois j'ai songé à lui, à sa jugeotte tourangelle, en exil parmi ces nains boursouflés, à sa bonhomie laborieuse, à ses embêtements d'argent, à sa recherche enfiévrée de sa vraie compagne, qui l'a toujours fui ! En voilà un qui eût mieux fait de naître au XVIe siècle, dans cette effervescence cordiale, dans ce tumulte harmonieux, parmi ces femmes tragiquement passionnées, cultivées, et si belles, plutôt que dans ce bric-à-brac qu'il chérissait, comme certains chérissent leur diminution et leur mort. Car il aimait pour de bon, le cher garçon, à une époque où l'on feignait les transports de l'amour ; et il aimait jusqu'en Pologne, dans un temps sans chemin de fer ! Voilà qui doit rassurer les cœurs sensibles sur la pérennité de la comédie humaine, écrite par le Bon Dieu avant celle de Balzac.

Nous avons eu, au XIXe siècle, un très grand auteur dramatique, fondu de Shakespeare et de Marivaux, Alfred de Musset. Aussi son théâtre n'a-t-il connu la vie de la scène, et une partie du succès qu'il mérite, que longtemps après sa mort. Encore beaucoup de critiques continuent-ils à considérer et traiter ses merveilleuses comédies (quand ils en parlent) à la façon de gracieux badinages. Au lieu que les drames de Hugo, qui soulevèrent tant de colères et d'enthousiasmes, nous apparaissent aujourd'hui comme d'une absurdité équivalente à la platitude de ceux de Ponsard, lesquels étaient censés représenter l'esthétique d'en face. C'est un mauvais signe, pour une période littéraire, quand ses contrariétés et oppositions se confondent dans une même sottise. Hugo, qui avait une vision lyrique et égocentrique de l'univers, manquait totalement, et pour cause, de la conception dramatique et romanesque. Le sujet d'*Hernani*, de *Ruy Blas*, du *Roi s'amuse* est inexistant comme celui des *Travailleurs de la Mer* et de l'*Homme qui rit* ; et les personnages qui s'y agitent ne sont même pas de fugitives ombres. À défaut d'humanité, l'auteur aurait pu se préoccuper d'une certaine résurrection historique. Il ne s'en soucie même pas, et le décor vaut la trame qui ne vaut rien. Hugo vivait encore, lorsque tomba à plat la reprise du *Roi s'amuse* à la Comédie-Française, où Got jouait, sans la moindre fantaisie et avec le plus grand sérieux, le rôle extravagant de Triboulet, le bouffon paternel, pendant de la stupéfiante Sachette, de *Notre-Dame de Paris*. La scène finale, du sac et de la morte, souleva une immense hilarité, — j'y assistais — qui fit penser que ces prétendues tragédies, jouées en farces, pourraient retrouver quelque faveur. Elles sont en effet un assemblage des verrues de Hugo, sans aucune de ses qualités. Elles prouvent, de façon saisissante, que le grand moitrinaire et assembleur d'images, superbes mais en surface, a passé ici-bas sans regarder personne d'autre que lui-même. La seule œuvre de longue haleine de lui, où soit développé un thème qui ne soit pas un accident, une calembredaine ou une grimace (*les Misérables*) est directement inspirée de Balzac, et son Jean Valjean n'est qu'une pâle réincarnation de Vautrin.

Trois noms représentent ensuite l'art dramatique, en France, pendant le cours du XIXe siècle : Augier, Dumas fils et Sardou. Le vieillissement précoce de leurs œuvres est un signe de décrépitude initiale. Des trois, le moins caduc est Émile Augier, grâce au filon de bon sens bourgeois, qui lui tient lieu de sève et de tuteur. Il est seulement fâcheux que naturellement antipoète (ce qui ne veut pas dire qu'il soit doué brillamment quant à la prose) il ait écrit parfois en vers ; car ceux-ci sont affreux et remplis d'une poussière spéciale, d'une cendre d'alexandrins, qui vous saute au nez et à la gorge. L'étonnant est que personne ne se soit trouvé, dans son entourage, pour le supplier, même à genoux, de renoncer à ces épouvantables machines versifiées, où Pégase, chaussé de pantoufles de feutre, semble projeter, dans le trou de l'infortuné souffleur, de mornes crottins. Les mauvais poètes ajoutent à la laideur d'ici-bas quelque chose de pire que l'ennui. L'aventure douloureuse de *l'Aventurière* prouve qu'Émile Augier visait au pittoresque et aussi, l'excellent homme, à la moralisation ! Mais est-il rien de plus démoralisant que la volonté de la fantaisie, dans l'absence de fantaisie, que ce qu'Henri Heine appelait « l'empaillement du clair de lune » ?

Dumas fils, plus nerveux et qui se croit cinglant, tend aussi à moraliser, dans un jargon où abondent les tirades et les mots cruels. Par une convention qui a sa marque, il introduit un raisonneur semblable à un robinet qu'on ouvre, et d'où coulent partout des maximes et sentences, puis qu'on referme avec un bon mot. Inutile d'ajouter que, vingt ans après, ces thèmes ont pris des cheveux blancs et bredouillent comme les vieux du répertoire. Mais les préfaces qu'il écrivit pour eux sont pires. Chargé du feuilleton dramatique, au *Soleil*, pendant trois ans, j'ai assisté à un certain nombre de reprises de Dumas fils, me cramponnant à mon fauteuil pour ne pas dormir, me frottant les yeux et refoulant mes bâillements. L'auteur du *Demi-monde*, de *Monsieur Alphonse*, de *Francillon*, etc., ne se rend pas compte du mauvais service qu'il rend à la vertu (d'un abord déjà assez difficile, par la surveillance de soi qu'elle exige) en la faisant, par-dessus le marché, involontairement comique. Si le vice a ainsi tous les avantages, ce n'est plus de jeu. Je ne sais comment s'y prend Dumas fils, pour donner aux pires paradoxes l'apparence de la poncivité. C'est un auteur rudimentaire, au fond, et qui, dans la succession bien connue des apparences et des réalités, ne va jamais, comme on dit en escrime, au delà de la seconde intention. Parmi ses personnages, ceux du sexe masculin sont en général des conférenciers, ceux du sexe féminin de petites oies blanches, ou des gourgandines de la plus plate catégorie. Les uns et les autres manquent de psychologie. Enfin la peinture de mœurs elle-même s'en est effacée, à la façon d'un pastel non protégé, par la transformation lente de ces mêmes mœurs. Le Temps est plus dur, en vérité, aux auteurs dramatiques qu'aux romanciers ; et les coups qu'il leur porte, du manche de sa faux, ne se contentent pas de les défigurer. Ils les abattent… surtout quand ils ne sont pas bien solides sur leurs jambes de prose ou de vers.

Dumas fils, c'est le bel esprit fol qui se croit, et que l'on croit un sage. Frappé par les contradictions du code napoléonien et de la vie contemporaine, il extrait, de ces heurts, des drames qui passèrent pour généraux, et qui ne sont que circonstanciels. L'homme que j'ai rencontré dans ma jeunesse, quelquefois, chez des amis communs, était adéquat à l'œuvre, faiseur de mots à l'emporte-pièce, mais d'esprit médiocre et d'une terrible prétention. Il était court, dans tous les sens, comme son théâtre, et il visait, comme nous disions, à épater.

Sardou, au contraire (qui a un peu moins vieilli, parce que moins prétentieux) était le bavard intarissable et bon enfant. Il connaissait vingt anecdotes sur la Révolution française, qui le faisaient passer pour un puits de science, et qu'il avait hâte de placer, dès le potage, jetant des yeux inquiets sur ses émules en conversation. Ces anecdotes étaient trop bien conduites, et d'un imprévu trop prévu, ce qui fait qu'on ne les écoutait guère, et que les amants mondains (qui sont les plus malheureux de tous, parce que les plus épiés) en profitaient pour se faire des petits signes à la dérobée, tandis que les autres étaient distraitement suspendus aux lèvres ourlées de l'intarissable causeur. Forcé de s'interrompre pour boire, il faisait signe de la main qu'il n'avait pas fini, qu'on ne devait pas le couper : en somme, un cher raseur en cent cinquante représentations. Son théâtre est un bavardage très scénique, qui n'a pas plus de prétentions que les féeries de notre enfance. Mais on s'ébahit tout de même aujourd'hui qu'il ait pu être pris au sérieux, car il ne montre ni un caractère, ni un trait de caractère ; ni une crise qui ne soit artificielle ; ni un dialogue qui ne soit plat, et plus que plat. Je citerai notamment, dans *Thermidor*, un récit de la séance fameuse de la Convention, comparable au gâteau dressé de la fête du jardinier, et qui est un chef-d'œuvre de niaiserie. Or, et c'est ici le point qui nous intéresse, chaque pièce inconsistante de Sardou, comme chaque pièce non moins inconsistante (dans un genre plus tarabiscoté) de Dumas fils, occupait la presse pendant deux mois, un mois avant la première, un mois après. On eût dit d'un événement européen. Mais la contre-partie, c'est qu'à la même époque ou à peu près, d'authentiques chefs-d'œuvre dramatiques, comme l'*Arlésienne* d'Alphonse Daudet, ou *les Corbeaux* d'Henry Becque, ou *la Parisienne* du même auteur tombaient à plat.

Les défenseurs du siècle stupide me diront que l'*Artésienne* a eu, ensuite, en 1885, sa revanche, et que *les Corbeaux* et *la Parisienne* ont failli avoir le leur. Ceci ne rachète pas l'erreur initiale, erreur tenant à l'ambiance, à l'atmosphère médiocre du temps, au recroquevillement de l'esprit et du goût, à l'absence de la critique, et qui s'étend dans toutes les directions, du succès de la littérature fade ou inexistante, avec Feuillet, au succès de la littérature scatologique, et non moins inexistante (au pôle opposé) avec Zola. Car, à mes yeux, l'apothéose de l'un, qui truque et estompe les sentiments humains, pour flatter l'hypocrite pruderie, vaut l'apothéose de l'autre, qui table et spécule sur le réveil en fanfare du porc endormi en maint lecteur. Je mets dans le même sac (au point de vue littéraire) la bibliothèque rose pour adultes et la bibliothèque verte, en un mot, les bibliothèques sans sincérité, que cette absence de sincérité soit située en deçà ou au delà de la bienséance. Tartuffe, avec sa haine et sa discipline, m'écœure et m'irrite autant que Job, avec son fumier et son tesson ; et l'écueil de la pruderie littéraire est précisément de susciter, par réaction, l'excès inverse, l'insurrection des satyres tristes.

Un grand débat est présentement institué autour de Flaubert, de son œuvre et de sa correspondance. Flaubert a excité contre lui la pruderie agressive dont je viens de parler, avec son meilleur ouvrage, *Madame Bovary*. Une réaction en sens contraire a fait ensuite de lui un écrivain de génie et un penseur de premier plan. Ceux qui prétendent cela sont au même niveau intellectuel que le procureur qui requérait contre la gracieuse et fragile Emma à l'arsenic. Il n'est rien de plus vide que *la Tentation de Saint Antoine*, qui est un *Faust* à l'usage des écoles primaires ; et la documentation de *Salammbô* (mère de toutes les documentations rococo subséquentes) alourdit inutilement un médiocre sujet d'opéra-comique. Qu'est-ce que Flaubert ? Un grand naïf, traversé par des aperceptions soudaines du comique humain et des sottises de la société. Elle est d'Oscar Wilde (railleur puissant et méconnu, un des maîtres de l'ironie contemporaine, le malheureux !) cette remarque, que le premier vestige humain aperçu par

Robinson dans son île, était un pied. « Quel symbole ! » — disait-il plaisamment. Au risque de paraître sacrilège (car il y a des dévots de Saint-Croisset) je dirai que ce même vestige m'apparaît dans cette île déserte qu'est la philosophie flaubertienne, appelée depuis bovarysme. Pour trouver de la philosophie dans Flaubert, il faut la loupe (ou mieux le durillon translucide) du papa Renouvier, ce Kant du pauvre, qui en dénichait jusque dans Victor Hugo ! Après tout, en s'appliquant, on peut découvrir le sens métaphysique dans un caillou.

Le style, tant célébré, de Flaubert, est une sorte de rigide mosaïque, verbale et syntaxique, composée, avec une application, une géhenne évidentes, partie pour l'œil, partie, et surtout, pour l'oreille, pour le « gueuloir » comme il disait. Car il essayait sa phrase, non en la méditant, comme il se doit, mais en la parlant. Prenez la phrase de Chateaubriand, enfermez-la dans un cachot, laissez-la durcir et sécher à l'abri de l'air et de la lumière, ajoutez-y quelques épithètes, donnez-lui, ici et là, un coup de pouce blagueur, et vous avez la phrase de Flaubert, la phrase pensum.

Mais le succès de Flaubert, venu progressivement et jusqu'aux illettrés, tient à ceci que toutes les bourdes et rêveries du siècle habitaient ce bourreau de soi-même. On en trouve l'exposé complet dans sa correspondance, et il était superflu qu'il prît la peine de leur faire un sort dans *Bouvard et Pécuchet* ; car il est à la fois Bouvard et Pécuchet. Certains écrivains demeurent, toute leur vie, des enfants, et qui se font gloire de leur puérilisme exalté, baladeur, lyrique, ou recroquevillé et tremblant, et qui affichent le cynique égoïsme des enfants. Flaubert, lui, est demeuré un jeune homme, avec les boutons, les disproportions, les troubles, les cocasseries, les aspirations solitaires et malsaines de la puberté. C'est un potache prolongé que l'ermite de ce sinistre petit pavillon de Croisset, où il passa sa maussade existence, une plume à la main, et rêvassant. Il ne manquait plus à l'imbécile doctrine littéraire du romantisme, puis du Parnasse, que ce grotesque diverticule de la douleur, de la torture, de l'angoisse, nécessaires et indispensables à la conception et création romanesque, poétique et littéraire. La vérité, sur ce point, est rude, mais salutaire. Sujet à des crises d'épilepsie, Flaubert prenait du bromure et vivait ainsi, pendant des semaines entières, dans une demi-somnolence, où il avait du mal à retrouver ses pensées et ses mots. Il est à plaindre, non à imiter ; car l'œuvre d'art doit être un plaisir, une purgation de l'âme et du corps, et (même tragique) conçue dans la joie. Les leçons insanes qu'il infligea au pauvre Maupassant, son disciple, ne déterminèrent point la paralysie générale (d'origine tréponémique) dont mourut celui-ci, mais hâtèrent, chez lui, les prodromes du mal. Flaubert a littéralement abruti Maupassant, sous couleur de le former et de le perfectionner. D'abord, un écrivain se perfectionne lui-même, ou il ne se perfectionne pas du tout. Chaque homme, touché par les Muses, porte en soi les formes et vêtements, rythmiques et syntaxiques, de ses conceptions ; et ses phrases et mots lui viennent avec ses impressions et ses images. Sinon, qu'il aille se promener ! L'art est un élan, un besoin de la nature intérieure, repris par une certaine application, que ressaisit et domine à son tour l'impulsion créatrice, jusqu'à l'achèvement.

J'ai vu cela de près : mon père était un improvisateur merveilleux, un latin ailé, un esprit d'oc en langue d'oïl, pétri de soleil et de lumière, qui riait en pleurs, comme Villon, sentait tout, devinait le reste, et exprimait tout, en se jouant. Il avait naturellement, en lui, ce nombre, cette harmonie, qui naissent et meurent avec les véritables maîtres, le don de création spontanée. Or, adorant Flaubert (qui était excellent, jovial, tonitruant et rond au possible) et plongé dans son temps sinistre, et troublé, malgré tout, par ce qu'il entendait et voyait, il s'assujettit bien souvent à une révision, à un limage inutiles, selon moi, de son premier jet. Il crut, ou feignit de croire, à l'école du renfermé, pour faire plaisir à Flaubert et à Goncourt, et ne pas mécontenter ce frigide crétin de Leconte de Lisle, ou ce serrurier d'art de Hérédia ; alors que toute sa nature, et le génie félibréen qui était en lui, l'emportaient bien au delà de ces niaiseries. Je pense que, dans ses premiers romans, sa liberté d'allures s'en trouva légèrement entravée, jusqu'au moment, où, avec *Sapho* et l'*Immortel*, il envoya promener ces principes de construction, ou d'élaboration, faux d'ailleurs et arbitraires, et n'écouta plus que sa verve merveilleuse, souveraine. J'eus l'occasion, dans les derniers temps de sa vie, de traiter ce grand sujet de la contrainte littéraire avec Mistral et j'eus la joie et la fierté de le trouver entièrement de mon avis.

Le romantisme, ayant divinisé l'instinct et fait de la passion la seule règle de la vie et du style (tout en réduisant celle-là à ses gestes les plus désordonnés, ce qui eût fait frémir Racine, Euripide, et tous les véritables passionnés), il était à prévoir que tous les instincts, et les plus vils, et les plus stériles, y passeraient. Du moment que le laid est beau et que le beau est laid, pourquoi se gêner ? La déjection et l'excrément vont réclamer leur droit à la vie littéraire. On ne saurait trop répéter que Zola est l'aboutissement naturel du romantisme, dont il a les principales tares, le verbiage, les répétitions, le procédé, l'égarement feint, et aussi l'hypocrisie. Quand, saoulé de ses propres ordures, il voulut faire quelque chose de décent, de lyrique et de chaste, il écrivit ce pastiche de Hugo, *le Rêve*, avec des amoureux qui ont l'air de sortir d'une maison de correction, et un bleu et un rose, censés « mystiques », produits visiblement par la distillation d'un engrais. On n'a pas assez remarqué que *l'Assommoir, le Ventre de Paris* sont construits, comme *Notre-Dame de Paris*, autour d'un site central, qui est non plus une cathédrale, mais un caboulot de faubourg ou une fromagerie des Halles, et qui motive, domine, inspire et meut les personnages. Je l'ai déjà défini quelque part, ce naturalisme effroyable, le romantisme de l'égout…

L'esthétique de Zola, et les principes posés par lui, dans une série d'ouvrages, prétendus critiques (dont le comique ne sera jamais dépassé) peuvent être exposés en quelques lignes : L'homme est un animal comme les autres, aboutissement d'une série zoologique, et conditionnée, déterminée par des forces naturelles, que le XIXᵉ siècle a « révélées ». Ce qui mène l'homme, ce sont ses instincts ; et son excrément, moral et physique, a autant d'importance que lui. D'où la nécessité (pour faire vrai) de peindre, dans le détail, et ces instincts et ces excréments. Voilà la « Tranche de Vie » ; voilà le « coin de nature vu à travers un tempérament », voilà le naturalisme expérimental... Ce qui est confondant, ce n'est pas qu'un ignorant et un primaire tel que Zola, doué en outre d'une facilité graphique surprenante et de l'aperception des foules en mouvement, ait écrit cinquante volumes scatologiques, en partant d'une telle pauvreté, c'est qu'il ait entraîné vers son purin, comme vers une fontaine de Jouvence, plusieurs centaines de milliers de lecteurs et plusieurs centaines d'amis des lettres, parmi lesquels quelques dizaines de véritables connaisseurs. Que des écrivains aient traité en écrivain ce façonnier d'ordures de même forme, de même trempe, et souvent (comble d'horreur !) symétriques, cela montre l'anarchie et la misère intellectuelle de tout un temps. Ce temps va de 1875 à la mort de Zola, en 1901, soit vingt-six ans. C'est un bon quart du siècle stupide.

Or Zola n'est que la suite de Hugo ; le naturalisme n'est que l'aboutissement naturel du romantisme. Il en possède les deux principaux caractères : 1° divinisation de l'impulsion sexuelle ; 2° prédominance formidable des moyens d'expression sur les idées ou sentiments à exprimer, en un mot inflation verbale, avec dépréciation consécutive de la valeur réelle des mots. Le vaste tuyau d'épandage rompu, que représente le naturalisme, est embouti et vissé sur les calembredaines panthéistes du vieux Tartuffe, hyperverbal et logomachique, de Guernesey. Tant il est vrai qu'à la confusion mentale a succédé, à toutes les époques, l'apologie des parties basses.

Zola qui, pour son étage intellectuel, n'était pas dénué de ruse, connaissait cette filiation ; il chercha à imiter Hugo en tout (je dis *en tout*) et à jouer, comme lui, un grand rôle anarchique et politique. Comme lui, il flatta la démocratie, qu'il détestait au fond, avec une impudeur égale à celle de ses badigeons. Comme lui, il usa et abusa de ces grands mots abstraits de Vérité, Justice et Lumière, dont il est bien connu qu'ils sont trop vagues pour correspondre à rien de sincère, sinon à des échappatoires commodes pour le mensonge individuel et universel et pour l'hypocrisie électorale. La fourbe de Zola (fort sensible à l'observateur attentif) était des mieux feutrées et masquées que j'ai connues, telle qu'au confluent de deux races, l'italienne et la française, comme celle de Gambetta. Mais, alors que Gambetta se servait de sa langue pour duper et berner, Zola, lui, se servait de sa plume. Une même fausse rondeur appartenait à l'un et à l'autre. Ils furent, l'un et l'autre, fort attaqués (et à bon droit) par des patriotes clairvoyants, ou de simples amis de la clarté française ; mais ils eurent, de leur vivant, cette chance que ces attaques ne furent ni très pertinentes, ni très vigoureuses, ni très renseignées. L'un et l'autre ont fait beaucoup de mal à leur pays. Le croisement de l'italien et du français est rarement favorable au français ; alors qu'il nous est facile de nous entendre amicalement avec l'italien se donnant comme tel. Un marché est toujours préférable à un alliage.

Au manifeste naturaliste, connu sous le nom de *Soirées de Médan*, et composé de divers récits, assez mornes et plats, collaborèrent des écrivains, momentanément abusés par le bavardage épais de Zola, et qui devaient plus tard se séparer de lui. Huysmans, par exemple, mélange singulier d'un style pittoresquement matériel et concret et d'aspirations presque mystiques. C'est dans ce recueil aussi que débuta Guy de Maupassant avec sa fameuse nouvelle *Boule de Suif*. Ce malheureux garçon, rapidement enlevé par la paralysie générale, mérite, une mention, non pour son talent assez court et d'une immédiate brutalité, mais en raison de la vogue extraordinaire que lui valut son exacte adaptation à la médiocrité du goût public. Dans la morne porcherie de Zola, il semblait qu'eût poussé une auge à part, contenant un animal aussi sommaire, mais plus vif. Les contemporains ne se lassaient pas de l'admirer, de confronter à la sienne leur conception de l'existence et de les déclarer identiques. Maupassant est encore remarquable en ceci, qu'il fait le pont entre Zola et Flaubert, ayant un pilier dans le fumier et un autre pilier dans le « gueuloir » du second. Les soirées de Médan rejoignent ainsi les après-midi de Croisset.

On dit quelquefois que ce qu'il y a de pire c'est la corruption du meilleur. C'est possible, et pourtant le romantisme (d'où est issue l'insondable bassesse du naturalisme) était lui-même une corruption, mentale et imagée, une espèce de fermentation à vide. Il a infligé à l'expression lyrique la même monotonie que le naturalisme a infligée à l'expression du réel. Le manque de variété dans le ton est commun à tous les disciples de Hugo, comme à tous les imitateurs de Zola et de Flaubert. Chez les uns, comme chez les autres, c'est le gaufrier, et une sorte de procédé de fabrication, qui fatigue jusqu'à l'exaspération le lecteur tant soit peu averti. Qu'est-ce au fond que le classicisme (qui n'exclut aucun élan ni aucune liberté) si ce n'est la soumission à certaines règles humaines du raisonnement et de l'émotion, fondées elles-mêmes sur le rythme intérieur des sentiments et extérieur des termes qui les expriment ? La vie n'est ni un volcan, ni une fosse d'aisances, et sa complexité insaisissable (que l'artiste s'évertue à saisir) passe bien au-dessus des jeux limités de la flamme, de la cendre, ou du purin, imaginez quelle somme d'idées fausses le malheureux lecteur, qui croit d'avance à ce qu'il lit (c'est le cas de tous les primaires), peut puiser dans les œuvres d'Hugo, de Flaubert et de Zola !

Tandis que le XIXe siècle littéraire qui avait joué l'ange déchu, dans sa première moitié, avec le romantisme, faisait la bête à quatre pattes dans sa seconde, une admirable pléiade d'écrivains et de poètes de langue d'oc, ou d'inspiration et de sensibilité d'oc en langue d'oïl, mûrissait au soleil de Provence. Je veux parler de ce Félibrige si profondément inconnu, ou méconnu, et si platement raillé et bafoué, qui n'a son analogue qu'au temps de Ronsard, au centre duquel se tient Frédéric Mistral, le véritable Altissime du XIXe. À l'apparition de *Mireille*, Lamartine, avec cette mystérieuse lucidité qui lui vient par saccades, comme d'un phare à éclipses, mit tout de suite Mistral à son rang. Après vint Armand de Pontmartin. Ensuite il fallut attendre jusqu'à mon père pour que justice fût rendue, publiquement et de façon éclatante, à ce maître des maîtres. C'est que les lumineuses vérités émanant du Virgile Maillanais (chez qui revit la magique suavité de Virgile) étaient au rebours des honteuses bourdes dont on abrutissait les foules d'alors, des bourdes hugotiques, des bourdes sandiques, des bourdes flaubertiennes, des bourdes de démocratie littéraire et de suffrage universel et vulgaire, des bourdes primaires et d'école du soir. L'art qui proclamait dans une formule immortelle, « luise tout ce qui est beau, que tout ce qui est laid se cache », un tel art devait être soit dissimulé, soit tourné en dérision par ces glorificateurs du néant dont le dernier en date est le juif obscène Catulle Mendès. Ceux qui étouffaient ou attaquaient le félibrige, soit comme « incompréhensible en français », soit comme « séparatiste », combattaient en lui, au fond, une esthétique traditionnelle, mortelle à la leur, une raison capable d'annihiler leurs instincts. Ils lui en voulaient de brandir le flambeau de sincérité au-dessus de la tourbe de leurs attitudes et de leurs mensonges. Le mistralisme est, au XIXe siècle, la seule école de poésie vraie, naturelle en ses racines, simple et droite en sa tige, embaumée et complexe en ses fleurs. Mistral est le type du génie équilibré et parfaitement maître de soi-même, qui est le génie pour de bon, l'autre, celui de la démesure, n'en étant, en somme, que la caricature. Il est au Rhône ce ce que Goethe est au Rhin, ce que Ronsard est à la Loire, ce que Villon est à la Seine. Car le génie poétique contracte avec l'eau les mêmes rapports mystérieux que la civilisation.

L'explication courante ne tient pas, du dépris où fut maintenue la pléiade félibréenne pendant près de soixante ans : « C'est écrit en patois, donc incompréhensible. » D'abord la langue d'oc, qui a fourni, au siècle passé, toute une littérature à la France et brillé, au moyen âge, d'un incomparable éclat avec les troubadours, n'est pas un patois. La vérité est que trois séries d'œuvres et de chefs-d'œuvre forment notre patrimoine national, au cours des âges et jusqu'au XIXe siècle inclus : la littérature française de langue d'oïl ; la littérature française, de langue d'oc ; la littérature française en latin, sur laquelle le poète érudit Pierre de Nolhac a fait de si beaux et décisifs travaux. Il s'est produit, au XIXe siècle, une reviviscence de la littérature d'oc (et en provençal et en français) qui, à notre avis, dépasse la littérature d'oïl, proprement dite, à la même époque. J'ai déjà exposé comment, selon nous, Alphonse Daudet appartient au cycle félibréen, ainsi d'ailleurs que Paul Arène, le Nerval du Midi, dont il a la grâce et la perfection, non le mystère, ni l'écheveau.

Ensuite il existe d'excellentes traductions (de la main de ces poètes eux-mêmes) de Mistral, d'Aubanel et de

Roumanille, pour ne citer que ces trois maîtres. Il est donc au moins aussi facile de les lire et de les étudier que Gœthe, par exemple, ou que Shakespeare, quand on ne sait ni l'allemand, ni l'anglais. Outre que le provençal n'est pas si éloigné du français, ni du latin qu'on ne le devine à peu près, à travers l'ensoleillement des finales. Le romanisme est plus proche de nous, et de notre compréhension, que de celle des Germains par exemple, qui ont pourtant consacré, à Mistral et au félibrige, plusieurs chaires de leurs universités. Disons simplement que la mise sous le boisseau d'une telle richesse nationale est une absurdité. C'est un scandale ineffaçable, pour l'Académie française, que de n'avoir pas offert un fauteuil à Mistral. Il ne pouvait le solliciter, mais il l'eût accepté, si on le lui eût offert. L'Académie a préféré Aicard, prosateur inexistant, poète nul, risée de toute la littérature provençale et de tous les gens de goût.

Ce qui montre bien la mauvaise foi et la sottise des contempteurs du mistralisme, c'est le sort fait, en France, pendant le Stupide, à de faux bardes écossais, ou à des dramaturges norvégiens, ou à de mornes exaltés américains (je dis ceci pour Whitman, non pour l'extraordinaire Edgar Poe) dans le même temps qu'on dédaignait systématiquement le Virgile Maillanais et l'Ovide, ou le Catulle avignonnais. Car *la Grenade Entr'ouverte* et *les Filles d Avignon* d'Aubanel laissent loin derrière elles, pour le jet lyrico-sensuel et les inclusions exquises de couleur dans la lumière, les pièces les plus fameuses de Henri Heine et de Lenau. De même, les contes et poésies familières de Roumanille respirent une bonhomie, assaisonnée de malicieux bon sens, qui qualifie et spécifie la plus fine veine de la tradition littéraire française, de nos proverbes et fabliaux. Des dizaines de milliers de lecteurs et d'admirateurs virtuels existaient, dans les trois générations de 1860, de 1875 et de 1890, pour ces trois catégories de chefs-d'œuvre, personnifiées dans ces trois poètes, si divers et groupés comme le furent du Bellay, de Baïf et Ronsard. Il s'agit ici d'un art direct, humain par ses attaches au sol, et divin par ses ailes, que les illettrés eux-mêmes comprennent et savourent, à condition de n'avoir point le goût naturel, ni la curiosité instinctive, déformés ni pervertis par un enseignement de ténèbres. Non, le vrai motif de la méconnaissance de la Pléiade provençale, ce fut, avec une envie concentrée dans quelques cénacles littéraires (où traînait, sans fondre, un iceberg de fiel comme Leconte de Lisle), une certaine appétence bizarre de la trivialité et de la laideur. Ce renversement de l'esthétique était lui-même, à mon avis, une conséquence du matérialisme épais qui serpente, le long du XIXe siècle, parallèlement au fade et écœurant « idéalisme » de Cousin et de son école.

Les *Lettres de mon moulin*, *l'Arlésienne*, *Sapho*, même *l'Immortel*, le grisant *Trésor d'Arlatan*, voilà le Daudet félibréen, qui a trouvé l'harmonieuse conjonction de l'oïl et de l'oc, dans l'impression comme dans l'expression, et qui regrettait de ne pouvoir, tel Montaigne, entrelarder son style de latin. Dans la prose, comme dans la poésie, la lumière compte, élément impalpable, mais essentiel, et sans lequel l'œuvre la plus laborieuse et la mieux réussie n'augmente point en nous le tonus vital. Il ne s'agit pas seulement, quand nous ouvrons l'auteur préféré, de nous distraire de la vie courante et de nous émouvoir par la fiction et le rêve ; nous désirons encore respirer mieux et plus largement, sentir couler dans nos veines un sang plus vif et plus chaud. Cherchez (parmi les plus célèbres) les auteurs d'oïl du siècle des lumières, qui vous donnent une telle sensation. Puis passez aux autres, à Daudet, à Arène, gens d'oc en français, à Mistral, à Aubanel, à Roumanille, gens d'oc en provençal, et vous m'en donnerez des nouvelles ! Celui qui n'a pas capté le soleil ne captera pas définitivement les intelligences, car l'intelligence joyeuse de l'homme (très distincte de l'intelligence morose, qui n'est pas la véritable Raison) est une inclusion de la lumière solaire, un feu rythmique et doux, retenu et commenté par l'âme.

Tous ces romans de l'école réaliste, qui vont de 1860 à 1900, même les plus renommés et loués, de Flaubert comme de Maupassant et des Goncourt comme d'Huysmans, participent d'un ciel bas et brumeux, ou de la chute du jour, après la dédorure crépusculaire. Le soleil, mêlé au vent, est chez Barbey d'Aurevilly ; le soleil scintillant est chez Daudet. Ne croyez pas à une métaphore.

Avec la distance de l'histoire à la poésie épique et lyrique, la méconnaissance de Fustel de Coulanges est à rapprocher de celle de Mistral. Comme Mistral est le plus grand poète du XIXe siècle français. Fustel en est, sans contredit, le plus grand historien. Sa *Cité antique* éclaire toute l'antiquité par la religion des ancêtres et restaure les droits sacrés de la propriété, ce champ de l'aïeul. Ses *Institutions politiques de l'ancienne France* détruisent, anéantissent ce préjugé, exporté dès le XVIIIe siècle et plus que virulent au XIXe, ce préjugé meurtrier, fondement de la lutte des classes et excuse des fureurs et de l'insanité révolutionnaires, ce préjugé de guerre civile, d'après lequel la population autochtone de la Gaule aurait été réduite en esclavage par les envahisseurs germains.

« Il est (ce préjugé) (nous dit Fustel) pour beaucoup d'historiens, et pour la foule, la source d'où est venu tout l'ancien régime. Les seigneurs féodaux se sont vantés d'être les fils des conquérants ; les bourgeois et les paysans ont cru que le servage de la plèbe leur avait été imposé par l'épée d'un vainqueur. Chacun s'est ainsi figuré une conquête originelle, d'où était venu son bonheur ou sa souffrance, sa richesse ou sa misère, sa condition de maître ou sa condition d'esclave. Une conquête, c'est-à-dire un acte brutal, serait ainsi l'origine de l'ancienne société française. Tous les grands faits de notre histoire ont été appréciés et jugés au nom de cette iniquité première. La féodalité a été présentée comme le règne des conquérants, l'affranchissement des communes comme le réveil des vaincus, et la Révolution de 1789 comme leur revanche. »

Fustel ajoute, en son magnifique langage, qui semble gravé dans une pierre heureuse, que cette opinion funeste de la dualité française « est née de l'antagonisme des classes et a grandi avec cet antagonisme. Elle pèse encore sur notre société présente. Opinion dangereuse, qui a répandu dans les esprits des idées fausses sur la manière dont se constituent les sociétés humaines, et qui a aussi répandu dans les cœurs les sentiments mauvais de rancune et de vengeance. C'est la haine qui l'a engendrée, et elle perpétue la haine. »

Le destructeur du principe faux, d'après lequel la propriété « c'est le vol », de l'autre principe faux, d'après lequel la différence actuelle des classes perpétue une expropriation brutale des Gaulois par les envahisseurs Francs, le restaurateur de l'idée d'unité et d'union nationales, Fustel de Coulanges enfin, est, non seulement, notre plus pure gloire historique, mais le bienfaiteur de notre pays. Il est l'antidote de Michelet et le grand maître de l'interprétation saine et géniale de textes scrupuleusement exacts. C'est en raison même de cette vertu qu'il a été tenu sous le boisseau par toute l'école historique révolutionnaire triomphante, avec une vigilance unique. L'Université presque tout entière s'est liguée, pendant quarante ans, à la manière huguenote, contre ce grand universitaire, coupable d'arracher sa Patrie aux doctrines de haine. Un travail sourd, mais continu, dont Maurras nous a conté l'édifiante histoire, s'est poursuivi contre cette pure gloire, pour empêcher ses rayons de se propager. C'est là un des cas les plus saisissants et les plus probants du dressage méthodique de toute une élite contre les bons serviteurs du peuple, auquel appartient cette élite.

Je ne crois qu'à la dernière limite, en une telle matière, aux conjurations organisées contre une œuvre, ou contre un homme. Mais la conjuration spontanée d'intérêts vils, passionnés et joints, est indiscutable. Elle a fonctionné contre Fustel ; et elle a pu fonctionner, parce que l'ambiance universitaire était sotte et sans patriotisme.

La thèse des deux France, victorieusement combattue par Fustel, était demeurée si vivace chez ceux de la génération de 1870 (je veux dire qui avaient une trentaine d'années en 1870) que même un écrivain et un philosophe réactionnaire de la valeur de Drumont lui accordait encore un certain crédit. J'ai eu plusieurs discussions, à ce sujet, avec l'auteur de *la France juive* ; et quand, après un copieux étalage des arguments fusteliens, je croyais l'avoir convaincu, il reprenait, riant dans sa barbe et tisonnant son feu : « Tout de même, mon ami, le prolétariat actuel continue la servitude de nos pères gaulois. Oh ! cela ne paraît guère niable ! » Il est vrai que peu d'hommes ont eu, au même degré que Drumont, la faculté de ne pas écouter un argument, qui contrariait leur opinion. Il se faisait, lui si sincère, sur un certain point, une certaine erreur conventionnelle, un paysage imaginatif, auquel il se reportait avec plaisir, et dont il ne voulait plus démordre. Cela était, quant à l'invasion germanique et à ses conséquences, d'autant plus surprenant que cette thèse allait au rebours de son mépris, très profond, très réel, pour les révolutionnaires et la Révolution… Nous sommes tous fagotés de diverses pièces, disait Montaigne.

En résumé, toutes les couronnes, tous les lauriers, du xixe siècle français sont allés, en poésie, à Hugo et, en histoire, à Michelet, représentants éloquents et lyriques de la déraison et de la démesure, dont l'influence sur l'esprit public a été nocive. Au lieu que deux bienfaiteurs de la nation, deux sages de génie, tels que Mistral et Fustel, ont été systématiquement délaissés et tenus à l'écart. À cela, pas d'autre raison que l'infirmité du jugement des contemporains, accompagnée, comme c'est la règle, d'une béate satisfaction de soi. Faites une expérience. Prenez à la Bibliothèque Nationale, une suite de journaux de 1830, de 1860, de 1890, ou de numéros, à trente ans d'intervalle, de *l'Illustration* (qui reflète assez bien l'esprit public de la bourgeoisie éclairée et faiseuse de réputations) et voyez la bonne opinion que tous ces braves gens ont d'eux-mêmes, à ces diverses époques. C'est un refrain touchant et unanime que jamais l'humanité n'est parvenue à un si haut degré de civilisation, de perfection, et de culture. Plus le siècle avance, et plus cet état d'esprit s'accentue. Lorsque je suis entré au lycée, en 1879, nos professeurs (qui étaient d'ailleurs excellents et fort instruits) se félicitaient et nous félicitaient de venir à un tel moment de l'histoire, où le progrès atteignait son maximum. On eût dit que nous vivions au siècle de Périclès, de ce Périclès auquel Edmond Haraucourt, auteur de la *Légende des Sexes*, comparait élégamment Waldeck-Rousseau. Plus tard, à l'École de Médecine, j'ai retrouvé le même état d'esprit. De l'interne à l'agrégé, c'était une extraordinaire suffisance, la persuasion qu'on tenait la vérité définitive, que, sur plusieurs points essentiels, la science, et, bien mieux, la connaissance, étaient définitivement fixées *ne varietur*.

Alors qu'au contraire (et pour nous en tenir présentement au domaine littéraire) la période qui va de la mort de Musset à 1900 (exception faite de quelques noms déjà cités) marque une sorte d'évanouissement total du grand comique, du grand tragique et du lyrisme véritable. Il n'en subsiste guère que la caricature, exaltée à outrance par un presse sans discernement ni vergogne, par une critique sans boussole, ni perspectives. Je pense que le rire, la terreur et l'élan vont ensemble, comme trois chevaux attelés au même char, et que la perte de l'un des trois coursiers supprime aussitôt les deux autres. On en arrive à faire une réputation d'éloquence à une agréable cymbale comme Paul de Saint-Victor, et d'ingéniosité d'esprit à un amusant grignoteur de travers courants, comme Edmond About. À la veille de la guerre de 1870, l'antiquité est bafouée dans son charme, sa grandeur, sa mythologie merveilleuse et ardente, par les opérettes dégradantes que l'on sait. À la veille de la guerre de 1914, la fausse fantaisie versificatrice d'Edmond Rostand et le torrent alexandrin de poétesses échevelées, mais vaines, menacent de tuer la poésie, sincère. Car celle-ci meurt plus de l'excès du vocable que de son indigence, de même qu'aucun chef-d'œuvre de Rembrandt ni de Vélasquez ne résisterait à un bain d'huile, dans lequel on aurait vidé d'énormes tubes de couleur, pour faire plus beau. Apollon nous garde des serpents et serpentes qui se mordent la queue, des inspirés et inspirées qui jettent, sans arrêt, des cris perçants et trop sublimes ! Pensez à la substance immortelle qu'il y a dans un seul petit vers de Villon, à goût de pain et odeur de fumée !

Devant des cas semblables, et qui ne cessent de se produire, depuis quatre-vingts ans et un peu davantage, je songe au tambour de ville. Vous savez bien, celui qui rassemble les badauds aux carrefours et sur la grande place : « Messieurs et mesdames, il vient de se produire parmi nous un prodige unique, extraordinaire : monsieur un tel, ou madame une telle, qui laisse ou sème derrière lui (ou elle) à grande distance tous les poètes des deux sexes du passé. Il ou elle unit, à la force de Pindare et à la finesse d'Horace, le chant homérique et virgilien, l'héroïsme de Corneille et la passion de Racine. Jamais, depuis que le monde est monde, et que je bats de mon tambour, si suave concert n'a retenti aux oreilles des bipèdes raisonnants. Accourez tous et applaudissez ! » Tout le monde accourt, en effet, et applaudit d'avance, cependant que le jeune prodige, de l'un ou de l'autre sexe, enfle ses joues, tend son masque, raidit le jarret, redresse le torse, et accouche enfin d'un sonore crepitus. En suite de quoi émerveillement général. Jamais au grand jamais, ne fut ouï tel concert champêtre, au fond bleu et doré des toiles de Watteau ! Il y en a désormais pour quinze ou vingt ans, pendant lesquels, à intervalles fixes, le tambour recommence son boniment, le poète ou la poétesse son bruit incongru, le badaud son enthousiasme, jusqu'à ce qu'enfin l'on s'aperçoive que cette tempête d'harmonies n'est qu'un simple vent, bien que constitué de plusieurs bourrasques. On songe alors, avec mélancolie, à la plaintive, larmoyante, mais touchante et sincère Desbordes-Valmore, qui traversa la misère et la douleur vraies et se déchira aux ronces du sentier, parmi une indifférence à peu près générale, sa lyre orphique à la main.

Le retentissement énorme et scandaleux du romantisme, et du naturalisme qui prit sa suite, a eu comme résultat le rassemblement d'un public de badauds (celui même des journaux à grand tirage) et d'une incompétence totale. Le suffrage de la foule, soumis à toutes les formes de publicité, a remplacé celui des connaisseurs, un peu de la même façon que le chemin de fer a remplacé la diligence, puis, l'automobile le fiacre de notre jeunesse. La foule, livrée à elle-même, va naturellement à l'erreur et à la laideur, comme à une moyenne plus répandue et plus accessible que la vérité et que la beauté. Par essence, elle est la fabricatrice de fausses gloires, qu'elle brise d'ailleurs, en quelques années, mois ou jours, comme l'enfant brise le jouet dont il est vite las. En réaction de ces « idola Fori » se sont formés, ici et là, des îlots récalcitrants, des cénacles littéraires (Parnassiens, symbolistes, etc.) dont le sort a été divers, selon les personnalités qui les dominaient, mais confondant le bizarre, l'abscons et quelquefois l'incohérent, avec le rare, le profond et l'exquis. L'enveloppement d'un style obscur, voire ténébreux et compliqué, n'est excusable que si, au centre de la papillote, vous trouvez quelque chose de mangeable. Qui donc reprocherait ses ellipses au rarissime et subtil Mallarmé, non plus que ses charmantes énigmes de couleur ? Il est bien permis de jouer avec les sonorités des mots, avec leurs double et triple sens ; et il n'est pas toujours exact que ce que l'on conçoit bien s'énonce clairement. Le moment où une réflexion glisse du particulier au général, ou inversement, est toujours un passage difficile. La cryptopsychologie, bien qu'elle n'ait eu que fort peu d'adeptes, depuis Plotin, est une science qui se défend. Ce qui ne se défend pas, c'est la banalité dégénérée en signe de signe, et la supercherie de la réflexion au second et au troisième degré, laquelle peut se définir ainsi : le vide avec du verbe autour.

Cette oscillation de la littérature imaginative et de la poésie, du drame et de la comédie, entre la vulgarité et le précieux, entre la redondance banale, ou la porcherie, et l'euphuisme entortillé, frappe l'observateur du XIXe siècle, dans sa seconde partie, Elle est un signe, cette oscillation, de misère intellectuelle et de flottement moral. Les gens boivent une eau plate ou bourbeuse, ou des liqueurs de goût incertain, et de composition suspecte, qu'ils prennent pour d'exquis élixirs. Ils ont perdu le goût du vin et la connaissance des bons crus. Sainte-Beuve est mort. Qui les renseignerait ?

Deux noms de critiques nés et de grands lettrés se présentent à l'esprit : Lemaître et France. Par la fluidité, l'ironie et la compréhension, ils se ressemblèrent au début, étant l'un et l'autre de filiation renanienne. À Jules Lemaître surtout notre génération, la dernière du XIXe siècle, doit beaucoup pour le culte des véritables maîtres d'autrefois, dont il avait gardé le sens et le goût. Mais leurs scepticismes, jumeaux jusque vers 1897, jusqu'à l'Affaire Dreyfus, et leur aversion pour toute affirmation, ou négation, carrée et crue, les empêchèrent d'agir, comme ils l'auraient pu, pour le nettoyage de certaines admirations conventionnelles. Ils enseignèrent le tact et à hésiter. Ils renseignèrent sur le choix. Ils n'apprirent point à rejeter et à haïr le médiocre, l'insincère, ni le nocif, ce qui est pourtant bien utile aux époques troubles. Mieux préservé contre les erreurs du siècle, Lemaître a servi la Patrie. France a versé dans l'absurdité révolutionnaire.

La force se réfugie dans la demi-insanité, chez deux hommes, armés de leurs plumes, que je n'assortis point ici par goût du rapprochement des contraires, mais qui ont en commun leur hérissement, leur savoureuse rage, et un bel emportement verbal : Vallès et Bloy. Vallès est quinteux, Bloy vaticinateur ; Vallès est mauvais, rancunier ; Bloy criard et bonhomme au fond. Ce qui les apparente et les rend sympathiques, c'est qu'au lieu de subir, en railleurs ou en esclaves, le déversement d'insanités politiques, philosophiques et littéraires, qui dégoulinent le long des parois du siècle, ils s'insurgent contre elles, parfois en y participant et (pour Vallès) en les amplifiant. Avec eux, par eux, le lecteur échappe à la fadeur, à la moisissure, au remugle, issus de l'avalanche romantique et du dépotoir naturaliste, sur lesquels flottent la contention douloureuse pour rien, de Flaubert et le rictus béat de Renan. Leurs livres forcenés n'acceptent pas ; ils crient, ils tempêtent, ils menacent et vitupèrent. On leur en est reconnaissant. Ils tranchent sur cette littérature de chambre de malade, de bric-à-brac, ou de charnier, qui fait les délices des passants, sur cette littérature d'ouvroir, d'antichambre, ou d'office riche, qui fait les délices de l'Académie. Largement méconnus, pillés, imités, engueulés, se fichant du tiers et du quart, et ne craignant ni leur propre pensée, ni les termes dans lesquels ils l'exprimaient, Vallès et Bloy (au même titre que Veuillot et Drumont, et avec une allure plus débridée) auraient pu rendre un immense service au regaillardissement de l'esprit national, s'ils eussent été moins privés de sens commun. Car l'un comme l'autre croyait que le sens commun fait partie des vices bourgeois, ou qu'il est l'apanage du juste milieu. Or, Rabelais, Molière (pour ne citer que ces deux-là) ont prouvé que le sens commun peut être extrême et passionné, qu'il a droit à sa haute fièvre comme son contraire, qu'il peut prendre le mors aux dents. Il était bien d'un siècle parlementaire de croire que le sens commun siège au centre !

Ici nous retrouvons (sur le plan littéraire) le libéralisme et ses ravages. Toute affirmation étant considérée comme un danger et une outrance, tout ce qui est expressif étant tenu pour grossier et confondu avec la cacophagie de Zola, toute appréciation ou vue non convenue, ni poncive, étant un blasphème contre les idoles du jour (Hugo, Renan, etc…), la première des qualités littéraires, après l'ordre, qui est l'intensité, est redoutée et bannie. Devant l'intensité, l'expressivité du terme, ou de la phrase, que pratiquèrent les trois siècles précédents, reculent, s'effarent et fuient les écrivains, tremblants et frémissants, du XIXe siècle. Cet abatage de l'originalité et de la vigueur du style, auquel se sont évertués vainement les grammairiens des âges précédents, un vieil organisme, l'Académie française, un organe plus récent la *Revue des Deux Mondes* (prépondérante, pendant quarante ans, par l'habileté commerciale de son fondateur Buloz) vont tenter de le réaliser.

D'une façon générale, on doit constater que ce XIXe siècle, si content et si fier de soi, et si fertile en agitations sociales de toutes sortes et en guerres exhaustives, a marqué, en France, dans le domaine littéraire, une diminution parallèle de l'intensité imaginative et d'observation (conception) ainsi que de l'expressivité du style. J'appelle intensité imaginative cette coulée de perspectives en profondeur que l'on remarque (pour prendre deux modèles fort éloignés l'un de l'autre) dans les *Essais de Montaigne* et dans *Candide*. Rien de semblable au XIXe siècle, où le rapport de Ravaisson par exemple (qui est peut-être le meilleur aperçu des vues générales des cent dernières années, paru chez nous) témoigne encore d'une étrange timidité et d'un besoin de juste milieu, qui réfrène l'esprit créateur. À imagination guindée, observation courte et tenue en lisière, aussi bien quant à l'introspection, presque totalement abandonnée (les pensées de Joubert sont d'une qualité fort inférieure aux maximes d'un La

Rochefoucauld par exemple) que dans l'observation courante de la vie extérieure. C'est que, pour imaginer largement et logiquement, il importe d'avoir observé vigoureusement et précisément ; de même que l'appui de nombreuses et justes images est indispensable à l'exercice d'une bonne et sagace observation. L'homme regarde l'homme, et ce qui l'entoure, avec sa faculté créatrice, autant et plus qu'avec ses yeux. Le champ visuel, c'est tout le cerveau.

J'ai expliqué, dans *l'Hérédo* et *le Monde des Images,* que ce qui faisait le chef-d'œuvre, c'était d'abord la puissance, l'universalité originelle de la conception, prose ou vers, et ensuite la personnalité du style. Il y a, entre la première et la seconde, un lien mystérieux qui permet à l'auteur en transe d'embrasser, en quelque sorte, d'un seul regard l'ensemble et certains détails, comme le spectateur d'un orage nocturne voit le coteau d'en face s'éclairer tout à coup, avec ici un arbre, là un ruisselet, plus loin une chaumière. Cette soudaineté initiale, quasi explosive, qui offre plus d'une analogie avec la fécondation sexuelle, assure l'unité du roman, de l'ouvrage de critique, du drame ou du poème. L'art consiste à ordonner ensuite cette espèce de coup de foudre mental, ou, comme dirait Bourget, cette psychoclasie. Il s'agit, en effet, d'une sorte de fissure intérieure subite, par laquelle l'âme aperçoit tout un système, toute une gravitation d'idées ou de personnages, colorés par des aspects imprévus. On sait avec quelle fréquence certains termes ou mots reviennent au cours d'un tel ouvrage. Ce sont ceux qui apparurent à l'esprit de l'auteur en même temps que son plan général, ainsi que des repères émotifs et des stimulants.

Or, s'il est vrai que, de 1790 à 1914, une immense quantité de travaux littéraires aient vu le jour en France, dont quelques-uns ont bénéficié d'une diffusion et d'un enthousiasme parfois presque unanimes, il est bien vrai aussi qu'un très petit nombre d'entre eux ont participé aux deux conditions ci-dessus, qui assurent l'immortalité vraie. Que reste-t-il, par exemple, du *Génie du Christianisme* de Chateaubriand ; de *Hernani*, de *William Shakespeare*, de Hugo ; de *l'Allemagne* de Mme de Staël ? Que reste-t-il de *l'Avenir de la Science* de Renan ? Que reste-t-il historiquement des « histoires » de Michelet ? Rien, ou bien peu de chose. La conception était ambitieuse ; mais elle manquait de cet à-pic, de cette énergie déflagrante, de cette atmosphère miraculeuse, qui emporta Dante, quand il conçut *la Divine Comédie*. Le style manquait de cette expressivité qui prouve et témoigne que la sensation, le sentiment, ou la pensée ont saisi, arraché le mot unique, ou le tour de phrase unique, entre la grappe des synonymes. Il y a les œuvres exaltantes, transportantes, inattendues, qui semblent imposées à une époque par un décret spécial de la Providence et qui bouleversent le conventionnel et le prévu. Il y a les œuvres volontaires, appliquées, patientes, quelquefois méritoires ; qui n'ont rien de nécessaire, ni d'exceptionnel. Il y a enfin la poussière d'œuvres, qu'emporte le vent de l'indifférence, ou d'une renommée sans discernement.

De 1850 à 1900, trois poètes de premier rang ont été ignorés ou bafoués de la façon la plus odieuse, la plus révoltante : Baudelaire, Verlaine et Moréas. Dans la même période, un romancier génial a passé au milieu de l'indifférence, ou de la risée des ignorants de la fausse élite : Barbey d'Aurevilly. Car, en dehors de la plèbe de badauds, incessamment renouvelée, qui court le long des bibliothèques, en éparpillant ses éloges et ses blâmes au hasard, il y a, au XIXe siècle, un rassemblement de demi-lecteurs, pourvus d'une demi-instruction, arrivant pleins de vanité à la demi-connaissance, qui se jettent et tombent dans tous les traquenards de la réclame, de la falsification et de la mystification. Ce troupeau, qui se croit une sélection, parce qu'il se compare à la foule, et maître de ses préférences, alors que celles-ci lui sont imposées par ses journaux, va naturellement à ce qui lui ressemble, c'est-à-dire au superficiel, à l'affecté et à l'outrecuidant. C'est lui qui déclare que Baudelaire est entortillé et confus ; Verlaine un simple pochard, et Moréas un pédant grec. C'est lui qui se pâme aux *Poèmes barbares* de Leconte de Lisle, ou chose pire, aux luisants et vides *Trophées* de Hérédia, plus tard aux hideux exercices mécaniques d'Henri de Régnier, lesquels sont à la poésie véritable, ce que le pianola est à la musique et la gymnastique rationnelle aux mouvements naturels de l'être humain. C'est lui qui s'ébahit à la *Tentation de Saint Antoine*, aux contes rudimentaires et brutaux de Maupassant, à la *Princesse Lointaine* de Rostand, qui méprise *le Chevalier des Touches* et *l'Ensorcelée*. Ce troupeau, qui contient des professeurs d'Université, des académiciens, des chroniqueurs, des caillettes, des gens de bureau, de cercles et de salons, ainsi qu'une cohorte d'aspirants à l'intelligence et au diplôme de bel esprit, est plus nocif, parce que plus orgueilleux, que l'ignorante collectivité. Il faut préférer un primaire, se donnant pour tel, à un faux amateur, dit « éclairé », et plongeant, dans son œil, un doigt taché d'encre.

Chez ce troupeau, l'aristocratie de l'esprit et du style (quelle que soit sa forme) provoque une méfiance, qui va jusqu'à l'irritation et à la haine. Baudelaire est un aristo de la pensée, de l'inspiration, forte et courte (selon la juste remarque de Maurras) et de la sensation. Il ressemble à ces albatros de la pièce fameuse : « Lorsque pour s'amuser, les hommes d'équipage... » Le malaise extraordinaire, qu'il traîna toute sa vie, tenait à la discordance entre ses aspirations et son époque. Le voyage et l'exil volontaires ne faisaient que l'aggraver. Il fut le type du transplanté dans le temps, que tout blesse, que tout exaspère, et qui cherche, dans l'exotique, ou dans l'anormal, un remède à sa dyschronie, ou, si vous préférez, à son anachronie. Un solide bon sens naturel, contrarié par cette lassitude et ce dégoût du siècle où il vit (*tœdium seculi*), tel est Charles Baudelaire, celui qu'au fameux divan Lepeletier, Théodore de Banville voyait assis, farouche, auprès du doux Asselineau et « tel qu'un Gœthe en colère ». Puis, après des années et des années, son éducation baudelairienne ayant été faite, peu à peu, par une foule de sous-adapteurs et d'imitateurs, ou de plagiaires et vulgarisateurs du génial auteur des *Fleurs du Mal* et des *Paradis artificiels*, le troupeau de la demi-instruction courut s'abreuver en foule à ce qu'il avait dédaigné, bafoué pendant quarante ans. On dit, en ce cas, que l'âge reconnaît tardivement son erreur. Mais vous pouvez être sûr que, dans le même moment, il en commet une autre du même calibre.

Qu'il s'agisse de peinture (Goya, Manet), de musique (Tannhauser, Beethoven), de gravure (Méryon), du sens de la rectification historique ou littéraire (Edgar Poe, Quincey), de linguistique et de style (*Mon cœur mis à nu*), d'analyse intellectuelle et sentimentale, le génie pénétrant, vibrant, dru, chaud et sûr de Baudelaire provoquait autour de lui une sorte de crainte. Il apparaissait à ses contemporains, saturés de sottise, comme inclassable, comme morbide. D'où sa fureur aigre et son affectation de morbidité : « Ah ! vous croyez que j'ai la rougeole ! Eh bien, je vais m'en peindre les boutons sur la peau ! » Et il les peignait ! L'Eautontimoroumenos, le bourreau de soi-même, ce fut Baudelaire. Mais quel goût, quelles nuances dans l'appréciation, et quelle force dans le départ, l'élan, le démarrage ! Son envol rappelle celui de Ronsard…

> La servante au grand cœur, dont vous étiez jalouse…
> Ô mort, vieux capitaine, il est temps, levons l'ancre…

C'est le coup de vent du seizième, sur les chemins du Vendômois. Puis, au bout d'une dizaine de vers, le sentiment de sa triste condition le ressaisit, retombe, semble-t-il, sur le cœur, dénudé en effet, de Baudelaire, comme une goutte de fiel brûlant, et dissout le bref enthousiasme. Ainsi en prend aux Muses désorbitées par le cruel vieillard à la faux !

Mon père avait entrevu Baudelaire, et me disait de lui qu'il lui faisait l'effet d'un prince atrabilaire et bizarre, parmi des goujats. Il s'était présenté à lui par sa grimace, qui était factice et puérile, non par son goût, qui était direct et sublime.

Pour Verlaine, histoire analogue, à un degré inférieur s'entend. Verlaine était un aristo du sentiment, dans un physique de Silène du ruisseau, et ce ruisseau bordait, en effet, cet aristocrate. Schwob le vit mourant, dans un hôtel meublé proche du Panthéon, un exemplaire de Racine sur sa table de nuit, auprès d'un litre de marchand de vin. Il mourut comme il avait vécu, ayant à sa droite le génie, et à sa gauche la vilenie, partagé entre la dégradation et l'enthousiasme. Ce génie étant sans cesse allé s'épurant, des *Fêtes galantes* à *Sagesse*, du décor de la vie vers son essence intime, comme si ce mysticisme, vers la fin quasi angélique, s'était frayé un chemin à travers la sensualité la plus triviale. Néanmoins Verlaine est fort loin d'atteindre à Villon, à qui on l'a injustement comparé, et qui demeure, depuis bientôt cinq siècles, le plus intense et le plus inimitable des poètes français. Où il faut, à d'autres, une pièce entière pour émouvoir, il faut à Villon un ou deux mots. Villon reste, à travers les âges, le maître de la simplicité pathétique. Il y a de l'apprêt chez Verlaine, même parmi ses alertes remords.

Quant à Moréas, poète divin, quintessence de Lamartine et dont les Stances égalent Ronsard, il a traversé son temps ingrat et rebelle, fermé et hostile à la grandeur vraie, au milieu d'une incompréhension complète, hermétique. En vain Maurras, Barrès et quelques autres de ses amis, moins connus, s'évertuaient-ils contre cette incroyable injustice, une des plus fortes de l'histoire littéraire. Les meilleurs ne leur prêtaient qu'une oreille distraite. L'école mécanique triomphait avec Hérédia et ses imitateurs d'une part, de l'autre avec les déformations symboliques de Mallarmé et des Parnassiens posthumes. Un grand humaniste inspiré, tel que Moréas, soumettant l'eau, le feu, l'esprit, la rivière, l'histoire et la légende, à la nostalgie rythmique d'un cœur hautain, mais pitoyable, ne pouvait plus parvenir à la gloire. Les badauds et l'absurde demi-élite s'entendaient pour lui barrer le chemin. L'amer et orgueilleux breuvage de la méconnaissance lui fut ainsi versé à pleines coupes, suprême libation d'un siècle détaché du lyrisme naturel, uniquement attentif aux rhéteurs, aux hurleurs et aux échevelés des deux sexes.

J'ai devant moi, en écrivant ceci, la reproduction par le maître éditeur Lafuma, chef-d'œuvre de bibliophilie, du manuscrit des *Disjecta membra* de Barbey d'Aurevilly. La reproduction exacte, dis-je, non seulement de l'écriture en couleurs, gladiolée, précise et enflammée comme la foudre, du grand écrivain spontané, et même soudain, qu'a méconnu son siècle ignorant ; mais aussi des dessins, fantaisies, échappées de plume et pâtés d'encre de ce feu d'artifice de prose et de vers, à quoi rien ne peut être comparé. Joie de l'esprit et du regard ! Il fallait le dévouement unique de Mlle Read à cette haute et étincelante mémoire, pour imaginer une telle survivance, qui nous rend la palpitation même du génie et nous renseigne sur la genèse de certaines œuvres et mains projets inachevés. Nous regretterons toujours cet *An mil* et ce roman sur la chouannerie, le *Gentilhomme de grand chemin*, que n'eut pas le loisir d'écrire le vieux chouan à la pensée altière, le géant perdu parmi les nains de plume, qui riaient de la coupe de son habit ou de sa solitude grandiose.

La méconnaissance de Barbey d'Aurevilly est, ainsi, un des exemples les plus saisissants de la stupidité du siècle, dit « des lumières », en matière littéraire et critique.

Nous avons vu que cette stupidité repose solidement, compactement, sur un certain nombre d'aphorismes genevois, allemands, encyclopédiques, protestants, romantiques, et toujours primaires, bien que reliés à des noms fameux. Barbey d'Aurevilly (chez qui le critique égale, en maint endroit, le romancier) possédait parfaitement cette vérité ; c'est ce qui explique sa solitude volontaire, hautaine, résignée, en même temps que le silence, à peine interrompu de quelques coassements de grenouilles, qui s'établit autour de lui, afin de le murer hors de sa gloire. Je veux dire de la gloire à laquelle il avait droit, au même titre que Balzac.

C'est une femme frêle, âgée, sans appuis, sans fortune, mais de cœur héroïque et d'une extraordinaire énergie, Mlle Read, bien connue de tous les admirateurs et vieux amis de Barbey, qui entreprit de briser ce mur. C'est grâce à elle que tant de pages d'une critique nue, libre, hardie, juste et neuve, ont été recueillies et se transmettront, qui, sans elle, se seraient perdues dans la méconnaissance, l'ignorance totale et le rapide oubli. Aujourd'hui, avec une publication, complémentaire mais essentielle, comme les *Disjecta membra*, le « soleil des morts » de la Rochefoucauld monte rapidement sur la tombe, encore pénombreuse, du grand Normand. Il l'éclaire de cette lueur d'éclipse, d'argent et d'or, aux biseaux noirs, où s'attarde encore un glacis de l'incompréhension de naguère, par qui se rehausse tant de beauté.

Je répète ici que le grand romancier du second tiers du XIXe siècle, en France, c'est Barbey d'Aurevilly, et non Gustave Flaubert. Cela ressort du contraste des thèmes, du style, de la composition des visées. Cela ressort surtout de ce frisson du noble, du grand, du véritable lyrisme, qui anime, sans aucune défaillance, l'auteur de *la Vieille Maîtresse*, du *Chevalier des Touches*, de *l'Ensorcelée*, et qui enveloppe, dépasse et efface, de tous côtés, le travail pénible de marqueterie, la syntaxe essoufflée et l'ironisme court de l'auteur de l'*Éducation sentimentale*, de *Salammbô* et de *la Tentation de Saint Antoine*. L'image de la nature et de l'homme, des rapports de la nature et de l'homme, qui au fond de l'œuvre, tant célébrée de Flaubert, est une image dégradée et pauvre, qui bafoue l'esprit de hardiesse et de sacrifice. Elle ne laisse debout que la pitié, et encore amoindrie et rapetissée au cloisonnement des cœurs défaillants, pour lesquels elle est une excuse. Cette image, quand une supériorité quelconque l'effleure, n'a que la ressource de se moquer et de ricaner. L'image qui anime Barbey d'Aurevilly, en tous ses écrits, c'est la foi dans le sens de la destinée humaine, c'est le scepticisme quant au scepticisme (qui est le grand doute des âmes trempées), c'est l'acceptation calme de la complexité, parfois tragique, souvent neutre, de la vie et de la crise suprême, et souvent bienfaisante, de la mort. Flaubert abat et décourage, après la courte excitation de son « gueuloir ». Barbey d'Aurevilly relève, entraîne, regaillardit. Flaubert respire artificiellement, dans une atmosphère comprimée, pharmaceutique, factice, étouffante. Barbey d'Aurevilly respire largement, à pleins poumons, sur son promontoire, devant la lande, la forêt et la mer. Flaubert est le type même du « gentdelettres », cette fabrication des époques pauvres, où la création devient application, où l'élan tombe à l'ornement, où l'effet est cherché aux dépens du naturel. Barbey, grand lettré, et jusqu'au point où l'humanisme étreint le divin, écrase, de son dédain justifié, le gentdelettres, qui ne vit que de potins, de querelles de boutiques, de rogatons intellectuels, ou de ressassements de quelques préjugés de coterie. Flaubert, je le répète, est, dans tous les sens, un homme de Lilliput, un génie à l'usage du vulgaire. L'autre Normand appartient à la race des géants, des initiateurs, dont le regard domine et outrepasse la foule des ânonneurs d'opinions toutes faites et des adorateurs de faux chefs-d'œuvre.

Barbey d'Aurevilly, que tant de critiques (si l'on peut donner ce titre à la tourbe des abstracteurs de néant qui encombre — Sainte-Beuve et Lemaître exceptés — les avenues du XIXe siècle) ont assimilé, malgré lui, au romantisme, n'a de celui-ci que les dehors byroniens. La principale caractéristique littéraire du romantisme, nous l'avons vu, c'est la pauvreté de la conception, sous le déluge et l'inflation des mots. Des squelettes baroques, dans des pourpoints, y mènent la danse macabre d'Holbein, sans susciter l'émotion ni le rêve ; Barbey d'Aurevilly, qui est un lyrique, alternativement concentré et débridé, et chez qui la vigueur de la conception, adéquate à la magnificence du verbe, pousse et exalte ce verbe à mesure, dans une émulation digne du XVIe siècle, Barbey d'Aurevilly s'attaque aux sujets forts, durables, éternels. Il sculpte, avec emportement, le granit, et taille, avec amour, le bronze. Il s'attache aux tempéraments violents, aux cœurs indomptables, aux âmes de tempête, aux esprits d'orgueil. Mais il les peint en théologien, conformément à une psychologie vraie (les prémisses étant posées) et non arbitraire, et il développe fougueusement, et jusqu'au bout, les actes commandés par ces aspirations pathétiques.

De tels dons le mettaient forcément en opposition avec son temps, anémié et baroque, qui se le représentait comme un animal fabuleux, comme un hyrcocerf, comme une survivance du déluge, simplement parce qu'il était un croyant parmi des crédules, un méditatif parmi des badauds, et un sincère parmi des cabotins. Pour un retentissant Tartuffe comme le père Hugo, la présence, dans les plates-bandes littéraires, d'un tel Alceste (faisant un fouet de ses rubans verts) était quelque chose d'inadmissible, d'intolérable, au même titre que l'existence d'un Veuillot. Quiconque ne l'adorait pas les yeux fermés, n'avalait pas ses énormes bourdes, était, aux yeux de Hugo, un suppôt de Loyola, vomi par le tribunal du Saint-Office. Très bien, mais que reste-t-il de ses copieux romans et de ses burlesques drames, et qu'en restera-t-il dans vingt ans ? Au lieu que les romans de Barbey, et ses jugements si drus et si nets, assénés, commencent à accomplir, dans les imaginations contemporaines, ce mystérieux travail grâce auquel s'orientent le goût et les réflexions d'un âge mûri par le malheur. Aux jeunes et vaillants Français qui nous suivent, nous indiquons cette source de joie, cette source de force, cette source saine, ces pages dont l'emportement splendide, après cinquante ans, est demeuré intact, ces pages sans une ride, ces pages stoïques du grand Normand. Elles les surprendront par l'éternelle nouveauté, l'immortelle fraîcheur des vrais chefs-d'œuvre. Elles leur rendront cet entrain à l'acte que le flaubertisme nous avait ravi, cette lucidité d'âme dont le romantisme avait frustré nos pères !

Nous voilà au terme de cette rapide et incomplète revue de la courbe littéraire du XIXe siècle, inférieure, sur tant de points, à celle du XVIIIe, bien davantage encore à celle du xviie et du xvie, où le bon sens, l'imagination et le langage brillent d'un éclat qui n'a jamais, depuis, été égalé. Cela, dans tous les genres et dans tous les domaines. L'accès de fièvre romantique et révolutionnaire, qui parcourt le xixe siècle dans sa longueur, a pu faire illusion, pendant un temps, aux contemporains, atteints eux-mêmes par cette épidémie intellectuelle, dont lait partie un orgueil sans limites. Il ne saurait jeter même poudre brillante aux yeux de la postérité, qui compare et qui juge. Commencé dans la contemplation vaniteuse et morose du moi, le romantisme a continué dans le débordement des passions et de l'instinct et dans l'appauvrissement [par excès] du vocabulaire. Passions affectées. Instinct plat. Il a abouti à la scatologie naturaliste et aux balbutiements du symbolisme à remontoir, à la dilution de la fantaisie dans le calembour et la calembredaine.

Une telle déchéance, quand elle existe, n'est jamais limitée aux lettres seules. L'avilissant troupeau, dont nous avons parlé, — (et qui fausse les perspectives de la notoriété, et de la gloire, par celles de la réclame et de la publicité) — sévit naturellement dans toutes les catégories de l'activité, quand son influence funeste a une fois pénétré et corrompu la plus importante et la plus diffusible de toutes, la littéraire. Nous allons, de nouveau, le voir à l'œuvre, en philosophie et dans l'Enseignement.

CHAPITRE III

DÉCADENCE, AU XIXe SIÈCLE, DE LA PHILOSOPHIE ET DE SON ENSEIGNEMENT

Si l'on admet que les études philosophiques, et notamment la métaphysique (qui est, au delà de toute physique, la connaissance de l'être) mesurent l'intellect d'une époque, de même que le drame et le roman en mesurent la faculté créatrice, il faut reconnaître que le xixe siècle est, de ce point de vue, assez dénué. Il est bien vrai qu'un grand nombre d'auteurs, doués ou se croyant doués pour les vues d'ensemble, y ont affiché des prétentions philosophiques. Mais, outre que celles-ci n'eurent que de lointains rapports avec la philosophie proprement dite, lesdites vues n'étaient ni très puissantes, ni très originales, et se ressentaient encore fâcheusement de l'abaissement encyclopédiste de la fin du xviiie. Le seul manieur d'idées générales qui ait échafaudé un grand système, cohérent, dans la génération précédent la nôtre, Auguste Comte, était précisément un adversaire acharné de toute métaphysique. S'il est bien vrai que ses théories, souvent ingénieuses, soient corroborées par des sciences à leur début, ou à l'état stationnaire, il apparaît qu'elles s'effritent et s'estompent à mesure que ces sciences se transforment, en s'étendant, et s'approfondissent, ou qu'elles épuisent leur substance. Il apparaît aussi qu'elles ont finalement entraîné leur auteur dans une direction toute différente de celle qu'il avait conçue. Enfin, le relativisme de Comte, s'il aide à comprendre certaines régions de classement de la conscience, laisse délibérément en dehors de ses lumières les catégories suprêmes de l'esprit, celles qui précisément soudent le monde extérieur au monde intérieur et assurent, sans heurt, la double gravitation de la Raison et des objets auxquels elle s'attache. Le comtisme est un vin assez généreux, pas mal frelaté, et qui peut griser, surtout dans l'adolescence. Il n'étanche point la soif du Vrai, puisque, par la définition de ses prémisses, il désespère même d'y atteindre jamais.

Ce qui caractérise les travaux philosophiques au XIXe, c'est leur oscillation continuelle entre un spiritualisme purement verbal comme celui de Cousin et de Jouffroy, et un naturalisme déductif, expérimental ou de laboratoire, qui fait de la philosophie une science comme une autre, si ce n'est un peu plus conjecturale. Vainement oratoire et grandiloquente, ou ridiculement réduite à l'interprétation des faits d'observation, telle nous apparaît l'aspiration mentale à la sagesse (une « sagesse boursouflée ou étriquée) de 1810 à 1880. À partir de là, commence l'influence prépondérante du criticisme allemand, d'une part, du biologisme anglais de l'autre, dans l'enseignement philosophique. Cependant que sévit, sur le plan de l'enseignement supérieur et scientifique, le déterminisme de Claude Bernard, caricature étriquée du positivisme. Un nom symbolise cette période, celui du déplorable Renouvier, le « Kant français », le plus copieux assembleur d'âneries solennelles d'une époque si féconde en ce genre d'exercices. L'histoire critique de la philosophie donne deux maîtres livres : le rapport fameux de Ravaisson et *les Sceptiques grecs* de Brochard. Puis, par les consciencieuses études sans génie de Lachelier et de Boutroux, et les vues initiales sur la contingence possible des Lois de la Nature (jusqu'alors déclarées immuables et nécessaires), on verse dans l'évolution créatrice et l'intuitivisme du petit juif tarabiscoté Bergson (c'est-à-dire dans cette aberration que d'autres ont baptisée aussi la métaphysique du sensible), puis dans les platitudes sans nom du pragmatisme américain.

Reprenons, une à une, les pièces de ce fagotage, ces fragments épars, qui ont livré la pensée française et sa traditionnelle clarté à toutes les incursions d'un romantisme idéologique, non moins attristant et funeste que le romantisme littéraire. Il était logique que l'enseignement, à ses divers degrés, l'enseignement qui suit toujours les vicissitudes philosophiques du temps où il est dispensé et transmis, subît une dégradation analogue, des hauteurs de la Sorbonne et du Collège de France jusqu'aux humbles rivages de l'école primaire. Car (et c'est ce que Comte avait bien vu et lourdement, mais solidement, défini) les manifestations intellectuelles d'un temps sont solidaires et retentissent les unes sur les autres. La phraséologie pseudo-philosophique d'un Cousin et d'un Janet s'apparente à la phraséologie pseudo-romanesque d'une Sand et d'un Feuillet. Le plat déterminisme d'un Claude Bernard (dont la misère fait contraste avec les hardies expériences du même) encourage la trivialité d'un Zola. De sorte que mon père, Alphonse Daudet, avait grandement raison d'assimiler chaque génération à un bateau, dont les passagers participent des mêmes clartés et des mêmes erreurs.

Pendant tout le cours du XIXe stupide, la démocratie révolutionnaire, ou libérale, a été en quête d'une philosophie susceptible d'étayer ses funestes rêveries. Ses augures, tournant le dos à ce qu'est une véritable métaphysique (dépouillée de tout ordre de contingences et ne visant que l'universel) ont échafaudé une philosophie, qu'ils affirmaient métaphysique (et qui ne l'était pas, et qui ne pouvait pas l'être), sur l'imagination enfantine du progrès continu, de l'évolution, loi fondamentale de l'univers, et autres balivernes, énumérées à l'introduction du présent ouvrage. Lesquelles balivernes ont été combattues, avec une faiblesse d'arguments égale à la leur, par des affirmations du Vrai, du Beau et du Bien, nullement étayées et d'une misère navrante. Au naturisme triomphant (et qui faisait de la biologie le critérium de l'esprit humain !) s'opposa un spiritualisme, bête et sommaire à pleurer, reflétant la débilité mentale de conservateurs, reculant pied à pied devant les prétendus innovateurs. On ne sait qu'admirer (mirari) ironiquement davantage, de l'arrogance des causes efficientes et transformantes, mises en avant par le darwinisme et l'haeckelisme, ou de la vanité des causes finales qui leur étaient objectées. Ainsi qu'il est d'usage, au désert des doctrines et des preuves correspondait, à droite comme à gauche, l'outrecuidance des affirmations.

Le déterminisme, chapitre détaché du positivisme, mais qui eut, pendant une cinquantaine d'années, une fortune et une vogue supérieures à celles du positivisme, n'envisage pas la question du *pourquoi* des choses. C'est dire qu'il renonce à toute métaphysique, comme le positivisme lui-même et qu'il en décrète le besoin frivole. Ce qu'il entend rechercher, c'est le *comment,* ou enchaînement relatif des circonstances, au milieu desquelles nous vivons. Tout ce chapitre de l'argumentation de Claude Bernard dégage un comique particulier, un comique dont on ne se passe plus aisément, quand on l'a perçu et éprouvé une seule fois, et qui court, de 1860 à 1914, à travers les applications d'un tel principe. Car le besoin métaphysique, le besoin du pourquoi est fondamental dans l'esprit humain, au point d'être une caractéristique de cet esprit ; et le philosophe qui l'éteint en soi, ou qui l'amoindrit et le dénigre, est comme un ascensionniste qui commencerait par se couper les pieds. L'homme qui pense (Descartes l'a bien vu) est accompagné, tout le temps qu'il pense, et dans les limites mêmes de sa pensée, par la soif métaphysique, sans laquelle il s'affaisse aussitôt dans la constatation matérielle et dans son doute. Tout élan créateur, en cet ordre, a un dessous, un substratum métaphysique, et l'agencement des *comment* les plus rudimentaires postule tout autant de *pourquoi*. Bien mieux, les démarches morales les plus humbles de notre existence présupposent une sourde et latente métaphysique, sans laquelle nous nous abandonnons à l'accident et au parcellaire ; ceci a fait dire à quelques bons esprits que l'homme était un animal métaphysique. Mais il n'a de la ressemblance avec l'animal que l'apparence.

Qu'est-ce qui fait que Comte (en dépit de son incontestable originalité) a été si peu lu, même par les adversaires de ses adversaires, lesquels ne furent pas toujours ses disciples ? C'est son dédain initial de la métaphysique. S'occupant de la hiérarchie des travaux humains, il commence par nier le propre de l'homme et rebute ainsi les mieux disposés. Ce n'est pas son fatras qui est un obstacle à l'étude de ses ouvrages, plus ou moins critiques. C'est sa décapitation préalable. Car une philosophie générale sans métaphysique ne saurait être qu'un corps sans tête. Usant d'une autre métaphore, je dirai volontiers que la métaphysique c'est l'oxygène et que l'atmosphère philosophique devient, sans elle, irrespirable.

Axiome : on ne remplace point la métaphysique par la crainte, diffuse et permanente, de la mort. La métaphysique invite au labeur et à la méditation. La crainte de la mort est stérilisante.

Je vous disais ici que j'ai expérimenté personnellement, au cours d'une existence déjà longue, le bienfait de l'état métaphysique, qu'il ne faut pas confondre avec la rêverie (parce qu'il prolonge l'intelligible) et qui donne des plaisirs supérieurs à ceux de la rêverie. La classe de philosophie, où je suis entré à l'âge de dix-sept ans, avec un fébrile appétit de connaissances, m'a laissé un éblouissant souvenir, à cause de ma première prise de contact avec la métaphysique d'Aristote et ses ouvertures sur l'infini du monde intérieur. Comme à un personnage des *Mille et une Nuits*, d'immenses richesses me sont apparues. Qu'il me fût permis de m'approcher d'elles et de les contempler, cela suffisait à mon bonheur. Ensuite vint le kantisme, qui troubla ma ferveur métaphysique première par la discussion des procédés et des catégories de la connaissance. Mais l'impression du début subsista, grandit, et il m'arrive encore aujourd'hui, devant la mer, le fleuve, la forêt, ou dans une discussion d'assemblée, ou de conseil, d'entrer en transe métaphysique et de chercher à distinguer les traits de l'Être, à travers les êtres, dans la lumière de la Raison. C'est une autre forme des exercices spirituels recommandés par Saint Ignace. Les théologiens parlent fréquemment de la joie mystique. Il existe aussi une joie métaphysique.

Le dédain de la métaphysique s'est accompagné, pendant la période qui nous occupe, d'un abandon concomitant de la logique, dont l'étude est cependant inséparable de celle des opérations de l'esprit. Il ne suffit pas de constater le bon sens, à qui veut le prendre comme critérium de la morale courante, ou raffinée. Il faut encore connaître et distinguer les opérations syllogistiques (cette syntaxe de la pensée) par lesquelles le bon sens prend légitimement conscience de soi-même et contrôle le domaine intérieur. C'est le domaine de cette logique inductive et déductive, comme dit Stuart Mill, qui nous conduit, par étapes, à une sorte de calcul analytique de tous ordres de raisonnements. Un penseur, qui se consacrerait entièrement à la logique et aux ponts qu'elle jette entre le Connu et l'Inconnu, aboutirait à établir une maïeutique de la découverte et peut-être à dresser un canevas de l'invention méthodique. Cette besogne sera vraisemblablement celle du philosophe du xxe siècle, quand il aura pris conscience de son effort et de la direction à donner à celui-ci, quand il aura rejeté carrément la défroque absurde et prétentieuse du xixe siècle. Le renouveau de la logique apparaît comme indispensable au renouveau de la métaphysique. Or, la logique n'est nullement un chapitre de la psychologie, comme on nous l'enseignait, voilà trente-cinq ans. Elle déborde la psychologie sur un point essentiel, qui est le formulaire de la pensée. Elle est débordée par la psychologie sur un autre point, non moins essentiel, qui est l'agencement et le départ de l'intellectuel, du volontaire et du sensible. Mais l'une et l'autre sont embrassées et dépassées de loin par la projection métaphysique de l'imagination, remontant du réel à l'Être, qui est la source de tous...

Encore la psychologie, ou (conformément à l'étymologie de ce mot) l'étude des modalités de l'âme humaine a-t-elle acquis, au siècle précédent, une acuité particulière, ou abouti à quelques constatations d'importance, ou dévoilé une vérité de premier plan, méconnue jusqu'alors ?

Nullement : Ce qui le prouve, c'est l'effort constant des psychologues, pour se rabattre sur le plan de la physiologie et de la clinique, comme si l'objet de leurs recherches n'aurait pas dû suffire à les accaparer. Après la phase où il fut affirmé que la véritable métaphysique consistait dans l'absence de métaphysique, dans un assemblage (peu concevable, intellectuellement) de la logique et de la psychologie, vint une autre phase : celle où la psychologie elle-même fut considérée comme une branche de la physiologie, concernant le cerveau, organe de la pensée. Nous avons tenté de démontrer, dans *l'Hérédo* et sa suite *le Monde des Images*, que rien n'était plus faux, ni plus susceptible d'égarer le chercheur, dans un domaine où la piste trompeuse est toujours séduisante. Rien ne nous prouve, dans l'état actuel de la connaissance, que le cerveau soit le siège exclusif de la pensée. La plupart des problèmes que se pose la psychologie n'ont pas de substratum matériel. Il est arbitraire de considérer la physiologie comme une extension de la psychologie, et la clinique comme une vérification de l'une ou de l'autre.

Alors que le spiritualisme du début du siècle ne tenait aucun compte des faits d'expérience, qui se multipliaient, quant à la nature humaine, le déterminisme des deux derniers tiers voulut faire, de l'expérience sensorielle, la règle et la base de la réflexion, de la méditation et de l'induction. Cette tendance fut la principale cause de l'avilissement de la philosophie, par la préoccupation où tombèrent beaucoup de prétendus philosophes de se soumettre d'abord au laboratoire. Ce qui est proprement absurde. Le dogme de l'association des idées, venu de la philosophie écossaise, et repris par la philosophie anglaise, puis la thèse plus que contestable de l'Inconscient, venue de la philosophie allemande, augmentèrent encore la confusion.

De 1875 à 1905 et au delà, tous ou presque tous les phénomènes mentaux sont expliqués par l'association des idées, sans qu'on ait jamais recherché du reste — et pour cause ! — le mécanisme de cette association. En fait, il arrive fréquemment que des idées naissent spontanément en nous, ou disparaissent de même, sans que nous puissions les rattacher, ni relier, à quoi que ce soit. De même, deux ou plusieurs séries d'idées, accompagnées, ou non, d'une sorte de ponctuation sensible, peuvent coexister dans notre esprit, comme plusieurs parties d'échec en mouvement dans la mémoire du joueur expérimenté. Celui qui fait une plongée dans sa réflexion, appliquant à celle-ci une observation au second degré, voire au troisième, est frappé des perspectives simultanées qui se développent devant sa vision intérieure, quelques-unes à une grande vitesse, d'autres à une vitesse modérée, d'autres ralenties. Il s'agit là, selon toute vraisemblance, de courants héréditaires, n'ayant que de très lointains rapports avec une association d'idées quelconque, et mêlant la mémoire individuelle à celle des ascendants.

Quant à la prétendue philosophie de l'Inconscient, reliée d'abord au pessimisme, avec Schopenhauer et Hartmann, et sur laquelle on a écrit des volumes et des volumes, elle n'a jamais été et ne peut être que la négation de toute philosophie ; ce qui n'est point saisi par la conscience étant extraphilosophique et comme s'il n'existait pas. Qu'est-ce que l'Inconscient, du point de vue de la philosophie générale ? C'est l'inattention, ou le manque de pénétration. Il n'est, en fait, aucun mouvement de notre individu intellectuel, sensible ou moral, qui doive, de toute nécessité, échapper, non seulement au contrôle de la perception simple, mais encore à celui de la raison et du jugement. Le but de la psychologie est de tirer en pleine lumière précisément ce qui, sans elle, demeurerait dans la pénombre, ou dans l'ombre.

Au fond, la philosophie de l'Inconscient, comme la prétendue métaphysique du sensible (intuitivisme bergsonien) aboutissent, l'une et l'autre, à une sorte de divinisation ou, si vous préférez, d'exaltation du réflexe et de l'instinct. Ceux qui les pratiquent oublient que le propre de l'homme est de contraindre ses réflexes et de maîtriser ses instincts, par l'exercice d'une volonté qui, elle-même, est guidée par la raison. Or, la psychologie, au XIXe siècle, a, presque entièrement, négligé la volonté ; ou, si elle s'en est occupée, c'a été à l'occasion de l'hypnotisme, de la suggestion et des diverses formes du pithiatisme, qui est, en somme, l'autopersuasion.

En métaphysique, comme en logique, comme en psychologie, le grand trou du XIXe siècle français est dans le domaine de l'introspection. Il n'y a pas lieu de s'étonner si nous le retrouvons aussi, ce trou, dans l'art dramatique d'où l'introspection est aussi absente, de 1800 à 1914, que le rire. Nos contemporains regardent autour d'eux, mais ils ne regardent pas en eux-mêmes ; et, dans la génération qui va de 1870 à maintenant, Paul Bourget est le seul écrivain, à ma connaissance, qui ait remis en honneur (parmi ces sarcasmes des imbéciles qui sont le signe de toute rénovation) l'éminent privilège du regard intérieur. Car ce qui se passe au dedans de l'homme est le principal ; le reste, qui lui est extérieur, ou tangent, n'étant que l'accessoire.

Il est de règle générale, au cours des peuples et des âges, que toute baisse de la philosophie de la Raison (qui est, au plus bref, la seule philosophie) s'accompagne d'une ascension correspondante de la prétendue philosophie du sensible, ou de l'instinctif, qui est une caricature de cette recherche, et ne peut aboutir qu'à un verbiage. À l'autre pôle, celui de la sécheresse, nous avons le mathématisme d'un Cournot, qui aboutirait, en dernier ressort, à faire de l'âme humaine une équation. Ce qui est faux.

Le marasme philosophique de l'époque plate et veule que nous étudions tient en ces deux termes : criticisme et évolutionnisme. Il faut en ajouter un troisième, d'invention relativement récente et qui sévit surtout en Amérique : le pragmatisme ou pluralisme. Mais, ce dernier appartenant plus au XXe siècle qu'au XIXe, nous ne l'examinerons point ici en détail. C'est moins une synthèse qu'un balbutiement, orné par son principal auteur, William James, d'une multitude de petites réflexions ingénieuses. Si les mouches avaient une philosophie, elle serait vraisemblablement très analogue au pragmatisme, étant donné leur vision à facettes ; et il est fort amusant de constater qu'une philosophie, qui prétend s'étayer avant tout sur les faits (sur la poussière mobile du fait le mieux constaté et le plus patent) donne, comme aucune autre, la sensation d'une série morcelée de rêves enfantins.

Puisque ce terme d'enfantin vient sous sa plume, à l'occasion de William James (ce Pierre Loti de la philosophie discursive, qui confond l'être et le paysage) je veux faire ici une remarque d'ordre général : le développement mental et moral de l'homme comporte un certain nombre de périodes : la petite enfance, la précocité, la puberté, la nubilité, l'âge adulte, etc., pendant lesquelles prédomine tantôt la raison (très forte vers la septième année), tantôt la sexualité (dominante à treize et quatorze ans), tantôt l'entrain aux idées générales (dix-huit à vingt-deux ans), tantôt l'éparpillement observateur (vingt-cinq à trente-cinq ans), etc. et à chacune de ces périodes correspond, latente ou manifestée, une conception philosophique des choses et des gens. La somme de ces états, réviviscents entre quarante et cinquante ans et au delà, constitue la philosophie générale d'un humain bien doué. En cette philosophie prédomine (outre les influences héréditaires, ou images de grande direction) telle ou telle période de l'existence, avec tel ou tel dosage de la raison, ou jugement, de la sensibilité, de la sexualité, de l'instinct, etc. Cette diversité d'origine fait les contradictions intérieures de tout système philosophique, et aussi les superpositions de pensées qui nous séduisent chez tel ou tel. Le philosophe, quel qu'il soit, est toujours un assemblage de ces mues mentales, de ces méditations d'êtres différents, qui donnent, à chaque philosophie non métaphysique, un aspect de tâtonnement et de mosaïque. Le maître véritable est celui qui, à travers son périple mental, s'est unifié le plus et le mieux.

Le criticisme (où tombèrent Renouvier et quelques autres) n'est heureusement point d'origine française. Il est la forme du scrupule protestant et germain, en matière d'idées générales, et se résume dans le nom de Kant. Le criticisme est, à notre avis, une maladie de la philosophie comme le phylloxéra est une maladie de la vigne ; il rend la métaphysique active impossible, en créant une métaphysique passive et dissertante quant à sa condition première : l'identification de l'esprit et de l'objet. Il brouille la clé dans la serrure, de telle façon que le temps se passe à ne pouvoir ouvrir la porte de la chambre métaphysique de l'esprit. Car, si nous ne pouvons connaître que subjectivement, en raison de nos catégories intérieures, si l'objet « en soi » doit toujours demeurer inconnu de nous, il est parfaitement vain d'aller plus loin. L'exploration d'une conscience, la nôtre, au sein d'une nuit profonde, et que nous ne pouvons jamais éclairer, en ce monde, devient un exercice singulièrement illusoire, décevant et attristant. Il ne faut pas s'étonner que Kant ait engendré les pessimistes, ces « papillons fatigués » dont parle Nietzsche, las de se heurter à des plafonds pris pour des planchers, à des planchers pris pour des plafonds et à des vitres prises pour le plein air. La mise en discussion du principe même de la connaissance (qui est l'accord parfait entre elle et l'univers), a bouché la connaissance pour cent cinquante ans et peut-être davantage. Car nous voyons qu'un Bergson ou un William James (bien que ratiocinant à des pôles opposés) n'osent point s'affranchir du criticisme kantien, en le traitant comme une lésion de l'esprit méditatif. S'il leur arrive de le combattre, il ne leur arrive pas de le négliger, et ils usent leur temps et leur réflexion à discuter avec celui qui a embrouillé la serrure, au lieu d'en finir en enfonçant la porte.

Que le kantisme soit le père du modernisme, voilà ce dont on ne peut douter ; et il est presque banal de le constater. Mais, sur le plan de la philosophie sans plus, les ravages du kantisme sont encore maintenant ou niés ou méconnus. À partir de notre défaite de 1870, ce damné criticisme a été le maître chez nous de l'enseignement philosophique et il est descendu, de la Sorbonne et des Académies (où il était un dogme, et, associé au renanisme, le dogme de l'incrédulité), vers l'école primaire, y dissolvant toute foi religieuse ou nationale, et, par voie de conséquence, toute énergie. La philosophie de Kant a agi chez nous, pendant cinquante ans et davantage, à la façon d'un poison. Elle n'aurait pas rencontré cette audition sans notre défaite, qui la para, aux yeux des faibles (c'est-à-dire de la plupart des professeurs de Faculté) du prestige fascinant du peuple vainqueur. C'est tout juste si Renan et les renaniens ne nous montrent pas, dans le criticisme, la véritable raison du triomphe allemand de 70.

J'apporte ici le témoignage d'un fort en thème, d'un homme qui pendant l'année scolaire 1884-1885 (classe Burdeau de philosophie B) a remporté, à Louis-le-Grand, presque tous les premiers prix. Je n'en tire aucune vanité. Cela tenait à ce qu'imbibé de kantisme, je comblais ainsi les vœux de notre maître, grand travailleur, cœur ardent, esprit faux et qui sombra dans les abîmes de la politique républicaine. Burdeau (pour qui j'avais cette admiration passionnée qu'ont les bons élèves pour leur maître) me répétait constamment : « Qui comprend Kant à fond est animé du véritable esprit républicain. Kant est un père de la démocratie. » Il voulait dire que le criticisme déchaînait le libre examen et mettait une rallonge à Luther, ce qui est exact. Mais il n'est rien de plus contraire au génie français.

Renouvier, en essayant d'adapter le criticisme kantien à l'intelligence française, avec l'application tendue d'un lévite maniaque, a corrompu, pour de longues années, en France, l'enseignement de la philosophie et détourné de ses recherches, si utiles, nombre d'excellents esprits. Adopté par le fanatisme primaire, que la politique républicaine faisait régner au sommet de l'enseignement supérieur, et notamment à la Sorbonne, (voir le beau livre de Pierre Lasserre, *la Doctrine Officielle de l'Université*), proposé comme mandarin et comme pontife à deux générations d'étudiants, il a fait comme son « Emmanuel », le désert métaphysique autour de lui. Il est le type du mancenillier dogmatique. C'est lui encore qui, pour sauver le romantisme agonisant, imagina de prêter à Victor Hugo un système cohérent de philosophie ! Or Hugo (on le sait aujourd'hui) était avant tout, un grand sexuel du type verbal, chez qui une raison rabougrie, et comme obnubilée, ne tenait plus que par les pilotis d'un immense orgueil. L'ouvrage par lequel Renouvier essaie de masquer cette évidence est d'un impayable comique, sous les lugubres dehors habituels à ce pense-faux. Il passa d'ailleurs inaperçu, et je ne le mentionne ici que comme un symptôme d'abêtissement par la fréquentation intensive du mauvais génie de Kœnigsberg.

Nous avons vu, pendant la guerre de 1914-1918, plusieurs critiques, désireux de faire preuve de largeur d'esprit, et qui s'écriaient : « Respect à Kant et à Goethe, ces grands Allemands ! Honneur à eux, par-dessus les hécatombes ! » Il y là une ridicule confusion et une injustice. Goethe, étincelant et froid soleil, est, en effet, un de ceux qui ont le plus honoré l'humanité et la culture générale. Kant n'est qu'un maître d'erreurs. Son doute, liminaire et injustifié (quant à l'adéquation de l'objet et de l'entendement qui perçoit l'objet), rend toute démarche du raisonnement impossible ; puisque, d'après lui, nous ne pouvons saisir que des ombres. Il aboutit proprement au néant et fait de son zélateur un captif.

Quant à l'évotutionnisme (dont Herbert Spencer est le docteur encombré), après avoir régné parallèlement au kantisme, dans l'enseignement français, pendant trente ans et davantage, il est aujourd'hui agonisant. C'est le sort commun de toute soi-disant philosophie, qui repose sur une hypothèse scientifique. Le jour où cette hypothèse moisit et se détache, comme les camarades, elle entraîne le système avec elle. Les différenciations, les intégrations, les allées et venues du simple au complexe, et du complexe au simple, qu'avait échafaudées le bon Spencer, sont comparables à une monnaie qui n'aurait plus cours. Ses traductions sont aussi démodées que les assignats révolutionnaires. Ce n'était pas la peine de nous faire perdre tant de temps à l'analyse des *Premiers principes*. Il y a quelques semaines, j'ai rouvert cet ouvrage, portique écroulé d'une douzaine d'autres également en ruines, et où les arguments font l'effet de ronces et de chardons roussis par un incendie... cet incendie périodique qui détruit les échafaudages biologico-psychologiques, comme les forêts des Alpes, et les amas de substance pulvérulente. Quel monceau de débris et d'herbes folles ! Tournant les pages après les pages, retrouvant ces affirmations hautaines, ce ton autoritaire qui, jadis, enchantaient ma jeunesse, je m'ébahissais et je souriais de leur fragilité. En vain, sur ces décombres, je cherchais un oiseau (fût-ce le corbeau en « jamais plus » d'Edgar Poe), une métaphore demeurée hardie et vivante. Mais non, tout était mort, de la mort double des faux chefs-d'œuvre, entourés des cadavres de leurs admirateurs, adaptateurs et radoteurs. Pastiche manqué de l'œuvre de Comte (en qui, du moins, demeurent des morceaux d'une rare puissance, malheureusement engangués dans un style limoneux), *les principes* de Spencer ne valent plus que le poids du papier. Le risible évolutionnisme philosophique a suivi dans la tombe l'évolutionnisme scientifique.

Constatons ici que, de même que notre politique démocratique, pendant cinquante ans, oscilla, après 70, entre l'influence allemande et l'influence anglaise, l'enseignement de la philosophie, en France, oscilla entre Kant, flanqué de Hegel, et Spencer flanqué d'Alexandre Bain. C'est ce qui explique l'allégresse avec laquelle toute une génération abusée se jeta ensuite dans l'intuitivisme bergsonien, considéré, à tort, comme une délivrance du criticisme, de l'évolutionnisme et du déterminisme. Mais, hélas ! très rapidement, il fallut se rendre compte que, derrière les fanfreluches dorées de l'intuitivisme et de l'évolution créatrice, on retrouvait ce grinçant et lassant matérialisme qui a été, de tout temps, le morne apanage du peuple hébreu.

La philosophie (métaphysique, psychologie, logique, morale) n'est pas un chapitre de la médecine. Soit dit sans offenser la mémoire de Claude Bernard, ni la fameuse *Introduction à la médecine expérimentale*. La philosophie n'est pas un chapitre de la biologie. La philosophie n'est pas un chapitre des sciences occultes, qui ne sont d'ailleurs pas des sciences et dont la supercherie n'est nullement occulte. La métaphysique enfin n'est pas une discussion prolongée sur le point de connaître si l'homme peut connaître quoi que ce soit, en dehors de sa propre conscience, qu'entourerait, d'autre part, un immense Inconscient. Or, dans la seconde partie du XIXe siècle (alors que, dans la première, la philosophie était réduite à un ensemble de dissertations prétendues spiritualistes), ces diverses erreurs ont eu cours et cours forcé. Cependant qu'Aristote, la philosophie grecque en général, les moralistes latins, Saint Thomas et les scolastiques étaient tenus dans un mépris complet. Leur noms ne figuraient même pas sur les programmes. Il n'était fait à leurs œuvres, cependant essentielles et prédominantes, que rares et superficielles allusions, ainsi d'ailleurs qu'à Descartes et à Pascal.

De là le barbotage philosophique et la carence métaphysique, qui vont de 1789 à 1914, en dépit d'une bibliothèque considérable, mais dont le résidu utile tiendrait dans le creux de la main. La préoccupation essentielle de l'Université française, qui dispense la philosophie officielle, paraît avoir été, à partir de 1850 (Empire et République), de diminuer ou d'annihiler la notion du divin, ce soleil de l'intelligence humaine, autour duquel tout gravite. De la diminuer ou annihiler, cette notion, soit par le doute systématique, mais terriblement étriqué d'un Renan, *qui ne doute jamais de son doute*, comme son maître Montaigne. Soit par la controverse biologique et évolutionniste. Soit par la controverse déterministe. Soit par la controverse criticiste. Soit par la controverse pragmatiste. Je ne cite pas ici, je néglige les lubies accessoires, qui se greffèrent, de dix en dix ans, sur ces engouements et fanatismes plus stables.

On aurait pu craindre que ce barbotage et cette carence atteignissent à la fin le bon sens national, en altérant jusqu'à l'appétit d'une vérité claire, qui est la caractéristique mentale du Français. Il n'en a rien été. L'immense épreuve de 1914 a trouvé des millions d'hommes faits et de jeunes gens, nourris de ces insanités dangereuses, fermes cependant devant la mort, pleinement conscients de leur sacrifice et de sa nécessité. Ce bien de la vie, qu'on leur représentait comme le seul, dont on leur masquait la fragilité, tout en rapetissant sa mission, ils n'ont pas hésité à l'immoler au Bien, reconnu par eux supérieur, de la Patrie. Comment cela s'explique-t-il ? À mon avis, par le retour, latent mais sûr, de la philosophie véritable, à travers le trouble limon des paraphilosophies que je viens d'énumérer. Beaucoup plus nombreux qu'on ne l'imaginait furent les derniers enfants du siècle, nés de 1880 à 1914, supportant ainsi les derniers chocs de cent années de matérialisme, plus ou moins masqué et divaguant, qui aspiraient, non à la mystique, état rare, mais à la métaphysique du miracle, état fréquent.

Je m'explique : le conditionnement imposé de l'esprit, quel qu'il soit, d'origine kantienne, ou déterministe, ou comtiste, ou darwinienne, ou renanienne, procure très rapidement à l'esprit une sensation de pesanteur et de captivité, amène en lui un besoin de délivrance. J'ai connu, il y a une trentaine d'années, une vieille femme de quatre-vingts ans, qui s'écriait en mourant : « Je suis en proie aux philosophes ! » Beaucoup de nos contemporains, entre vingt et quarante ans, avaient subi la même tyrannie et cherchaient, comme cette vieille femme, à la secouer. Ils n'attendaient qu'une occasion pathétique pour se manifester, se montrer tels qu'ils étaient, laisser sourdre leurs profondeurs.

Le conditionnement imposé de l'esprit (et de cette âme, dont l'esprit est le reflet) n'est pas seulement un poids rapidement intolérable pour l'imagination. Il est encore le poison le plus subtil de la volonté, de l'énergie en général, et de la résistance aux passions, destructrices du bonheur ici-bas. Que de fois, au cours de mes études médicales, puis, plus tard, dans l'usage du monde et les fréquentations, n'ai-je pas entendu cette phrase désolée : « Je n'ai plus la force de réagir ! » Morphinomanes, grands vicieux, amoureux frénétiques, alcooliques de toutes formes et de toutes couleurs, avaient perdu la confiance dans leur relèvement, au contact de la fausse philosophie de leur jeunesse, qui leur revenait par lambeaux, pour aggraver leur marasme.

Le conditionnement imposé de l'esprit (suivi bientôt du mortel compartimentage de la faculté créatrice, mère de toutes les découvertes) c'est la perte de la notion métaphysique du miracle, c'est l'état dans lequel l'âme se nie, puisque son essence est miraculeuse. Le malade « condamné » (qui ne pense pas qu'il puisse guérir par un acte de foi dans sa guérison) est l'image assez exacte du français déphilosophé, devenu amétaphysique, de la fin du XIXe siècle, docile à la doctrine parésique, reçue de Kant, d'Herbert Spencer, de Claude Bernard, de Charcot. Car, vers la fin de cette époque étrange et morne, la philosophie n'apparaissait plus que comme une phosphorescence de la science biologique, et médicale, dont on méconnaissait la caducité.

L'abdication de l'esprit devant la matière, tel est l'étrange renversement que les deux générations de nos grands-pères et de nos pères avaient préparé, auquel nous avons assisté, participé pendant notre jeunesse, contre lequel nous avons violemment réagi ensuite. Des signes nombreux attestent aujourd'hui la renaissance d'une philosophie vigoureuse, d'une métaphysique valable, dépouillée de l'influence allemande et conforme au génie latin. Ce n'est encore qu'une aube, à l'heure où j'écris. Elle suffit déjà à dissiper les ténèbres vénéneuses du siècle précédent, pendant lequel l'Encyclopédie continuée mérita d'être appelée, en somme, la métaphysique du primaire.

CHAPITRE IV

AFFAISSEMENT PROGRESSIF DE LA FAMILLE, DES MŒURS, DES ACADÉMIES, DES ARTS. — DISPARITION D'UNE SOCIÉTÉ POLIE QUE REMPLACENT LES « SALONNARDS »

Nous avons déjà eu l'occasion de remarquer que les erreurs politiques sont en général descendantes. Qu'il s'agisse de mouvements révolutionnaires, de principes d'anarchie, ou de mauvaises lois, les uns et les autres descendent de l'État dans les familles et de l'intérêt général dans les intérêts privés. Cette vérité de fait est invisible à la foule, incapable de saisir une relation de cause à effet. Elle est partiellement invisible aux assemblées élues, qui ne l'entrevoient que par intervalles, dans de brusques éclairs de lucidité. Mais ceux-ci sont rares et de courte durée. L'affaissement de l'État au XIXe siècle a ainsi retenti directement sur la famille et sur les mœurs. Ont été d'ailleurs frappés de stérilité, en vertu du principe ci-dessus, tous les efforts faits pour relever la famille et les mœurs, en partant d'elles et en remontant vers l'État. C'est un peu comme si on voulait guérir l'atrophie musculaire progressive, ou les douleurs fulgurantes de l'ataxie, en partant des muscles et nerfs des membres, au lieu de s'adresser d'abord à la moelle épinière, dont la sclérose amène ces altérations nerveuses périphériques. C'est Maurras qui a relevé cette vérité si simple, méconnue chez nous depuis cent trente ans.

La famille française, au cours des âges, et au témoignage de tous les historiens, chroniqueurs et mémorialistes, avait toujours été exceptionnellement saine et forte. Le régime monarchique en était la cause, qui dispensait à l'architecture sociale (voir notamment les ouvrages de Funck Brentano) les bienfaits d'une conception politique paterfamiliale. Des sentiments religieux fortement ancrés, des traditions de vertu et d'économie domestique, le respect profond de la mère et de la femme, le droit d'aînesse suppléant la paternité en cas de défaillance, une éducation sage et suffisamment rigoureuse, une instruction saine et nourrie par l'exemple, tenaient la famille française à l'écart des secousses inévitables, et d'ailleurs peu profondes, de l'État monarchique. La Révolution d'abord, ensuite l'extension et le développement de la grande industrie, sans contrepoids ni régulateur politiques, changèrent tout cela, à notre détriment. Le législatif (privé du Souverain qui seul donne la prévision, la continuité et l'équilibre) sous l'effort des « philosophes » encyclopédistes et des pseudo métaphysiciens allemands (id est protestants) abandonna et méprisa la famille pour se concentrer sur l'individu. Le XIXe siècle est antifamilial en France : grande et triste nouveauté qui devait aboutir, en fin de compte, à une effroyable et progressive diminution de la natalité française. Car la baisse de la natalité est la conséquence directe, le symptôme ultime de la décadence familiale, de ce que j'appellerais : la rupture du toit.

Les choses ont cheminé lentement, en raison des fortes assises que l'esprit familial avait chez nous, et qu'il devait à la ruralité. Qu'est-ce que la ruralité ? C'est la coutume issue des travaux des champs, de leur ordre et de leur méthode. Notre pays, au temps de sa grandeur (qu'il lui appartient de récupérer) se répartissait en ordres religieux et en familles, représentant le spirituel et le temporel. Les Ordres s'alimentaient dans les familles et leur dispensaient, en échange, ces principes directeurs que rien ne remplace et qui constituent, si l'on peut dire, la métaphysique courante de la vie. L'enfant était d'abord une bénédiction et une joie, puis un aide et une grandeur. Il n'a jamais cessé de l'être, en même temps qu'il est, pour ses parents, une école de patience et de fermeté. Mais le père de famille, frappé et molesté par des lois iniques et aveugles, a cessé de le comprendre et de le sentir. Il n'a plus vu dans la paternité qu'une charge, une complication, une inquiétude d'avenir. L'avortement politique est à l'origine de l'avortement tout court. Là stérilité volontaire politique est à l'origine de la stérilité familiale tout court.

Par là-dessus, est arrivé le divorce, qui, dans les circonstances les plus favorables, fait de l'enfant un petit paria moral, déchiré entre des tendances contraires. Ceux qui gémissent sur la diminution de la natalité, tout en respectant le divorce, me font penser à des gens qui, trempant leur soupe au curare, se désoleraient d'être paralysés. Il faut savoir ce que l'on veut : ou la liberté de rompre le lien conjugal et de faire du mariage une simple coucherie, avec les suites que ce mot et cette chose comportent ; ou le maintien du lien conjugal, qui comporte naturellement quelques servitudes, et le maintien concomitant du lien familial. C'est d'ailleurs une singulière illusion d'optique que de penser que le célibat (non religieux), procure plus de liberté que le mariage. Il n'est de vraie liberté, intellectuelle et morale, que dans une règle et une discipline. Les pires servitudes guettent le célibataire. Il finit en général par épouser sa bonne, et à un âge où il n'a plus à attendre de celle-ci que les humeurs, sans le plaisir. J'en sais de tragiques exemples. Peu à peu l'on a remarqué que le divorce, considéré comme sujet de vaudeville, était plutôt un sujet de drame. J'ai écrit *le Partage de l'Enfant*, en m'appuyant sur la déchirante réalité, et ce livre, d'abord presque inaperçu, a fait ensuite son chemin en profondeur. Les enfants du divorce, devenus hommes et femmes, ont pris en haine la cause de leur infortune juvénile. Enfin le divorce, qu'on croyait destiné à diminuer le nombre des crimes passionnels, les a, au contraire, multipliés.

C'est la faillite sur toute la ligne.

Cependant que le divorce rongeait et minait la famille bourgeoise, l'industrialisation, le centralisme administratif et le fonctionnarisme, renforçant les méfaits du partage forcé, rongeaient et minaient la famille paysanne.

L'intervalle de la sage Restauration mis à part (qui fut comme une halte ou répit, dans le Stupide, entre les hécatombes du premier Empire et les hécatombes du second, puis de la troisième République) cette machine à dépeupler, qui est la démocratie, plébiscitaire ou parlementaire, commença à tarir la sève familiale. Les économistes, ces carabiniers, ne s'en aperçurent et ne se mirent à crier et hurler, que le mal déjà profondément enraciné. Après eux vinrent les thérapeutes et doctes académiciens et penseurs (respectueux bien entendu de ce régime, cause du mal dont ils s'inquiétaient) lesquels proposèrent des remèdes en forme de cautères pour jambes de bois. Nous en sommes présentement aux philanthropes,, qui fondent des prix pour les familles nombreuses. Mais il en est très rapidement des prix académiques comme de ces lots des tirages d'emprunts, que les gens oublient de retirer ; ni la générosité, ni l'initiative des particuliers ne sauraient remédier à la gangrène de l'État. L'individu se soigne par l'individu ; la famille se traite par la famille ; l'État ne peut se guérir que par l'État ; ses fautes retentissent, et violemment, sur la famille et sur l'individu.

La famille et sa solidité dépendent de l'exemple que donnent les parents. Chacun de nous peut en faire la remarque. L'autorité et la direction des études appartiennent au père ; la gestion de la maison appartient à la mère, qui l'inculque aux filles, comme le père inculque le latin et le grec aux garçons. Hors de ce bon sens, tout est folie. Mais la corruption de l'autorité dans l'État (et le césarisme est une corruption de l'autorité, au même titre, sinon de la même manière que le parlementarisme) amène logiquement, et même physiologiquement, la déchéance de l'autorité dans la famille. Autorité ne veut pas dire brutalité. Le maître est d'autant moins sévère qu'il est plus tranquillement reconnu comme maître, obéi, et que ses ordres salutaires ne sont pas remis constamment en contestation. Autorité ne veut pas dire : punir. Autorité, cela signifie : n'être pas contraint de punir. Il y a des moments, dans la famille comme dans l'État, où il est nécessaire de sévir, et alors, pour sévir moins longtemps, il est bon de sévir fortement. Car ces moments doivent être abrégés le plus possible.

Relativement facile à exercer quant à l'enfant, l'autorité du père de famille devient plus malaisée quant au jeune homme lequel est, du reste, beaucoup moins raisonnable et beaucoup plus menacé que l'enfant. C'est alors qu'il faut au père de famille, s'il veut que son fils ait une bonne tenue morale (d'où dépendra le bonheur de son existence), avoir lui-même cette bonne tenue. La prière est la sauvegarde du jeune homme, elle est cette barrière métaphysique que ne donne pas la philosophie occidentale. Mais comment le jeune homme prierait-il, s'il ne voyait son père prier et fervemment ? Ayant vécu, observé, élevé des enfants, j'affirme que l'éducation (sur laquelle repose l'instruction) est impossible, elle-même, sans la religion. C'est pourquoi la frénésie anticléricale, au XIXe siècle, a porté à l'éducation, et donc à la famille, à la vie de famille, un coup terrible. Je dis la frénésie anticléricale, apparente ou masquée. Car il y a un fanatisme qui ne s'avoue point, un fanatisme hypocrite et feutré, un fanatisme à fond huguenot, merveilleusement enlacé au dogme démocratique, cohabitant et grandissant avec lui, dont les ravages, de 1789 à 1914, ont été pires encore que ceux du fanatisme à découvert.

La guerre de religion, en France, au xixe siècle, a été menée par les juristes, et dans le législatif, contre le catholicisme, religion nationale et, comme telle, maintenant la famille française. C'a été, avec les grandes guerres démocratiques qui ouvrent et qui ferment le Stupide, la principale occupation des deux Empires et des trois Républiques, dont l'essence politique (nous l'avons vu) est identique. Le protestantisme s'est chargé de la guerre religieuse dans l'enseignement. Le judaïsme, puissant surtout par sa finance internationale (démocratie, c'est ploutocratie), s'est chargé de la guerre religieuse dans la famille et dans l'État proprement dit. L'entreprise administrative et électorale anticléricale, connue sous le nom de maçonnerie, s'est chargée de conjoindre l'une à l'autre et d'influencer les tribunaux, contraints d'appliquer des lois, non seulement iniques, mais guerrières.

C'est ainsi que le divorce a été l'œuvre du juif Naquet. Je l'ai connu ce juif et vu à l'œuvre. C'était un effrayant oriental, bossu comme dans les *Mille et une Nuits,* avec des yeux d'almée sadique, tordu au physique, tortueux au moral, et qui savait ce qu'il faisait. Il se mit dans la famille française comme ses compatriotes dans la finance française, et la tarauda. Dans les ouvrages qu'il publia vers la fin de sa vie, apparaît sa haine talmudique du peuple trop confiant où il avait posé sa tente, et aiguisé ses couteaux rabbiniques. Le plan était de dissocier la famille chez les non-circoncis, chez les goys, de telle façon que la famille juive (où le divorce n'est point pratiqué) gardât sa cohésion et sa force, en face de sa rivale en morceaux. La même intention, le même procédé avaient inspiré Bonaparte — fils de la Révolution — dans l'institution des majorats. C'est une thèse assez répandue, chez les sceptiques renaniens, que la nocivité juive s'exerce ethniquement et inconsciemment, sous la poussée d'une libido de destruction, non volontairement ni systématiquement. L'exemple de Naquet anéantit cette thèse indulgente. J'ai acquis cette conviction, fondée sur la connaissance de l'homme et du milieu, que Naquet était en mission juive chez les Français et procédait, contre nous, de façon non seulement systématique, mais scientifique. Il faisait de la chimie politique et sociale, voire législative, avec une perversité raffinée. Là comme ailleurs, le libéralisme imbécile, dont les méfaits « a stupiditate » ne se comptent plus, vint en aide au Procuste de Sem, qui coupait en deux les petits Français, rejetant du côté du père et des grands-paternels le tronçon n° 1, du côté de la mère et des grands-maternels le tronçon n° 2. La stérilité, et donc l'extinction familiale française, étaient dans les vues de ce hideux messianique, véritable assassin de la famille de chez nous. Là, Drumont seul y vit clair : mais, dénonçant le mal, il n'indiqua que des remèdes vagues. C'était un grand génie de bibliothèque, qui n'avait aucune partie d'homme d'action. Dans son beau livre sur *l'État et la Natalité*, un des plus profonds et lucides esprits de notre génération, le marquis de Roux, envisageant les rapports du divorce et de la dépopulation progressive, note qu'en 1883, la dernière année avant le vote de la loi Naquet, il y avait eu en France 2806 séparations de corps, alors qu'en 1913 il a été prononcé 15261 divorces. Mais ce n'est pas tant le divorce accompli qui combat la natalité, que la possibilité de recourir au divorce, que l'instabilité du mariage, rapprochant celui-ci de l'union libre, où la stérilité est la règle. En outre, les enfants de divorcés, se rappelant leur condition malheureuse, redoutant de la renouveler pour leur descendance, auront une tendance naturelle à restreindre la natalité. Ils ne retiendront du mariage que le plaisir ou l'intérêt immédiat, sans reconnaître son but essentiel, qui est le foyer et la continuation familiale.

Ce qui marque de sottise fondamentale le siècle piteux et funeste, dont nous nous occupons ici, ce n'est pas l'ignorance et l'aveuglement de la masse (à peu près identiques à tous les âges, à quelques différences près), c'est l'ignorance et l'aveuglement de ses organes de direction, de ses conducteurs et de ses chefs, c'est aussi leur débilité dans la décision. L'esprit d'ordre et d'autorité doute de lui-même, ou n'ose pas se déterminer. Les docteurs et théoriciens hésitent, trouvent leur hésitation élégante et font d'elle une règle de vie. Or le doute, lui aussi, est stérile, et sur tous les plans de l'activité humaine. La première victime de l'insanité politique, législative, morale, sociale, c'est toujours l'enfant, soit à naître, soit naissant, soit grandissant. Le xixe siècle commence par se demander s'il faut le procréer, cet enfant, le laisser venir à la lumière du jour. Puis, une fois qu'il est là, s'il faut lui inculquer une foi, la foi de ses ancêtres, s'il n'est pas préférable de lui en inculquer une autre, venue d'Allemagne, cela au nom de l'État. Cet État le sèvre de ses parents, de la conjonction indispensable de ses parents, pour peu que ceux-ci le désirent. Il le fait grandir dans l'incertitude et dans la confusion familiales. Finalement, au moment où d'enfant, ce jeune Français devient homme, l'État, impérial ou républicain, plébiscitaire ou parlementaire, lui remet une feuille de route et l'envoie aux frontières mourir pour la Patrie, sans doute, mais en l'honneur de principes faux, eux-mêmes générateurs de guerres sans fin.

Car si du divorce, nous passons à l'enseignement, il n'est pas niable, une seule minute, que le prétendu enseignement laïque du dernier quartier du xixe et de sa queue jusqu'en 1914, soit, plus exactement, un enseignement kantien, c'est-à-dire luthérien et allemand. Cela, aucun conservateur, aucun libéral, aucun républicain patriote n'a voulu le voir, et quelle plus grande preuve de stupidité (au sens étymologique du terme) que cette incapacité d'énoncer le mot d'une situation jugée criminelle et funeste ! Il n'y a pas d'enseignement sans morale. La morale est à la base et à l'origine de l'enseignement, comme l'oxygène est à la base et à l'origine de la respiration. Sans une morale, quelle qu'elle soit, l'enseignement croule, non seulement comme le pensait Guyau, faute d'obligation, et donc de sanction, mais encore faute d'assises et d'ambiance. Or, pour un Français, il n'y a pas deux morales, il n'y en a qu'une : la morale catholique, incorporée à notre sang, à notre humeur, à notre habitus, à notre conduite depuis des centaines d'années et inséparable, même aux yeux de l'athée logique, de l'esprit, du cœur national. Qu'est-ce qu'une morale qui ne serait point traditionnelle, dont la carte muette ne persisterait pas, par l'hérédité, dans l'âme de l'enfant ? Eh bien ! les « novateurs » du XIXe cherchant une morale qui ne fût point la catholique, n'en découvrirent qu'une : l'impératif catégorique de Kant, fils du libre examen de Martin Luther. Au centre de la table du repas évangélique, tel que l'a peint Fra Angelico (dans le site le plus sensible et le plus délicat de l'âme nationale, où s'élaborent le génial et l'humble, ces deux formes du Divin), ils osaient installer, les « novateurs », ce plat boche, cette horreur, cette insanité : l'impératif catégorique qui pue l'université poméranienne et, au delà, les comptoirs de la Hanse ; car, derrière Kant, il y a le juif Hamann, auquel Kant emprunta la fameuse distinction du phénomène et du noumène, et la nouménisation de son axiome moral numéro un.

Fortune prodigieuse d'une vue de Luther, reprise par un juif métaphysique de Kœnigsberg, puis par un métaphysicien luthérien de ce même Kœnigsberg, recueillie par les tribus réformées installées en France aux sommets de l'État républicain après 1870, devenue la règle morale, par l'enseignement supérieur et l'école primaire, de millions de petits Français. Imaginez une loi décrétant l'étau obligatoire du casque à pointe pour tous les nouveau-nés de la terre des Gaules et vous avez l'image exacte de cette prétendue laïcisation de notre enseignement qui a donné lieu à tant de discours, fait couler tant d'encre, et déchaîné cinquante années de persécutions mornes. C'est pour cela qu'on s'est battu, pour ce résidu luthéro-kantien de règle morale individuelle, tendant à devenir règle universelle, et qui empoisonne la raison par l'orgueil, en débilitant l'entendement ! Car il ne s'agit pas, pour l'être sain et d'esprit clair, de remettre perpétuellement en cause les principes de la morale traditionnelle et du bon sens. Il s'agit de partir de leur acceptation pure et simple pour défricher les sentiers, ardus et contournés, de la vie normale. Il s'agit d'un viatique et non d'un thème de discussion préalable. Il s'agit de guider, non d'égarer.

Ces vérités si simples, les politiciens protestants et kantiens, maîtres de la politique française, ne voulaient pas même les entrevoir, parce qu'elles auraient gêné leur guerre religieuse. Quant aux gens d'Académie et de Faculté qui les entrevoyaient, ils n'osaient les proclamer, dans la crainte, soit de perdre leur avancement et de s'attirer des ennuis universitaires, soit (et surtout) d'être qualifiés d'esprits rétrogrades et réactionnaires par des crétins entre les crétins.

Il faut se rendre compte de ce qu'était le célèbre Gambetta, ce rhéteur génois, dont la finance juive et le dogmatisme huguenot avaient fait un demi-Dieu, après Sedan, et qui proféra la phrase décisive : « Le cléricalisme, voilà l'ennemi ! » La Providence a permis que je le visse de près (car il fréquentait chez mon père et dans notre milieu), à l'âge où les impressions sont vives et souvent justes. Gambetta formait le type complet du bohème intelligent, roublard et hâbleur, pilier de café, au quart instruit, demi-improvisant, apte à pomper l'interlocuteur et à lui resservir ses propres arguments, tel que l'avaient formé les dernières années du désarroi impérial et les échevelés du Parnasse. La fortune d'un tel touche-à-tout dans le régime des assemblées est certaine. Il apparaît comme un génie encyclopédique aux regards des timides provinciaux, amis de l'ordre, respectueux du désordre que délèguent à la Chambre et au Sénat, les temps troublés. Homme d'extérieur, outrecuidant, gonflé d'axiomes absurdes, il ébaubit les hommes rangés de l'Ordre Moral, par une hypocrisie qui n'est pas la leur, par un histrionisme de carrefour, où ils découvrent des réminiscences classiques. Mon père me racontait qu'un riche propriétaire et député du Midi, froid et composé comme on l'est souvent en ces régions prétendues frénétiques, lui disait de Gambetta, avec gourmandise : « C'est un personnage mêlé de Plaute et de Pétrone. » Ce Cadurcien de sang génois aimait les filles, les gouapes, les discussions byzantines et les intrigues compliquées. Il cultivait aussi la petite fleur bleue mais défraîchie, et oscillait de la catin espionne Païva à la « présidente » Léonie Léon, qu'on appelait, en souvenir des *Liaisons dangereuses*, une Tourvel pour corps législatif. En lui, un sentiment sincère : la haine de l'obstacle intérieur qu'est le catholicisme à tous débordements ; la haine et la crainte du frein religieux. Gambetta dérivait de Diderot, non de Voltaire, avec un pouvoir inné de fascination grossière.

Son succès, qui fut immense et funeste, accuse la déchéance intellectuelle et morale d'une époque, où se ramassent et se concentrent pour un nouvel effort de virulence, toutes les insanités roulant en torrent depuis 1789. Succès reposant sur un mensonge, car on sait aujourd'hui que Gambetta, qui jouait les patriotes meurtris et irréductibles, s'entendait secrètement avec Bismarck, par l'intermédiaire de la Païva et de son amant Henckel de Donnersmark. Sidérés par la faconde du borgne sonore, les salonnards et conservateurs de l'époque firent ce succès, plus que les vieux copains du café de Madrid. Quand le pitre bien doué mourut des suites d'une balle de revolver, tirée au cours d'une scène de faux ménage, ses prétendus adversaires le pleurèrent, autant que ses partisans, et jetèrent naïvement un voile pudique sur les circonstances vraies de ce sale trépas. Le testament de leur Gambetta (politique s'entend) ce fut cet anticléricalisme français, d'ordre de Bismarck, qui faisait pendant au « kulturkampf », et lui survécut.

À d'autres époques, il y eut chez nous des Tartuffes du style et de l'envergure de Gambetta. Mais on leur arrachait leurs masques. La légende gambettique, bien que sérieusement entamée, dure encore. De telles plantes grasses ont souvent prospéré sur le fumier de la démocratie.

Dans un autre genre, Paul Bert, le faux savant, est très représentatif de la seconde moitié du XIXe siècle. Il avait de connaissances juste assez pour se figurer qu'il savait tout, pour alimenter son outrecuidance. Du fatras de physiologie et de biologie, qui se bousculait dans sa pauvre cervelle infatuée, était issue cette persuasion de la non existence de Dieu, qui est l'apanage du primaire exalté. Il conçut que, pour faire le bonheur des Français, il fallait extirper Dieu de l'enseignement et aussi de la charité publique, des hôpitaux comme des écoles. Grave besogne, où la mort le surprit. Pendant quelques années, la presse radicale et une bonne partie de la presse libérale le représentèrent comme une sorte de génie, sans alléguer d'ailleurs — et pour cause — aucune preuve à l'appui de cette appréciation non motivée. Aujourd'hui Paul Bert apparaît ce qu'il était en réalité : un idiot. Mais c'est un idiot qui a agi, grâce à la complicité de l'ambiance, et dont la nocivité a pesé et continue à peser sur l'enseignement public.

Après la guerre de quatre ans, il s'est passé quelque chose de singulier et de bouffon : La République (momentanément tirée d'affaire par la supériorité de l'École de guerre française sur l'École de guerre allemande, car tout est là), ressentant confusément quelque gêne de l'impureté de ses origines, hésita à commémorer Gambetta, tout en concevant la nécessité de le commémorer. Le cœur du faux grand homme, à la suite de circonstances bizarres, demeurait conservé, à part de sa dépouille, dans un bocal d'alcool, comme une pièce anatomique. On imagina de le porter, en grande pompe, ce cœur, d'abord au Panthéon, directement, puis au Panthéon, en passant par l'Arc de

Triomphe ! Ces tergiversations donnèrent lieu à maintes polémiques burlesques, d'où la mémoire du Décordé sortit quelque peu écorniflée, comme disait Jules Renard. Mais à quiconque voudra connaître le rôle exact de Gambetta pendant l'autre guerre franco-allemande, je recommande par-dessus tout la lecture de l'ouvrage incomparable de Henri Dutrait Crozon (*Gambetta et la Défense nationale*), paru à la *Nouvelle Librairie nationale*. Il n'y a rien à ma connaissance, dans la littérature européenne, depuis Swift, qui puisse être comparé, en force comique et tragique, à ce travail de redressement historique, appuyé uniquement sur des textes officiels. C'est grand comme le monde ! Aucune réfutation de ce travail unique n'a été tentée par les derniers zélateurs de celui dont la langue ensalivée et menteuse (et non le cœur), eût dû être transférée au Panthéon.

Ledit Panthéon, conservatoire de divers représentants du Stupide, se trouve donc renfermer côte à côte, aujourd'hui, les restes de Victor Hugo, ceux de Zola et le cœur de Gambetta. Ce trépied du culte démocratique a toute la valeur d'un symbole. Au fronton, on voit, gravée dans la pierre, l'apothéose de cette épopée impériale, célébrée en long et en large par tous les historiens d'Académie, les Masson, les Vandal, les Henry Houssaye, qui a mis l'Europe à feu et à sang, pour aboutir à Trafalgar et à Waterloo, puis à Sedan, au massacre et à la dépopulation. La charge, que bat le petit tambour d'Arcole (célébré par Mistral dans un poème resplendissant comme une matinée de printemps rue Soufflot), est ainsi, en effet, la plus gigantesque « charge » (au sens rapin du mot) qui ait été montée au peuple français. À l'intérieur de ce monument élevé à l'Erreur, reposent le grand sexuel verbal Hugo, dans la pourpre de ses insanités lyriques et épiques, le grand fécal Zola, officiant de cet Êtron Suprême, qui est le dernier mot de la mystique révolutionnaire, et l'inénarrable viscère gambettique. C'est le cas de dire : comme on subit ses dieux on les honore. Depuis peu, ce tas laïque s'est complété de l'illustre chimiste Berthelot, génie funeste, auquel des millions d'amputés et de mutilés devraient apporter leurs béquilles et leurs moignons sanglants, car il inventa les principaux explosifs qui font aujourd'hui le bonheur de l'humanité et la sécurité des familles. Il n'y manque que son ami Renan, lequel paralysa, par le doute systématique et malingre du défroqué harmonieux (un doute qui ne doute pas de soi) deux générations que la démocratie vouait à l'holocauste de 1914. En vérité, on pourrait écrire une « prière sur le Panthéon » d'une autre portée et d'une autre signification que cet évangile selon saint Ernest, la « Prière sur l'Acropole », honorée par une Université la tête en bas, et dont fut abrutie notre jeunesse.

Un des « bienfaits » de la presse quotidienne aux innombrables rotatives, qui commença à fonctionner vers 1850, avec une ampleur sans cesse accrue, fut de répandre, dans le peuple ouvrier des villes, ces stupidités majeures de la bourgeoisie, devenue classe dirigeante. Il faut ici distinguer deux périodes : celle où le prolétariat industriel (pour employer ce mot affreux, mais typique) n'a pas ses journaux à lui. Il ingurgite alors le brouet que lui fabriquent les empoisonneurs de l'ancien Tiers. Celle (à partir de la Commune de Paris) où il a ses organes à lui, mais acceptant les mêmes idoles et farcis des mêmes erreurs que ceux de monsieur Adolphe Thiers, sans calembour. Ceci s'explique par le fait qu'alors que le paysan est méfiant, même et surtout vis-à-vis de l'imprimé (en quoi il faut admirer, une fois de plus, son bon sens), l'ouvrier est extraordinairement candide et la proie facile du caractère d'imprimerie. La bourgeoisie française aura depuis longtemps abandonné le culte des fétiches démocratiques, conservés dans la glace du Panthéon, que d'innombrables ouvriers, se croyant révolutionnaires dans leur classe (alors qu'ils le demeurent dans le style de la classe combattue par eux), continueront de vénérer Saint Hugo, Saint Zola, Saint Renan, etc… et de prendre pour des émancipateurs ces asservisseurs à la sottise antisociale et inhumaine. Car rien n'est humain comme l'humanisme. Mais rien n'est inhumain comme l'humanitarisme.

Émancipateurs !… Mot magique, par lequel la sottise homicide et bestiale s'environne des lauriers, se coiffe des couronnes du bienfaiteur et du génie. On sait que, dans les premiers jours de la Commune de Paris, les fédérés laissaient respectueusement passer, chapeau bas, le long des barricades, le corbillard emportant Charles Hugo, fils de Victor Hugo, au père Lachaise. Ils croyaient, on leur avait dit, que Hugo était *des leurs*, qu'il était pour l'émancipation. En fait, Hugo, monstre d'orgueil et d'égoïsme, comme tous les asservis à leur instinct, était pour l'émancipation de soi-même et ne flattait le peuple que par peur, selon ce raisonnement très romantique, et qui fut aussi celui de Zola : « Les bourgeois me ménageront toujours et je n'ai rien à craindre de leur triomphe, en cas de guerre civile. Prenons donc une assurance du côté du prolétariat, et de ses meneurs. » Il serait fâcheux qu'un calcul analogue pût être attribué à Anatole France.

C'est un sujet d'étonnement, pour qui réfléchit, que cette confiance imperturbable des milieux ouvriers, tant de fois dupés, dans leurs chefs suspects, que leur manque absolu d'ironie, en présence de toutes ces carrières politiques faites sur leur dos et à leur dépens. C'est leur forme de stupidité à eux, plus excusable que celle des bourgeois, parce qu'elle ne repose point sur un monceau de diplômes, et de certificats et attestations de clairvoyance et d'intelligence. L'ouvrier est, avant tout, sentimental, et il souffre de revenir sur un enthousiasme, par lequel il s'abandonne à son guide, à son maître, à son docteur. Admettre que celui-ci s'est moqué de lui, servi de lui, l'a berné, lui apparaît comme une diminution personnelle. Acculé à la constatation il se dérobe par la colère, il ne se libère point par le rire. Au lieu que le paysan rit de tout, et, pour commencer, de lui-même. Il rit du deuil et du malheur d'autrui. Il va jusqu'à rire de sa propre mort. C'est qu'il vit dans le contact immédiat du maître des maîtres, de la nature, qui apprend à se soumettre, à se démettre et à se gausser (humaine revanche) des maux auxquels on ne peut se soustraire.

Le résultat, c'est que la famille et les mœurs paysannes ont jusqu'à présent résisté victorieusement à la propagande homicide par la presse, l'exemple et les contacts, des Grands Stupides du XIXe (notamment de Hugo, de Renan, de Zola et de leurs disciples et émules). Alors que la bourgeoisie haute, moyenne et menue, a été fortement contaminée ; alors qu'une forte partie de l'ancienne aristocratie était préservée ; alors que le monde ouvrier était sérieusement atteint. Le mot forgé par Thackeray, dans un livre d'ailleurs médiocre, le snobisme, c'est-à-dire l'engouement vaniteux, plane sur tout le tableau, littéraire et politique, des ravages du roussisme (ou rousseauisme) et du romantisme. L'aristocratie vraie et la paysannerie ignorent le snobisme ou, quand elles le rencontrent, s'amusent royalement de lui. Un des meilleurs et des plus fins critiques des progrès prétendus de la science, de la littérature, de la politique, que j'aie fréquentés, était le comte Eugène de Lur Saluces, dont on trouvera quelques fermes propos, dignes du XVIIe siècle, dans l'*Enquête sur la Monarchie* de Maurras, ce bréviaire du salut français. Originalité de vues, justesse, hardiesse, suprême bon sens, voilà ce qui brillait dans ce seigneur intrépide et courtois, inaccessible aux fariboles, blagues, farces, iniquités, insanités répandues chaque matin, à des millions d'exemplaires, par les feuilles à grand tirage, et cela depuis soixante-dix ans. Il examinait les choses par lui-même ; il avait tout lu, lisait tout, s'intéressait à tout ; et son avis, toujours pertinent, avait le tranchant et la précision d'un bel acier, aux mains d'un chirurgien habile et bonhomme.

Émile au contraire, habitant d'un petit hameau, la Cossandrie, situé à flanc de coteau entre Blois et Tours, devant un des plus beaux paysages du monde, ne lisait que quelques bouquins que je lui prêtais, ou que lui prêtait son curé, avec le *Petit Parisien* de la veille ou de l'avant-veille. C'était un vigoureux célibataire, retiré de sa vigne, vendue à un voisin avec un sage bénéfice, observateur et critique né, comme il arrive fréquemment dans cette contrée, jadis heureuse et demeurée railleuse. Je dis « jadis heureuse », parce que la Touraine a été décimée par la dernière guerre et que la Cossandrie, en particulier, a perdu huit beaux gars sur dix, qui faisaient l'orgueil de leurs braves cultivateurs de parents. L'idée qu'ils étaient morts pour assurer le triomphe de la démocratie dans le monde, remplissait Émile d'une ironie amère et sans fin.

— Où ça perche-t-il la démocratie ? (demandait-il au garde champêtre, qui avait eu lui-même deux petits-fils tués en 1914, dès le début, alors que la République désarmée opposait des jeunes poitrines au fer allemand). Il ajoutait : « Fameux boucher, la démocratie ! Brancheteau (boucher du voisinage) n'est point à la hauteur de c'te garce-là. »

Quelqu'un lui parlant de la nécessité de ménager les Allemands si l'on voulait être payé par eux, Émile répliqua : « Quand on a écrasé la tête de la vipère, c'est là qu'on s'paye avec sa piau. » Il disait aussi, au moment de l'armistice : « Pourquoi qu'on leur zy fait point payer quelques milliards céans. L'occasion ne repasse point deux fois. » Ce qui prouve que Clemenceau et Foch auraient eu profit à le consulter. Quand son voisin Boneu (Alfred), vigneron comme lui, épelait, dans une feuille quelconque, le prétendu progrès du socialisme, ou de n'importe quoi en isme, Émile ajoutait, après chaque phrase : « dans la lune ». Ça faisait un effet magnifique. Avec ces trois petits mots, le philosophe de la Cossandrie eût anéanti tous les discours de Jaurès et de ses émules. J'ai utilisé avec profit la formule émilienne à la Chambre.

Émile ayant demandé à se rendre compte de la valeur de Victor Hugo (qui lui était suspect, à cause des éloges hagards, périodiques et dithyrambiques du *Petit Parisien*) je lui prêtai *les Misérables*. Il les lut assez rapidement, ayant bien appris à lire et à compter, me les rendit, et demeura une semaine sans émettre aucune appréciation. Comme, intrigué, je l'interrogeais sur le plaisir qu'il avait pris à cet ouvrage illustre, il me répondit : « Si j'avais su que c'était si long, j'aurais commencé par la fin. » Puis, au bout d'une autre semaine : « Quand on fait l'éloge du mauvais monde, faut ben qu'on soit puni tout de même. » Il voulait dire que Hugo avait justement payé de l'exil l'apologie de Jean Valjean et de Fantine. Du reste, toute personne ayant son portrait dans le *Petit Parisien* lui était logiquement suspecte, vu l'iconographie de cambrioleurs, d'assassins ou de simples ivrognes, à laquelle s'adonne l'organe des Dupuy. Les considérations politiques, généralement officieuses, mais aberrantes, de cette feuille universellement répandue, paraissaient à Émile destinées à excuser les forfaits étalés aux colonnes de la première page. Il secouait la tête : « C'est enco pou nous faire avaler leu salopelies. »

Un jour qu'Émile transportait, sur une petite charrette, un tonneau plein, celui-ci glissa et lui râpa les fesses : « Mon pau délié » criait Émile, pendant que je le pansais sommairement, d'après les principes désuets de mon vieux maître Tillaux, chirurgien de l'Hôtel-Dieu aux environs de 1885. Quand ce fut fini : « Msieu Léon, j'ai-t-il pas maintenant droit, comme un autre, au poltrait d'mon délié dans le *Petit Parisien* ? »

Je n'en finirais pas de citer ici les propos excellents et mesurés d'Émile, infiniment supérieurs à toutes les malices pédantes de son voisin de Véretz Paul-Louis Courier, qu'une dame respubliquaine, se croyant cultivée, me vantait sous le nom de Jean-Paul Courier, en souvenir sans doute de Jean-Paul Chopart. Mais je veux citer ici la phrase qui, selon moi, fait la somme des méditations et aphorismes de ce sage Émile selon le cœur d'Horace, toujours parfumé au vin blanc et à l'oignon, du tour des oreilles au creux des mains. Nous nous entretenions devant sa petite boîte, ou maison, qui donne sur le sublime paysage de la Loire, au jour tombant. J'étais debout, et lui, courbé, coupait à la hachette de petites bûches moussues. Il s'interrompit, regarda la nature resplendissante et murmura : « Elle se fout de nous, ça c'est bien vrai ; mais elle est la seule qui ne nous dise point des mentelies. » Ceci pour vous montrer que bien des académiciens ne seraient pas dignes de chausser les sabots d'Émile, ces sabots dont le bruit rythmique, sur la terre dure, annonce que le gel est prochain.

Académiciens, académies ! Ces mots ont bénéficié, au XIXe, de l'atmosphère de crédulité qui s'attachait aux autorités littéraires et scientifiques, remplaçant, ou prétendant remplacer l'autorité politique royale et le dogme religieux. Le respect légitime et la vénération traditionnelle, en se retirant, s'attardaient encore à quelques institutions, perdues dans la démocratie comme des pilotis dans la vase et, en s'y attardant, s'y cramponnaient. Spectacle navrant, bien connu des naufragés et aussi des naufrageurs, qui en bénéficient et s'y complaisent. Spectacle comique aussi, en un certain sens, car le révolutionnaire assagi, qui est accueilli à bras ouverts par une docte compagnie, ou un conseil d'administration, est demeuré un type classique et dégage une gaieté de bon aloi. Le XIXe siècle est l'enterrement de ce qui avait fait, pendant tant de siècles, l'honneur et la force de la France, mais un enterrement comportant, parmi ses pleureuses, un certain nombre de rieurs, auxquels on ne saurait en vouloir de leur vengeresse hilarité.

Un personnage de l'*Immortel* (le célèbre roman d'Alphonse Daudet) déclare, à un moment donné, que « les corps constitués sont lâches ». Ils sont tels, en effet, quand ils n'ont point le grand arc-boutant héréditaire de toutes les institutions monarchiques. Dans une démocratie, où tout branle, s'éboule, se liquéfie, se décompose au hasard des secousses politiques et sociales, une Académie, c'est-à-dire, par définition, un corps d'élite et privilégié, qui vit de tradition, un tel corps se trouve orphelin, abandonné. C'est en vain que pleuvent sur lui les dotations et les legs. Il est sans cesse menacé par la convoitise et la cupidité des meneurs et dupeurs du peuple. Afin de les apaiser et de les amadouer, il faut donc qu'il les accueille dans son sein et, avec eux, tous ces travers funestes qui faisaient la joie d'Aristophane. Le jour où le révolutionnaire, ayant rempli sa besace, et désirant la garer, se fait conservateur, il sollicite un de ces fauteuils où l'on dort si bien, sous un simulacre de lauriers ; et les conservateurs, croyant encore à sa puissance, (alors qu'elle est déjà passée à un loup maigre), s'empressent de l'accueillir parmi eux. J'ai assisté trop souvent à cette comédie pour n'en avoir pas noté, avec les amusantes phases, les traits principaux.

Prenons, par exemple, l'Académie française : à toutes les époques, il est bien entendu que la brigue et l'intrigue ont fait pénétrer en elle des médiocrités, au détriment d'écrivains de valeur, qui avaient droit à son accueil. Mais c'est au courant du Stupide, et notamment de sa seconde moitié, qu'elle a commencé à devenir un Conservatoire de politiciens, dont elle s'est trouvée, à un moment donné, quelquefois fort embarrassée. Tel ce malheureux Émile Ollivier, personnifiant l'Empire libéral, qui, après le désastre de Sedan, ne put jamais prononcer son discours de réception, et au sujet duquel ceux qui avaient voté pour lui s'écriaient : « Ah ! si nous avions su ! »

On sait qu'en général les hommes politiques, qui donnent ou vendent les décorations, n'acceptent pas de décoration. Celle-ci est remplacée pour eux, quand ils ont quelques années de bouteille, (je veux dire de maroquin), par un fauteuil à l'Académie. Ce fauteuil est, en démocratie, la récompense promise à l'anarchiste ou au socialiste qui a, comme on dit poliment, évolué, qui s'est fait plus ou moins libéral. Prenez un révolutionnaire, trempez-le, pendant plusieurs années, dans l'eau tiède des honneurs et de la fortune, et vous obtenez un libéral. Inutile de citer des noms, ils sont trop. Je n'écris pas ceci pour chagriner quiconque. J'écris ce livre pour instruire, et tâcher d'épargner à la génération prochaine les funestes et sanglantes écoles qu'ont faites ses aînées.

Il y a déjà longtemps que l'Académie française, qui connut autrefois des heures glorieuses, ne sert plus à grand'chose, si ce n'est à faire obtenir à ses membres des émoluments supérieurs, dans les feuilles auxquelles ils collaborent. On dit, et c'est possible, qu'elle aurait conservé un certain prestige au dehors. Cependant je ne m'en suis guère aperçu, au cours des quelques séjours que j'ai faits, dans ma jeunesse, à l'étranger, notamment en Angleterre, en Hollande, en Belgique, en Espagne. Pas une fois je n'ai entendu demander, en parlant d'un écrivain célèbre ou simplement connu : « Est-il de l'Académie ? » je pense que ce prestige existe surtout chez les demi-lettrés de chez nous. Ce qui compte à l'étranger, comme ce qui compte chez nous, se désintéresse, en général, de l'Académie. On commence à la confondre avec le Sénat. Il en aurait été autrement si des écrivains tels que Balzac, Mistral, Barbey d'Aurevilly, Fustel, Alphonse Daudet, Drumont. Maurras, par exemple, avaient appartenu à l'Académie française. En revanche, il est impossible de consigner les noms de fameux inconnus (ce qui ne serait rien) et de mauvais historiens et de détestables poètes (ce qui est pire) accueillis, à bras ouverts, dans cette inconséquente maison. Cette liste complète dégagerait ce genre de bouffonnerie dont j'ai déjà parlé, spécial aux époques de décomposition intellectuelle et morale, qui prétendent donner le ton, et dicter la loi, en matière d'intelligence et de morale.

Je parle de ces choses, comme des autres, avec un désintéressement total, n'ayant jamais connu, ni même effleuré, le désir de prononcer un discours de réception sous la Coupole, et ayant hérité de cet esprit d'indépendance absolue, qui était celui de mon père. Je fais partie, avec plaisir, de notre chère petite Académie Goncourt, où je retrouve, périodiquement, d'excellents camarades, avec qui nous échangeons de vieux souvenirs ; qui nous fait une petite rente bien agréable en ce temps d'or-papier (où il faut travailler trois fois plus qu'auparavant pour nourrir les siens) et dont l'utilité immédiate est incontestable. Car notre prix annuel lance l'auteur qui en bénéficie. Je n'aurais jamais pu me résoudre à rencontrer, même une seule fois par mois, un vieux raseur carabiné comme F. Masson, ou un pendu gelé, comme de Régnier, ou un détritus de la politique respubliquaine comme Hanotaux. À la Chambre, le contact avec les adversaires est tolérable parce qu'on a le loisir de leur jouer des tours et de leur parler franc. Mais, à l'Académie, la courtoisie et la bienséance étant de rigueur, il est interdit de se manger le nez, ou de mettre de la poudre à éternuer dans les pots de vin. Alors bonsoir ma vieille ! C'est ce qui me permet d'écrire ici ce que tant de gens pensent et disent tout bas : à savoir que l'institution académique, école de servilité dans tous les domaines, est, présentement, plus nuisible qu'utile aux lettres françaises.

Elle est nocive, comme maison de refuge et de respectabilité pour politiciens fatigués. Elle est nocive comme incitant à la littérature fade et neutre, où se complaît le libéralisme. Elle est nocive, comme visant à créer artificiellement des écrivains de seconde zone, les non-coupolés, auxquels les coupoles imposeraient, s'ils en avaient le courage, des règles absurdes et une mauvaise syntaxe. Elle est nocive enfin, et au résumé, comme fausse élite. Car, si le manque d'élite est funeste, et contribue au désordre social, le simulacre d'élite ne l'est pas moins. À un moindre degré (parce que jouissant d'un moindre relief de vieille réputation) l'Académie des Sciences et celle des Sciences morales participent des défauts et verrues de l'Académie tout court, au XIXe siècle. On a pu écrire plusieurs volumes sur les bévues de l'Académie des Sciences, dont les comptes rendus manifestent d'ailleurs un vide, d'année en année plus effrayant. Les bévues sont de tous les âges. Mais l'Académie des Sciences leur confère une solennité et une durée, qui peuvent avoir, à une époque férue de science, de détestables conséquences. On doit distinguer, au sein de cette vaine et illusoire compagnie, deux mouvements de sens contraire et également absurdes : l'un réflexe, de misonéisme, qui la pousse à mépriser et à rejeter toute initiative originale et toute personnalité puissante ; l'autre, ultérieure, d'engouement, qui lui fait accueillir et chérir ce qu'elle chassait la veille, avec un enthousiasme et une ténacité exagérés. De sorte que ses décisions et préférences oscillent entre les deux pôles de l'erreur qui sont, en science, de rejeter trop vite, ou d'adhérer avec trop d'entêtement.

J'ai assisté de près à de nombreuses brigues pour l'Académie française et pour l'Académie des Sciences et j'en ai conservé à la fois un souvenir amusé et écœuré. Il est étonnant que des hommes d'un certain âge et d'un certain poids se soumettent à d'aussi humiliantes démarches, ou acceptent d'être confondus avec la tourbe de faux lettrés et de faux savants, qui encombre ces prétendus sanctuaires des Lettres et des Sciences. Une fois admis, après bien des rebuffades, et pleins de rancœur, ces gens de valeur prennent en grippe les collègues qui les ont ainsi humiliés et ne songent plus qu'à se venger d'eux, ou à susciter des candidats qu'ils pourront, à leur tour, brimer et molester. D'où un sadisme sénile-académique qui mériterait une étude à part.

Il est arrivé, au XIXe siècle, que le terme d'académique a donné lieu à confusion avec celui de traditionnel, ou de classique, et que la tradition littéraire et l'art classique ont ainsi subi le contre-coup et porté le poids du discrédit académique. Désireux de réagir contre les règles absurdes et les canons médiocres imposés par l'esprit académique (où voisinent la routine et l'envie), des hommes de grande valeur ont vitupéré, par erreur, contre la tradition et le classicisme, qui n'ont rien à voir avec cette routine. Il en est résulté des dévoyés, ou de vaines outrances, aussi des confusions fâcheuses. Si l'on considère, par exemple, les Beaux-Arts, des artistes délicieux et puissants et parfaitement classiques (au sens élevé du mot) tels que Manet, Monet, Renoir, Cézanne, Carrière, par exemple, ou en sculpture, Rodin, ont été méconnus, raillés, engueulés, combattus, au nom de prétendus principes traditionnels, qui n'étaient que de sales et mornes poncifs et conventions d'Académie. Injustice qui a fait souvent tenir à ces grands artistes, légitimement irrités, des propos révolutionnaires, d'ailleurs parfaitement idiots ; car la sottise provoque la sottise. Mais ce n'étaient pas eux qui avaient commencé. On se demande aujourd'hui, quand on contemple une toile de Manet, de Monet, de Renoir, de Cézanne, de Carrière, un buste ou un monument de Rodin, ce qui pouvait étonner les visiteurs des anciens salons et adversaires acharnés de ces maîtres. Ce manque de goût ne se trouve ni au XVIe, ni au XVIIe, ni au XVIIIe siècle. Il est particulier au XIXe et démontre, dans le domaine des arts plastiques, comme dans celui des idées, une forte propension à la laideur conventionnelle, considérée comme un joli et un mesuré.

Pour ne pas aimer certaines toiles de Manet, de Monet, de Renoir, par exemple, il faut ne pas admirer la lumière, manifeste surtout en peinture, mais qui joue, dans tous les arts et en littérature, un rôle prépondérant. Sans établir un rapport de parenté, qui serait forcément arbitraire, entre la lumière et l'intelligence, on peut dire que toutes deux vont de pair. La lumière, c'est l'intelligence du peintre. L'intelligence, c'est la lumière de l'écrivain. Renoir (ignoré pendant quarante ans de sa laborieuse existence) a inventé un blond, parent des bleus de Watteau et qui constitue, à mon avis, une conquête de l'homme sur la nature. C'est un blond animé, d'une suavité comparable à un vers de Virgile et de Racine, un blond auprès duquel tout paraît maussade et sombre, un blond tel que vu par un œil d'enfant partant pour une journée de plaisir, ou par une amoureuse courant à son rendez-vous. De même, Manet et Monet ont peint des ombres colorées, comme elles le sont en effet par les journées de soleil, où tout se combine de violet et d'or. Au temps de la Renaissance, où la lumière était en honneur, au XVIIIe aussi, où l'œil des amateurs français fut si prodigieusement exercé, cela eût paru tout naturel. De 1830 à 1880, il fut entendu, convenu, réglé que l'ombre était grise et que le soleil consistait dans une bande jaune. Au XIXe, la vision du vulgaire, qui est crépusculaire et déjà cadavérique, s'était imposée aux amateurs par les Académies. Car le genre académique, pour toutes les Muses, c'est la nuit et la mort. Tout ce qui est vivant et lumineux répugne à ces conservateurs de règles fausses.

Le type de ces derniers était, à mes yeux, un très brave homme, très « Institut », du nom de Gérôme, dont j'eus, pendant plusieurs années, l'œuvre maîtresse, une navrante « Tanagra », sous les yeux, dans le salon d'une vieille amie. Cette Tanagra était une jeune personne assise, censée nue, dans le saindoux onctueux de ses propres formes, n'appartenant à aucune catégorie du corps féminin. On n'imagine rien de plus affreux que ce prétendu Beau selon l'École. Le fait d'avoir produit un tel navet, et de s'en glorifier, indiquait que le bon Gérôme avait ignoré toute sa vie le premier mot non seulement de son art, mais de la nature, laquelle est, pour tant de gens, un délice éternellement caché. Les Gérôme ont peuplé le XIXe siècle, où ils ont fait la loi académique, massacré de leurs dons, de leurs élèves, de leurs œuvres, de leurs lauréats, les rues et musées de Paris et de Province. Mais le plus drôle était encore d'avoir baptisé ce sac de bonbons, immangeables et roses, « Tanagra » !

Avec la vision sans lumière va généralement d'accord la vision empaillée. Ceux qui ne voient pas le soleil ne voient pas davantage le mouvement. Ils le voient à la façon des acteurs du Conservatoire (ce mot est horrible), c'est-à-dire encore et toujours conventionnel. Un mouvement réel, saisi par un œil exercé, paraît faux au commun public. C'est ainsi qu'un monsieur ou une dame qui pleure doit toujours mettre académiquement sa figure dans ses mains, qu'un monsieur en colère doit tendre le poing, qu'une dame qui implore doit s'agenouiller, les bras rejetés en arrière, etc. Le grand artiste rompt avec ces routines et fait pleurer hors des mains, rager sans poing tendu, implorer en avant, etc. Dans les époques de sensibilité et d'intelligence artistiques, ces beautés sont comprises et accueillies d'emblée. Elles choquent et rebutent dans les autres. Elles ont choqué et rebuté au XIXe. De même en littérature, où un écrivain, un artiste, un poète, un musicien de tendances hardies mais classiques (car le classique est hardi et franc, comme tout ce qui est sublime) est traité de révolutionnaire, d'incompréhensible, etc., et de désespoir, tourne en effet au désordre et à la confusion. J'ai vu ce cas plus de cent fois.

C'est une erreur de croire qu'à aucune époque le sublime n'a couru les rues. Le sublime est, au contraire, très facilement compris des gens simples, en contact direct avec la nature, par exemple des pâtres, des marins, des laboureurs. Il n'est jamais compris des primaires qui, déviés par des notions fausses, académiques principalement, vont d'emblée au caricatural, pris pour le sublime, c'est-à-dire au romantisme. On a dit qu'il y avait une éducation préalable du beau. C'est très vrai. Le beau n'est pas subjectif comme disent les boches, ni affaire d'appréciation, il existe en soi. Il y a un beau, extrait de la nature. Il y a un beau, extrait de l'imagination. Il y a un beau, enfin, extrait, partie de la nature, et partie de l'imagination. De même que certains mots dérivent de la mémoire individuelle, certaines racines verbales de la mémoire héréditaire, et que certains termes participent de la mémoire individuelle et de la mémoire héréditaire. Mais il y a aussi, chez beaucoup d'êtres, une propension naturelle au beau, qui se remarque dans une paysanne, par exemple, portant sa cruche légère sur son épaule ronde, ou dans une mère rieuse jouant avec son jeune enfant nu ; et ce beau-là peut aller jusqu'au sublime.

Parlant de là on se rappelle les innombrables querelles du Stupide : « Il n'y a que la nature... Il n'y a que l'Idéal... Il n'y a que le labeur, que l'effort... Il n'y a que la spontanéité... etc. » Le couchant est-il pourpre, doré, vert ou violet ? Il est tout cela à la fois et, pourtant, presque insaisissable ; car la fugacité du beau n'a d'égale que sa certitude. Il est indubitable et essentiel comme la mort, et, comme elle, ne dure qu'un moment ; or, c'est lui qui donne son prix à toute l'existence. Les temps sans beauté morale, intellectuelle, physique doivent être considérés comme des malheurs et je pense qu'en effet, matériellement et spirituellement, ils aboutissent à des catastrophes. Il y a une relation voilée, mais constante, entre l'esthétique générale et la quiétude dans la sincérité ; c'est ce que l'on appelle les heures dorées. La poésie (qui est la pénétration de l'harmonie universelle) est un élément souverain et une légère garantie de l'instable paix entre les hommes. Les chefs-d'œuvre vrais devraient être les anges gardiens de l'humanité. Seulement, on ne les écoute guère, on se détourne d'eux, on les ignore, chez les peuples qui n'ont plus de guides ni de boussoles, ou qui usent de méchants guides ou de boussoles affolées. C'est un spectacle pathétique que celui de la beauté classique, littéraire, musicale, picturale, dramatique, aquafortiste (car l'eau-forte est un art spécial et puissant) venant frapper aux portes de ce siècle maussade et prostré, dont nous relevons ici les faiblesses, et rebutée et repoussée ; alors que ces mêmes portes s'ouvraient toutes grandes devant la sottise et la laideur. Spectacle non moins pathétique, celui du bon sens politique, philosophique, moral, social, économique, chassé comme un galeux, cependant qu'on dressait des autels à l'insanité crue d'un Michelet, ou dubitative d'un Renan, et à cette « doctrine » pour préau de maisons d'aliénés qu'on appelle le démocratisme. Spectacle affreux, mais exemplaire, car le refus conjoint de la beauté et du bon sens a tout de même une haute signification. L'art n'est-il pas un peu le corps de l'esprit : *Mens sana in corpore sano* ?

Aux yeux des Académies, quelles qu'elles soient (quand le niveau général de l'intelligence est à marée basse), ce qui est haïssable et condamnable avant tout, c'est l'expressivité. S'il est arrivé à l'Académie française d'accueillir des écrivains expressifs au cours du siècle précédent, ce fut ou par inattention momentanée, ou parce que ces écrivains avaient forcé la porte du succès. Mais ses véritables préférences vont aux proses molles et défibrées, insipides, qui n'ont de nom dans aucune langue (ni notamment, dans la langue française), à un Octave Feuillet, à un Cherbuliez, à un Marcel Prévost par exemple, à la poésie artificielle et mécanique d'un Hérédia, d'un Henri de Régnier, au sinistre néant d'un Aicard. Elle veut bien de la fausse fantaisie d'un Rostand, parce qu'elle est antifantaisiste et telle que d'un acrobate aux pieds de plomb. Elle ne veut pas de celle de

Théodore de Banville, dont Rostand, avec ses douze cent mille représentations et exemplaires, ne fut que le plat et fade imitateur. Elle veut bien des exposés glaciaires (et au fond profondément ridicules), en cosmogonie, en philosophie et en histoire, d'un Leconte de Lisle, et de sa frigide et sotte conception de l'antiquité. Elle ne veut pas de la pénétrante poésie d'un Baudelaire, ni d'un Verlaine, parce que l'un et l'autre ont le divin secret de cette intensité qu'elle hait. Hérédia, c'est le beau conventionnel, c'est-à-dire ce qu'il y a de plus hideux. Leconte de Lisle c'est le sage, solennel et conventionnel, c'est-à-dire ce qu'il y a de plus fol. Rostand, c'est l'éblouissant conventionnel, c'est-à-dire ce qu'il y a de plus morne et de plus terne. À eux le *dignus intrare*. On devine avec quels transports de satisfaction l'Académie française, au XIXe siècle, eût rejeté Villon, Ronsard, Rabelais et Montaigne !

Même remarque pour les autres classes de l'institut, et notamment pour l'Académie des Beaux-Arts, justement surnommée l'Académie des Laids-Arts. Quant à l'Académie des Sciences morales (dont le titre est à lui seul une dérision) elle est, en réalité, le dépotoir de tous les laissés pour compte de la politique et du barreau. Les gens « bien pensants », qui la composent, y ont accueilli récemment, à bras ouverts, un ancien préfet de police du nom de Lépine, qui s'était illustré en faisant asperger et assommer les jeunes catholiques sur le parvis de Sainte-Clotilde et du Gros-Caillou, au moment de l'affaire dite des Inventaires. Je cite souvent ce fait historique, comme le symbole de la déraison des classes dites « dirigeantes » au stupide XIXe siècle et dans les premières années du tragique XXe. Ces classes sont en réalité dirigées par deux mobiles : l'envie et la peur. Elles envient l'homme qui sort du rang, dans quelque domaine que ce soit ; et, s'il embrasse la cause de l'autorité et de l'ordre, elles ont peur de lui, peur des représailles imaginaires que son audace, et surtout ses succès, risqueraient d'attirer à leur pusillanimité. Il n'est rien de plus joyeux (quand on possède un bon estomac bien entendu) que de défendre la société et la tradition, au nom de principes un peu fermes, et de voir aussitôt se hérisser ceux-là mêmes pour la sécurité desquels on se dévoue. Le libéral, ce pilier d'Académie, ayant depuis cinquante années et davantage, l'habitude d'une certaine ration de coups de bâton et de caveçon, que lui administrent les jacobins et autres révolutionnaires, en veut mortellement à quiconque attaque ses ennemis et détourne de lui leur attention. Le centre est plus effrayé et indigné par une manifestation de force, venant de droite, que par une manifestation de violence venant de gauche. Il tient à bien faire constater qu'il n'est pas avec ces « énergumènes » de droite, qu'il prétend confondre avec ceux de gauche, mais qu'en fait il déteste bien davantage.

À quoi cela tient-il ? À la disparition progressive de la société polie, qui faisait non seulement le charme, mais la force et l'originalité de l'esprit français, avant le chaos révolutionnaire et libéral. À cette ascension trop brusque du parvenu de la classe bourgeoise, que Bourget a exposée dans *l'Étape*, livre égal aux plus grands de Balzac. Au remplacement de cette société polie (qui connaissait ses travers et en riait) par le grave et sentencieux salonnard. Les gens frivoles sont les mêmes à toutes les époques. Mais les gens sérieux, quand ils n'ont rien dans la tête, sont un danger. Ils le sont davantage encore, quand ils manquent de cette logique inébranlable, jointe à l'esprit de détermination, que l'on appelle le caractère.

Molière, écrivant son *Misanthrope*, le montra aux prises avec la vantardise, la sottise et la frivolité. Le véritable salonnard (que ne pouvait connaître Alceste, attendu qu'il n'existait pas encore), et qui est tout l'opposé de l'aristocrate, joint la débilité de l'âme au sérieux. Les premiers admirateurs et propagateurs des doctrines terribles de Rousseau étaient des salonnards. La Cour de Louis XVI en était infestée. Le venin des Droits de l'Homme et du citoyen (évangile falot du Stupide) les intoxiqua tout d'abord. Par eux, ces misères, lourdes de sang, descendirent dans la bourgeoisie haute et moyenne et, de là, dans les rangs, encore peu nombreux, des artisans. C'était avant que la grande industrie (tombant sur la terre de France, au moment même où la politique jacobine abolissait les corporations et privilèges, et nivelait le pays) coïncidât avec l'ouverture des écluses du prolétariat. Il y eut là une de ces catastrophes, lentes et presque invisibles si, ce n'est pour un de Maistre, un Bonald un Le Play, qui précèdent la catastrophe à grand spectacle. La Terreur fut, indirectement, une conséquence de l'emballement des salonnards pour

Rousseau. Jules Lemaître l'a solidement établi dans ses conférences sur l'auteur du *Contrat Social*. Non instruits par l'expérience (ce qui est une des caractéristiques de l'inintelligence) ces mêmes infortunés adhérèrent en foule au libéralisme, ensemencé par les Girondins. Ils devinrent ainsi le vaste bouillon de culture de toutes les épidémies mentales et politiques, littéraires et philosophiques, que nous avons passées en revue et dont le démocratisme fait la synthèse.

La société polie, aristocratie réelle et donc intellectuelle, maintenait chez nous, aux siècles antérieurs, l'équilibre par le bon sens. Les salonnards, remplaçant la société polie, instaurèrent aussitôt le culte de deux fétiches aux ravages incalculables : l'homme dit « de génie » et « la foule ».

Car la conception de l'homme de génie, telle qu'elle fut forgée par les salonnards, est une conception romantique, au même titre que celle de l'arbitrage et du jugement de la foule. On la trouve exposée tout au long par Victor Hugo, dans son *William Shakespeare*. Elle a donné naissance à Bonaparte, qui en fut le premier bénéficiaire, avant Chateaubriand et Hugo. Elle se résume assez aisément : l'homme de génie est celui qui, en plus de dons naturels, (quant à l'origine desquels on ne s'expliquera que plus tard), a tous les droits en bloc et aucun devoir. Il se reconnaît à ceci, qu'il porte en lui une grande vérité, laïque et terrestre, encore insoupçonnée des humains, et qui va être l'origine d'un progrès foudroyant. Pour Michelet, la « Bible de l'Humanité » est ainsi constituée par une série de révélateurs, d'entraîneurs de masses, s'avançant, du fond de cette ombre, qui est le passé, vers cette lumière, qui est l'avenir. Conception identique chez Quinet. Très voisine, avec quelques hésitations et repentirs sur le tard, chez Renan. L'idée foncière, rarement exprimée, mais généralement insinuée, c'est que l'homme de génie est un demi-Dieu, qui peut même remplacer Dieu, à un moment donné. De là, une nouvelle conception de l'autorité fondée sur le génie, et d'après laquelle, les peuples ne doivent s'incliner que devant lui. Hugo y ajouta la bonté ; mais c'est ce que Pascal appelait une fausse fenêtre pour la symétrie ; et d'ailleurs Hugo n'était pas bon et n'avait de goût que pour la bonté extraordinaire et spectaculaire, que pour la bonté en tant que ressort dramatique.

Bonaparte, au milieu de son lac de sang et de ruines, mais auréolé du génie, correspond à la définition. C'est pourquoi le démocrate Hugo, qui détestait le neveu pour des motifs personnels (et d'ailleurs c'est un fait que Napoléon III manquait absolument de génie), ne cessa de magnifier l'oncle. Il a été le génie de la guerre alors que lui, Hugo, sera le génie de la paix et de la bonté. Ensuite il en viendra un autre, très exactement au XXe siècle, qui fera les États-Unis d'Europe, et décrétera la quiétude et la béatitude générales de l'humanité. Les « génialistes » actuels ne diffèrent de ceux de la génération précédente que sur ce point ; le prochain demi-Dieu ne sera pas un poète, ni un tribun. Ce sera un savant, un type dans le genre de Berthelot (un peu allongé) ou de Pasteur, un peu élargi. Quelques génialistes se risquent jusqu'à une précision. Il guérira toutes les maladies, en supprimant toutes les infirmités, vraisemblablement aussi en prolongeant la limite d'âge ; ou bien il inventera des machines à tuer, des explosifs d'une puissance telle que la guerre deviendra impraticable. Il nous restera, il est vrai, les embêtements et deuils courants de l'existence. Mais bah ! ce sera l'affaire d'un autre type d'homme de génie, d'un grand musicien, par exemple, qui noiera le tout dans des ondes harmoniques ou symphoniques. Un moment, on crut que la seringue Pravaz, suffisamment garnie de morphine, pourrait remplacer ce grand musicien. Par la suite, il fallut déchanter ; la morphine, bien et mal suprême, diable chimique, avait un envers qui tuait.

Vers la fin du XIXe siècle, où les prétendus génies avaient foisonné, tout au moins dans les journaux quotidiens, sans amener le bonheur universel, une certaine lassitude poussa quelques-uns à brûler ce qu'ils avaient adoré. Ce fut la théorie pathologique, et même aliéniste, de l'homme de génie, aussi comique et absurde, en son universalité, que la théorie contraire du génie demi-Dieu. On prétendit qu'Hercule était un fou, chargé de tares épouvantables. On découvrit le pouls lent de Bonaparte et sa manie de compter les fenêtres, quand il entrait dans une ville prise. Finalement, au début du XXe siècle (où se prolongent encore la plupart des erreurs et stupidités du XIXe) on aboutit à cette conclusion, tout de même plus raisonnable, qu'il y a des génies bienfaisants et équilibrés, des génies malfaisants et déséquilibrés. Mais quel chagrin pour les philosophes du libéralisme, aux yeux desquels personne n'est très bien, ni très mal, et le monde est composé d'un vaste assemblage de « ni bien, ni mal » plantés, çà et là, d'hommes de génie, lesquels éclairent la route de l'évolution, sœur du progrès indéfini !

Quinet précise et vaticine : l'homme de génie est celui qui crée quelque chose qui n'existait pas encore, qui extrait du chaos une forme nouvelle. Le brave homme était nourri de germanisme et allait joindre, aux monstres du romantisme français, la tératologie romantique allemande. C'était, pour l'esprit, un autre Michelet, mais morne et sans dons littéraires, un Michelet privé de trompette. Étant tel, l'homme de génie est forcément révolutionnaire. Il enfante dans la terreur et dans les larmes, afin que tout le monde soit content ensuite. C'est un père de famille qui casse ses meubles, bat sa femme et jette ses enfants par la fenêtre, puis met le feu. En suite de quoi, tous ses voisins jouissent de blandices et de délices inouïs. Aux personnes qui croiraient que j'exagère, je recommande la lecture des œuvres philosophiques de Quinet, ainsi que de ses *Révolutions d'Italie*. Cet auteur est, comme Michelet, un type de dément aux dehors bourgeois et logiques, qui joint la platitude à l'extravagance, à la façon de Saint-Simon, de Fourier, de Victor Considérant. Ce qui est remarquable et, en un certain sens, consolant, c'est qu'un temps, muni de pareil docteurs, n'ait pas abouti à des hécatombes pires que celles que nous avons subies. Il faut que notre pays ait la tête solide, pour avoir résisté à de pareilles lumières, et s'en être tiré avec un minimum de cinq invasions en 130 ans. Avec des conducteurs et pilotes nourris et imbibés de Hugo, de Michelet, de Quinet, de Rousseau, etc., nous avions droit à une invasion tous les dix ans. La bêtise est plus cruelle que la méchanceté.

La seconde idole des salonnards, et qui agit sur eux par la peur, c'est la foule. Ils sont pour le suffrage universel, parce qu'ils s'imaginent que celui-ci substitue la foule tranquille et votante « en ses collèges » à la foule furieuse, armée de torches et qui met le feu aux châteaux. C'est une illusion, bien entendu : le suffrage universel institue, dans le pays où il sévit, un désordre et un désarroi permanents, qui favorisent la violence, au lieu de l'atténuer. Je dirai avec M. Prudhomme (que je préfère, entre nous, à Vallès) que cette prétendue soupape est un brandon. Mais cette fleur de libéralisme que l'on appelle le salonnard, gémissant sous des maux dont il vénère les causes, se repaît d'illusions, de nuées, de vent. La foule, est à ses yeux, un monstre hurlant et irrésistible auquel il s'agit de jeter de fausses nourritures, afin qu'elle ne mange point les classes possédantes. L'homme de génie est un monsieur qui détient un garde-manger de ces fausses nourritures. De temps en temps, quand la foule devient méchante et que l'occasion de lui infliger une bonne leçon est propice, on peut faire appel à la force vraie. Thiers prendra alors la place de Victor Hugo et de Michelet. La popularité de Thiers chez les salonnards, après la Commune de Paris, a été aussi grande que celle de

Galliffet. Attirer les gens par des concessions calculées, des reculades successives, puis tirer dessus et taper dans le tas, cela est de la grande politique et le fin du fin de la démocratie !

On a beaucoup joué de la foule, de la masse, de 1789 à 1914, de ce qu'on affirmait être ses aspirations, ses désirs, ses volontés, ses saintes colères, son délire sacré, etc. Il y a foule et foule. Celle que le romantisme, le libéralisme ont déifiée, parallèlement à l'homme de génie, c'est la foule politique, notamment la foule irritée, quel que soit le motif de son irritation, et la foule enthousiaste, quelque soit le motif de son enthousiasme. Pour la foule comme pour l'homme de génie, après la période de latrie, est venue celle de critique et d'analyse et on a décrit surabondamment la psychologie et la pathologie des foules. En fait, la foule n'a que des instincts, de simples réflexes, dont certains hommes habiles, et d'ailleurs sans génie, savent jouer. Je me suis trouvé personnellement en contact avec des foules animées de sentiments très différents à mon égard (ce qui est le cas de tous les hommes politiques). Mais, sympathiques ou antipathiques, elle ne m'ont jamais inspiré un sentiment qui ressemblât, de près ou de loin, à du respect. Exception faite pour les foules religieuses, à Lourdes ou ailleurs, — foules miraculées, d'un caractère spécial, unique, et qui ne rentrent point dans les catégories dont je m'occupe présentement, — ce qui caractérise la foule politique, c'est son flottement. Elle ne sait plus, au bout de quelques minutes, ni ce qu'elle veut, ni où elle va ; et les meneurs, qui l'ont mise en mouvement, sont, à partir de là, totalement incapables de la diriger. Je ne parle que de la foule française, ignorant celle des autres pays.

Je ne pense pas qu'un homme, quel qu'il soit, si habile et pourvu de poumons d'airain qu'on le suppose, puisse jamais s'imposer à la foule de façon durable, je veux dire au delà de quelques minutes. C'est pourquoi, quiconque bâtit sur la foule (de la rue ou votante, du suffrage universel) bâtit sur une poussière de poussière. Rien de plus comique que l'affirmation romantico-salonnarde, d'après laquelle l'instinct de la foule serait en général bon et sage. L'instinct de la foule est aberrant, suspendu à ses réflexes, sujet à retournements brusques, inférieur à celui du plus humble animal isolé. Ce qu'elle ressent le plus vivement, c'est la peur, et c'est alors qu'elle l'éprouve le plus soudainement qu'elle est aussi la plus dangereuse pour elle-même et pour les autres.

Le salonnard, au XIXe siècle, ne créé pas les bourdes, mais il les transmet. Il est plus nocif que le parvenu, parce qu'il est frotté de connaissances, qui ne sont pas toujours superficielles, et parce que sa situation sociale lui confère une autorité et un rayonnement. Quand il s'est fait recevoir, par-dessus le marché, à l'Académie (on connaît la définition fameuse : l'Académie est un salon), alors le désastre est complet. S'il écrit à la *Revue des Deux Mondes*, c'est déjà grave. L'opinion absurde, que professe sur tel ou tel problème politique ou social, dans son coin, un instituteur primaire n'a relativement que peu d'importance. Mais une ânerie longuement exposée, dans un recueil ancien et estimé, par un âne aux sabots dorés, et couvert des reliques de la bonne éducation et de l'instruction supérieure, conquiert aussitôt audience et séance chez les badauds dont nous avons parlé. Elle devient, par là même, difficile à extirper et elle pousse des prolongements dans les divers milieux sociaux. La propagande révolutionnaire des ouvriers est quelque chose d'insignifiant (au point de vue des conséquences politiques) en face de la propagande libérale des salonnards. Il y a toujours de la ressource avec une tête non meublée, ou meublée de simples manuels. Avec une tête qui se croit meublée, et qui l'est en effet d'idées fausses, il n'y a plus aucun espoir d'amendement. Seule, la dérision est ici de mise, qui substitue, à la peur du vrai, une peur plus grande : celle du ridicule. Quand vous rencontrerez, par hasard, un résidu des Droits de l'Homme et du XIXe siècle, sous les auspices d'un salonnard, n'essayez pas de le convaincre ; fichez-vous de lui hardiment, et abondamment. Il faut sarcler l'ivraie et la cuscute.

Du plus lointain des âges, l'esprit, ce grand antidote de tous les poisons intellectuels et sociaux, courait à travers le peuple français, du modeste artisan jusqu'au Roi. L'esprit est dans les fabliaux, sucrés par lui comme les grappes de raisins, aux grains drus, de nos coteaux ensoleillés. L'esprit est dans les lettres du roi Henri IV, esprit léger, se raillant soi-même, et mesurant le rire à la grandeur. L'esprit est le compagnon hardi de l'héroïsme, de la colère, du repentir et du pardon. Il adoucit les feux de la haine, et ceux, mêmement embrasés, de l'amour. Il prévoit et pare les contre-coups et chocs que toute action décisive déchaîne contre celui qui vient d'agir, et dont le pire est l'à quoi bon. Car il blague jusqu'au scepticisme, dangereux dès qu'il devient solennel, et qu'il fleurit en docteurs et en sentences. L'esprit français n'est pas seulement un redresseur de torts. Il est un avertisseur et un guide. Ses flèches peuvent écarter de grand maux, nés souvent de l'incompréhension et de la laideur, plus souvent encore de l'excessif. Elles dissipent enfin la confusion, qui naît du heurt des concepts et des systèmes, et crée une sorte de nuit mentale, où les orgueilleux de l'esprit se bousculent et se meurtrissent à tâtons.

Or l'esprit est presque entièrement absent du XIXe siècle français. Il est parti avec la Révolution ; il a été en exil avec Rivarol et il n'est revenu que timidement, au cours des cent et quelques années qui nous occupent, chassé par les penseurs de néant, les verbeux tribuns et les mornes salonnards. Sans doute il y eut, pendant le second Empire et quelques années de la troisième république, les boulevardiers. J'en ai connu personnellement quelques types attardés, un Aurélien Scholl, un Albert Wolff. On ne saurait comparer leurs boutades aux fortes issues railleuses, satiriques, mêlées de miel et d'amer, du XVIe, du XVIIe, du XVIIIe, des moralistes et des auteurs comiques. Dieu sait pourtant si la matière à moquerie était ample, riche, surabondante, capable de nourrir la verve de cent

Aristophane et d'autant de Molière, capable d'exciter et d'alimenter aussi ces grands hommes inconnus, ces démolisseurs obscurs, qui résument une vérité vengeresse dans une phrase courte, une remarque vive, un dicton, un proverbe, un trait quelquefois immortel. Il semble que ceux-ci aient été désemparés et presque refoulés par le rythme des tragédies sanglantes (émeutes et guerres) qui se déroulèrent pendant ces cent trente ans, de même qu'il parait déplacé de rire au milieu d'un drame de famille, ou d'une chambre mortuaire. Puis, quand les hommes ne s'entretuaient pas pour l'assouvissement de leurs marottes, ils continuaient, pendant cette période, à se détester et à se combattre sourdement, dans de poussiéreuses querelles, où leurs travers et leurs vices perdaient du pittoresque par le pédantisme. Le grand ennemi du rire, c'est le cuistre. Il a sévi sous le premier Empire comme jamais. Bonaparte (voir le *Mémorial*) est un cuistre. Il est le pet de loup de Bellone. Après la défaite de 1870, il fut généralement admis que c'était le cuistre allemand qui avait vaincu les armées françaises ; et pendant cinquante ans, nos compatriotes, Sorbonne en tête, s'encuistrèrent de la plus déplaisante — et plaisante — façon. L'excrément Zola, par exemple, prétendit être un excrément sérieux : « Je n'ai pas d'esprit », répétait-il.

C'est ainsi qu'un voile grisâtre, marqué çà et là de larges taches rouges, semble jeté sur le XIXe siècle français. Chacun y prétend enseigner son voisin. Chacun éprouverait quelque honte à le divertir. La moquerie discrédite celui qui l'emploie ; et les anti-blasphémateurs eux-mêmes, Veuillot par exemple, n'usent que du fouet, jamais de l'épingle, dont les blessures peuvent être cependant les plus cruelles et les plus malaisées à panser. Le romantisme (se sentant vulnérable par la satire et la simple gaîté) bannit le comique, soit directement comme ennemi du peuple, soit indirectement, en lui substituant le jeu de mots, ou la fausse farce, plus lugubre encore que le pédantisme. D'ailleurs il monte en chaire et brandit le tableau noir. Sa compagne, la démocratie, fait de même. Quand on dresse partout des idoles burlesques et des fétiches obscènes et branlants, on est naturellement porté à en interdire l'accès aux rieurs. L'incrédulité officielle, pour s'installer, a besoin de la crédulité générale, et vous imaginez si le sourire calculé, pesé, macabre de Renan et des Renaniens se méfie du rire large de Rabelais, ou de la vireuse blague de Rivarol. Partout est planté l'écriteau : *Défense de Rire.* Un écrivain tel qu'Henri Rochefort est suspect même à ses partisans et amis, qui craignent qu'il ne se retourne contre eux à un moment donné, ce dont il ne se privera certes pas. Il arrive alors, au comique abandonné et renié, de tomber dans le vaudeville, la chansonnette insignifiante, la bouffonnerie sans sel ni portée, ou de se noyer dans l'allusion, cette satire poltronne.

CHAPITRE V

DES DOGMES ET MAROTTES SCIENTIFIQUES AU XIXe SIÈCLE

De nombreuses personnes croient encore, de bonne foi, que le XIXe siècle a été le siècle de la Science, avec un grand S. Il a été surtout le siècle de la crédulité scientifique, de l'ébahissement devant les hypothèses issues de l'incertaine expérience, et de l'acceptation systématique de ces hypothèses. Il a été le siècle du laboratoire et de l'essor industriel, qui sont en effet deux événements considérables dans l'histoire de l'humanité ; mais la défaillance de sa raison (constatée et analysée aux chapitres précédents) l'a conduit à faire, du laboratoire, un redoutable agent de confusion mentale, et, de l'industrie, un agent plus redoutable encore de luttes sociales et de guerres indéfinies. L'homme européen, pendant le XIXe siècle (car je ne m'occupe ici que de l'homme européen) a libéré des forces naturelles dont il n'a plus été le maître ensuite et dont il n'a nullement prévu les conséquences. Il s'est appuyé sur la constatation de ces forces pour proférer quelques principes absurdes et meurtriers. Il a imaginé une dévotion à la Science, qui ne peut aboutir qu'à un véritable suicide du bipède raisonnant, sur toute l'étendue de la planète. C'est ce que je vais essayer de démontrer. Avant la guerre européenne, on eût jugé une telle démonstration impossible, sa simple tentative sacrilège. Aujourd'hui on y apportera, je pense, quelque attention, car le *pathemata mathemata* demeure toujours vrai et la souffrance dans la chair porte, tant qu'elle n'est pas accablante, de la lumière dans l'esprit.

Tout d'abord l'atmosphère révolutionnaire et libérale, dans laquelle était plongé le XIXe chez nous notamment, amena à considérer, d'emblée, la Science, les sciences encore balbutiantes, ainsi qu'une émancipation hors de la foi traditionnelle, puis de la morale. Cette incroyable confusion est à l'origine de bien des maux. Elle a donné naissance, entre autres, à la légende du saint laïque, séparé de Dieu, enfermé dans son laboratoire et travaillant là au soulagement de l'humanité. Il n'y a pas de saint laïque. Il n'y a pas de saint sans cette mystique, dont l'exaltation scientifique, même profonde, même absolue, n'est que la parodie et la caricature. J'ai connu quelques cas d'exaltation scientifique : ils étaient accompagnés d'une insensibilité absolue, d'une anesthésie morale complète. Ceux qui s'abandonnaient à cette fièvre considéraient l'univers comme un écoulement de phénomènes, leur prochain comme un animal d'expérience, comme un cobaye. Une telle confusion a même donné lieu à des scandales retentissants. Le laboratoire à outrance est loin d'améliorer l'homme. Il le désociabilise et, dans un certain sens, le déshumanise. La poursuite passionnée d'un problème local, ou particulier, l'arrache à toute autre considération. Il devient littéralement un obsédé. Sans doute une découverte qui sera bienfaisante (au moins pendant un certain temps) peut sortir d'une telle obsession. Mais une erreur infiniment nocive peut en sortir aussi. Le laboratoire est indifférent au bien et au mal, et le savant est toujours, plus ou moins, dans l'alternative du docteur Faust. Psychologiquement, le laboratoire est un stimulant de l'orgueil et favorise cette illusion que le chercheur, asservi en fait à la nature, commande à celle-ci et la domine. Même pour un faux modeste tel que Claude Bernard, il est très facile de conclure que comprendre c'est surpasser. Lorsque Charcot, ayant étudié la fausse circonvolution du langage humain, imagina son fameux schéma de la « Cloche » il crut qu'il était le maître de la parole. Son schéma nous apparaît aujourd'hui comme un présomptueux enfantillage, et la parole comme quelque chose d'infiniment plus complexe, grandiose et subtil, que ne l'imaginait le maître hautain de la Salpêtrière. La parole, c'est *l'humain*, et l'organisme entier de l'homme y collabore, mais sous l'action directe sous le déclenchement préalable de la pensée, dont l'origine nous apparaît toujours, et de plus en plus, comme extra et supra humaine. Le verbe est l'humanisation de la pensée, voilà tout ce que nous pouvons dire aujourd'hui, en 1922. D'ailleurs quiconque, avec un petit effort, regarde en face sa pensée, la plus simple, pressent en elle une sorte d'abîme héréditaire, de legs mystérieux et divin. La verbalisation de la pensée nous apparaît alors comme ne détachant de celle-ci que l'écorce.

La vision émancipatrice du laboratoire (qui est le propre du Stupide) a mis ainsi en opposition, aux yeux des sots, le laboratoire et l'oratoire. Je ne me rappelle pas sans attendrissement le papa Jules Soury, matérialiste convaincu et qui, cependant, par tradition, allait régulièrement entendre sa messe. À ses yeux la vie était exécrable, un deuil semé de deuils, et sans lendemain. Mais, pour franchir ce temps hideux (où les concierges et les domestiques lui apparaissaient ainsi que des fléaux en surcroît), il y avait la science et le laboratoire. Le papa Soury croyait dur comme fer, lui, l'incrédule, que la constitution du cerveau, considéré comme sécrétant la pensée à l'aide des neurones (mais où sont les neurones d'antan !), était aujourd'hui connue de façon définitive, immuable. Il se fâchait, si l'on émettait là-dessus quelque doute. Comme j'avais plaisir à le voir et à jouir de son humeur pittoresquement quinteuse, je lui accordais ce qu'il voulait ; et même que son énorme bouquin sur les fonctions du cerveau conserverait son actualité au delà de trente ans. Il l'a déjà entièrement perdue. Chacun peut parler d'après son expérience propre : Quand je faisais, de 1885 à 1892, mes études de médecine, il y avait un premier dogme scientifique, qui était celui de l'Évolution. On en mettait partout. L'Évolution était la tarte à la crème de la biologie, de la psychologie, de la philosophie, de la médecine. Il existait plusieurs bibliothèques évolutionnistes, dont lune dirigée par un anticlérical convaincu. Au dogme de l'Évolution était lié celui du progrès et de la science toujours bienfaisante, pacifique, et préposée à la félicité humaine. Ensuite, par ordre de grandeur, venait le dogme des localisations cérébrales (notamment de celle du langage) dont on a pu dire qu'il faisait partie de l'idéologie républicaine. Puis, s'avançait, en grande pompe, comme dans les féeries du Châtelet, le dogme de la grande hystérie, avec ses phases I, II, III de la léthargie, de la catalepsie et de la suggestion hypnotique et somnambulique. L'année 1892, et celle qui suivit, marquèrent le triomphe des doctrines pastoriennes sur l'origine microbienne des maladies, accompagnées d'une nuée de sérums et vaccinations. Causés par des infiniment petits que dégageaient et isolaient la technique de laboratoire et le microscope, la plupart des maux humains allaient disparaître, à la suite d'injections, dans l'organisme, de préparations appropriées, empruntées au sérum du sang animal, *similia similibus*. De là naquit la doctrine des anticorps. Je n'indique ici que les grandes lignes de ces découvertes, dont chacune donna lieu à un monceau de thèses, de notes, de gloses, de polémiques scientifiques, de communications académiques. Les quinze dernières années du XIXe siècle, et les dix premières du XXe, appartiennent, sans conteste, à la gloire de Pasteur et de ses élèves, imités et copiés dans le monde entier. La bactériologie et la sérothérapie devinrent deux véritables religions.

Il n'entre nullement dans ma pensée de diminuer ici le talent ou le génie d'un Claude Bernard, d'un Darwin, d'un Charcot, d'un Pasteur. Ce sont de très grands savants, qui ont imaginé, pour la constatation des phénomènes botaniques, zoologiques, physiologiques, cliniques, pathologiques, des lois ou cadres, très ingénieux et commodes, très simples aussi et même des théories curieuses d'une séduction rudimentaire, mais puissante. Leur vogue a été parfaitement justifiée. Seulement, l'erreur a été de croire que les solutions, apportées par eux aux problèmes qu'ils poursuivaient, étaient définitives et *ne varietur,* qu'ils travaillaient dans l'absolu. La science est en effet, du haut en bas, le domaine du relatif, d'un relatif infiniment plus éphémère que le relatif littéraire, ou artistique, ou philosophique. Le laboratoire n'est pas une chapelle. C'est un atelier de points de vue. Certains de ces points de vue sont des relais, qui permettent de passer à des spéculations latérales différentes, ou plus complexes. D'autres sont des culs-de-sac, impasses, des attrappe-nigauds. Œuvre de l'homme, la Science participe de l'homme, de ses entêtements, de ses aveuglements, de son orgueil, de ses limites, qui ne sont pas sans cesse reculées, comme le croient les derniers évolutionnistes. La Science est donc en éboulement et en relèvement perpétuels. C'est d'ailleurs pourquoi elle ne saurait être mise à la base de l'instruction, de l'éducation, ni de la morale. Attendu qu'elle meuble l'esprit, mais ne le forme pas. On peut être un puits de science, un Pic de la Mirandole du temps actuel, et un homme dénué de bon sens courant. J'ai connu de tels métis de la semi-loufoquerie et de la culture intensive. La Science ne développe guère le jugement. En revanche, elle développe l'amour-propre, qui est un second aveuglement ajouté à celui inhérent à l'homme. L'accord, chez un même individu, de la science et de l'humilité est infiniment rare. Je ne l'ai guère rencontré, pour ma part, que chez le professeur Potain, qui souriait doucement du progrès indéfini. On dit qu'il existait aussi chez Pasteur. Mais on sent néanmoins que la contradiction scientifique faisait faire de la bile à Pasteur, l'irritait. Au lieu qu'elle divertissait plutôt le professeur Potain, comme toute manifestation sincère de l'humain, dont il raffolait.

Examinons d'abord l'Évolution. Je ne puis écrire ce mot sans me représenter la vénération dont il a rempli le temps de ma jeunesse, mes contemporains, la Faculté, les professeurs en rouge, en jaune et en bleu, les académiciens, toute la boutique, comme disait un huissier irrespectueux de l'École de Médecine, à l'époque de mes études. Quand on avait dit *Évolution*, on avait tout dit. La pensée, développée plus tard par René Quinton (cet esprit puissant et original) d'axes permanents et fixes, au milieu des lignes et tourbillons du changement, fût apparue alors comme un blasphème scientifique, si quelqu'un eût osé la formuler. De la biologie, le principe d'évolution, et de sélectionnements ou perfectionnements évolutifs, avait gagné les régions littéraires et méditatives. Brunetière, critique d'une haute fantaisie, et auteur plaisant qui s'ignorait, mettait de l'évolution, comme d'autres mettent du sel ou de la moutarde, dans tout. Il assimilait les auteurs à des polypiers, les genres romanesques et dramatiques, qu'il classait puis déclassait arbitrairement, à des coraux. On ne lit plus ses pesants bouquins, depuis qu'il a quitté ce monde et évolué vers d'autres planètes (système Charles Richet) et l'on a tort. Leur ni-queue-ni-tête est salubre et récréatif. Quand le ciel est gris et la politique maussade, quand j'ai un enfant malade et que la mère et moi attendons impatiemment le docteur, je prends un bouquin de Brunetière et je m'applique un rien d'Évolution. Aussitôt je revois, couchées dans leur tombe prématurée, toutes les remarques hypothétiques d'Herbert Spencer, qui avait découvert la déesse de son côté, tandis que le bon Darwin la poursuivait dans les orchidées, les plantes grimpantes, les pelages et les vers de terre. L'univers évolutif était facile à apprendre. C'est dommage qu'il n'ait correspondu à aucune réalité profonde ; et le transformisme pas davantage. Il semble aujourd'hui que le véritable inventeur du système, j'ai nommé Lamarck, ait eu une notion plus claire de ses limites, sinon de sa fragilité, que ses illustres imitateurs et successeurs anglo-saxons. Mais chose étonnante, en dépit de tous les efforts faits pour réparer l'injustice, Lamarck, précurseur de Darwin, a toujours été tenu à l'écart, en parent pauvre, du triomphe, hélas éphémère, du transformisme. On ne l'a invité, ici et là, à la noce que pour le mettre au bout de la table. La raison en est que Lamarck n'ayant pas écrit la *Descendance de l'homme,* n'était pas utilisable, par l'anticléricalisme à la mode en 1875, de la même manière que Darwin. Ce qui a fait, chez nous, la vogue de Darwin, c'est la simiesquification de l'homme, si j'ose employer ce néologisme. La théorie, aujourd'hui reconnue grotesque, d'après laquelle nous descendrions du singe, a enchanté les innombrables ennemis que Dieu comptait en France, à l'époque précitée, et qui ont fait encore des petits, jusqu'en 1914. L'analogie, prise pour la cause, est, en science, une erreur courante. Elle se donna libre carrière avec les laissés pour compte du transformisme.

Il est arrivé à Darwin cette double catastrophe, d'abord d'avoir dans Spencer un émule de seconde zone, un succédané prétentieux, extensif et vide, ensuite d'avoir, dans Haeckel, l'outrance et la caricature germaniques de ses très intéressantes constatations. Cet imaginatif scrupuleux a pâti du médiocre logicien qu'était Spencer et du maboul effervescent que fut Haeckel. Il commença par protester faiblement contre l'abus qu'on faisait de ses travaux et les hypothèses hasardées ; puis, étant modeste, il se tut, laissant se déchaîner la sarabande. Chez nous, il fit, pendant quarante ans, partie du régime gras du vendredi saint. Comment n'appellerait-on pas stupide un tel abus de l'aimable roman scientifique, que l'auteur de *l'Origine des Espèces* a édifié sur ses sagaces et lentes observations, et qui emplit soixante années de ses répercussions inattendues, à travers l'échafaudage branlant d'Auguste Comte. L'alliage du transformisme dogmatisé et du positivisme mal compris est un des monstres les plus réjouissants de l'entre-deux guerres, qui va de 1870 à 1914. Nous lui devons, en politique, l'essentiel du programme radical. Car on sait que Spencer a échafaudé de réjouissants principes politiques, correspondant à ses principes de biologie et de sociologie, aussi vains les uns que les autres.

L'axiome fondamental de l'évolutionnisme ou transformisme, c'est qu'il n'y a ni saut ni hiatus, dans la nature, conséquemment point de miracle, ce dernier terme étant compris dans son sens le plus étendu de phénomène soudain, inattendu, échappant aux lois ordinaires. C'est la condition première du roman, qui part des gelées marines, du *Bahhybius Haeckeli,* pour aboutir à l'homme, par une lente modification des cellules et des tissus, sous l'influence double d'une certaine force de propulsion interne (sur laquelle on n'insiste pas) et d'agents extérieurs, complaisamment énumérés. Cette chaîne des espèces (philogénie) se reproduit, avec des abréviations considérables, dans le développement de l'individu (ontogénie). Ainsi conçu, le monde vivant est en augment et progrès perpétuel, les formes inférieures subsistant seulement comme témoins de ces modifications successives, avec disparition néanmoins de certains types transitoires, et par malheur les plus importants. Pendant soixante ans on a cherché l'intermédiaire obligatoire entre l'homme et le singe, l'anneau manquant ; on a assuré qu'on l'avait trouvé : on a démenti cette nouvelle mirobolante. Aujourd'hui, on commence à se rendre compte que l'énigme de l'origine des espèces, et, notamment, de l'espèce humaine, est toujours là, aussi complexe et troublante qu'avant Darwin et Lamarck, et que des analogies tout extérieures, anatomiques ou autres, ne sont pas des réponses définitives. Il est même curieux de voir à quel point les ressemblances, anatomiques et physiologiques, éclairent peu le mystère de la spécialisation et de l'individualisation de la vie. Celle-ci garde toujours son caractère explosif, son aspect de feu d'artifice, de déflagration de fonctions et d'organes de types déjà connus, manifestement héréditaires, mais autrement agencés. On remarque toujours en elle un variable qui paraît transmissible, et un invariable qui ne le paraît pas. Ce qui laisse supposer que nous sommes à la fois soumis à beaucoup de forces latentes, agissantes et ignorées de nous ; et, en même temps, libérés de ces forces, dans certaines circonstances, également inconnues ; et que cette oscillation de l'individuel au spécifique, et de la détermination à l'échappement, obéit elle-même à une sorte de rythme supérieur, et ainsi de suite. Le transformisme, qui a régné pendant soixante ans dans les sciences biologiques, n'est ainsi qu'un aspect local, le plus humble de tous, du problème de la vie et qu'une réponse à la question par la question.

On nous objecte qu'il a eu son utilité, que ce n'est qu'un semblant de clé, mais qu'il a entr'ouvert, minimement il est vrai, la porte et suscité, en tout cas, l'esprit de recherche. Nous pensons, nous, qu'il a embrouillé la serrure. Les savants, imbus de l'évolutionnisme, ont un mal terrible à s'en débarrasser, et deviennent pareils à des enfants, qui ne peuvent marcher sans leur petit chariot. Arrêtés, à chaque instant, par le désaccord d'une doctrine périmée et des faits, ils demeurent en place, entêtés et chancelants, cherchant une compromission impossible. On ne peut pas dire que le transformisme ait fait avancer d'un pas la conception de la vie. Il l'a rapetissée à la mesure de ce jeu « le puzzle », où l'on cherche à reformer des figures, en ajustant les rentrants et sortants préétablis de découpages artificiels, et diversement colorés, de planchettes de bois. Haeckel est la boule du jardin, déformante et caricaturale, où se reflètent les erreurs et tares originelles du transformisme et du darwinisme. On peut dire de ceux-ci qu'ils sont, sur le plan raisonnable de l'imagination, des systèmes primaires, et correspondant précisément à cet affaissement des élites, que nous avons signalé comme un attribut du xixe siècle. Claude Bernard en a trahi le mécanisme mental, quand il a préconisé, comme moyen de recherche, une idée préconçue quelconque, dans laquelle on essaye de faire entrer la réalité, quitte à modifier cette idée, si elle ne cadre pas avec ce réel. Les procédés préconisés par Descartes, dans le *Discours de la Méthode*, bien qu'ils ne soient pas le dernier mot de l'ingéniosité mentale, paraissent néanmoins plus sûrs. Mais, à leur tour, le transformisme et le darwinisme n'auraient pas trouvé semblable audition à une époque de culture profonde, à une époque d'élites constituées, non désorbitées par les révolutions politiques. Il y aurait eu d'autres résistances. D'autres, avant Quinton, eussent fait valoir, en face de l'impulsion évolutive, d'autres forces biologiques, comme celles de constance, de permanence et de fixité. Le simple bon sens l'indique ; car l'univers, sans elles, ne serait qu'un perpétuel et inconcevable éboulement d'atomes et de poussières.

Mais il y a encore l'Involution (ce grand ressort des phénomènes embryologiques) qui, prenant en quelque sorte le contrepied de l'Évolution, et prélevant de l'immuable sur le mobile, agit à travers les espèces. Un équilibre supérieur, commun à la nature inanimée et à la nature animée, met ainsi en opposition le transitoire et le durable, le torrent et son lit, les états et les formes, et la substance innommée qui traverse ces états et ces formes. Lorsque cet équilibre est rompu (par une de ces causes insolites et ignorées, qui sont aux causes connues de nous ce que les étoiles filantes sont aux astres fixes), il tend à se rétablir par une série d'oscillations, dont on constate encore la trace en biologie, à côté de l'Évolution et de l'Involution. De sorte que nous entrevoyons des superlois, derrière une infinité de lois, parmi lesquelles l'évolution n'est qu'une étoile de faible grandeur, au milieu de cette voie lactée. Or, encore une fois, ce ciron a empli et occupé soixante années et masqué l'univers à une foule de chercheurs. Si ce n'est là de la stupidité, qu'est-ce qu'il vous faut !

Chose étrange, j'ai pu me convaincre souvent, en interrogeant des savants connus, et en pleine vogue de l'évolutionnisme, qu'ils n'avaient pas en lui une confiance illimitée. Mais ils n'osaient en convenir publiquement, retenus qu'ils étaient par le fétichisme ambiant et la crainte de nuire à leur carrière. Puis il est arrivé ce qui devait arriver : l'évolutionnisme de Darwin et la sélection sexuelle ont amené les doctrinaires du transformisme à n'admettre plus, comme levier biologique, que l'impulsion sexuelle.

Les étonnantes absurdités de Freud, dont la vogue est déjà commencée en France, à l'époque où j'écris, sont ainsi la dérivation naturelle, et comme la pourriture, des explications transformistes appliquées à l'espèce humaine. Nul ne conteste l'importance considérable des phénomènes sexuels dans l'espèce humaine et dans l'individu. Mais soumettre la *personne* humaine à l'exclusive tyrannie de l'instinct génésique, alors que sa raison lutte sans trêve contre cet instinct, est une erreur à tous points de vue déplorable et qui rejoint le décevant fatalisme d'avant 1914. À quoi aura servi la destruction expérimentale et rationnelle du darwinisme, si, sur ses débris, s'instaure le sexualisme universel ?

Commencé dans les sciences biologiques, où le darwinisme avait son réduit, le mouvement de reflux s'est propagé avec rapidité à tous les autres domaines, notamment à celui de la psychologie dite expérimentale, où l'on parlait déjà de peser la pensée et de mesurer les émotions ! Car l'Évolution, c'est-à-dire le cheminement, de la matière vers l'esprit et des minéraux vers les végétaux, puis vers les animaux, puis vers l'homme apparaissait, comme un truisme, aux environs de 1890-1900. Il paraissait légitime d'assimiler l'esprit à une espèce de phosphorescence, justiciable de la balance et des réactifs. À partir de là on pouvait s'établir psychologue, comme on s'établit pharmacien ; et nous avons connu, et il existe peut-être encore, à la Sorbonne même, des laboratoires de psychologie ! Leur ridicule est devenu patent, ce qui est déjà quelque chose. À son tour, l'économie politique a renoncé à la doctrine de l'Évolution, qui n'avait amené dans ses constatations que d'extraordinaires sophismes. Par contre, dans certains milieux politiques, notamment révolutionnaires, le transformisme est demeuré un dogme, ce qui n'a rien d'extraordinaire, étant donné l'ignorance des centres dits intellectuels où se recrutent les docteurs selon Karl Marx, Bakounine et Stirner. Ces pauvres gens (je veux dire les démocrates révolutionnaires), se croyant des esprits très avancés, se réclament ainsi d'une thèse désuète, périmée, aujourd'hui abandonnée par tout homme qui réfléchit et que n'ont point réussi à rajeunir les rêveries biologico-paraphysiques d'un Bergson. On rencontre ainsi, dans les îles de la Sonde, des sauvages encore adonnés à l'idolâtrie d'un fétiche abandonné et devenu incompréhensible, dont on ne sait plus s'il représente un phallus, ou une gourde, ou une borne de champ. J'ai été quelquefois charmé (dans les réunions publiques) d'entendre un bolcheviste, instruit et disert, m'exposer un lambeau de Darwin ou d'Haeckel, adapté à sa sanglante chimère, et qui me rappelait ma jeunesse, et les bâtiments de botanique et zoologie expérimentales de la Faculté de médecine, alors installés derrière le Panthéon, rue Vauquelin. La pensée que l'on remuait encore les masses avec ces antiques balivernes m'enchantait.

La réaction antitransformiste n'a pas encore donné le savant décisif, auquel elle a droit. Mais nous l'attendons de confiance. Il ne peut ne pas survenir ; et contrairement à l'usage, les obstacles, même académiques, auxquels il se heurtera seront faibles. La porte est largement enfoncée. Une lassitude et un dégoût général environnent aujourd'hui les thèses évolutionnistes et leurs explications de musées de cire. L'ontogénie ne paraît plus tant que cela être la reproduction de la philogénie. La barrière, qui séparait les espèces avant Darwin, semble s'être consolidée et renforcée. Les derniers entêtés simiomanes se demandent si le singe ne serait pas un humain dégénéré : et rien n'empêcherait en effet de prendre la fameuse chaîne à rebrousse mailles et de considérer le ver de terre comme la suprême dégradation de l'homme, descendu lentement, et sans saltus, à travers les oiseaux, les insectes et les mollusques, et ayant perdu ses jambes, ses pieds, ses bras, ses mains, ainsi que la différenciation de sa boîte crânienne, dans la lutte pour la vie, *struggle for life*, à l'envers. Cette hypothèse n° 2 n'est pas plus invraisemblable ni débile que la n° 1, sur laquelle elle a l'avantage de la logique. Il est plus aisé, en effet, d'imaginer une perte d'organes en série et un affaiblissement consécutif des fonctions qu'un augment continu d'organes, avec une complexité croissante de fonctions. La création *en plus* de quelque chose, à chaque passage, est plus difficile à supposer que la perte de quelque chose à chaque degré correspondant.

Le grand principe de la lutte pour la vie lui-même (admis sans contestation au Stupide, ou avec des contestations si sottes et inopérantes qu'il en sortit renforcé) demanderait à être examiné de près. Darwin avait l'imagination solide, assez courte et dramatique. Le monde lui apparaissait sous les espèces du conflit et de la concurrence. Mais il y a aussi les associations, les accords, l'inertie et le renoncement à toute lutte, par la soumission et la fuite, qui d'après la thèse, feraient de la sélection à rebours. Ce côté de la question fut masqué par le fameux « struggle ». Des animaux très faibles ont survécu à des animaux très forts, soit que ceux-ci aient abusé de leurs forces pour courir trop de risques, soit que l'inoffensif ait plus de chances de durée que l'offensif. C'est ainsi que le simple passant, timide et désarmé, a plus de chances de circuler sans encombre que le sergent de ville armé et qui, d'après le struggle for life, devrait cependant l'absorber et le remplacer en dix années. Le papa Darwin semble avoir en outre (d'après sa correspondance elle-même) ce don mystérieux de persuasion ou, selon Babinski, de pithiatisme, dont on note aujourd'hui les saisissants effets. Il faisait aisément croire aux Polonius de son temps (académiciens, naturalistes, simples lecteurs) que le nuage était un chameau, une belette, ou réciproquement. Comme il arrive, en ces cas singuliers, les persuadés du darwinisme sont demeurés tels pendant une vingtaine d'années après la mort du maître, jusqu'à l'extinction du rayon persuasif, jusqu'à la montée vers la science d'une nouvelle génération, plus sceptique.

Nous avons souligné l'association amusante qui s'est établie entre la prétendue loi du transformisme et l'idée de progrès continu, dont se prévalent les révolutionnaires. On ne voit nullement pourquoi les transformations dues à la lutte pour la vie et à la sélection sexuelle présenteraient *toujours*, un avantage sur l'état antérieur. Les évolutions dommageables, régressives ou non, ne sont pas rares dans le monde animé : et, du reste, le critérium du progrès n'existe pas. Pour les primaires, le progrès c'est l'émancipation ; alors que le plus souvent, l'émancipation augmente les chances de destruction de l'organisme, social ou individuel, qui s'émancipe. Pour d'autres, le progrès c'est la complexité, par laquelle les corps deviennent plus fragiles et plus vulnérables, donc moins durables. La prolongation de la vie humaine pourrait être le critérium d'un progrès ; mais il est reconnu que l'industrialisme raccourcit le temps de la vie humaine. En examinant les choses d'un peu près, on s'aperçoit que l'idée de progrès n'est qu'un déplacement extensif de l'amour-propre et de l'infatuation, une forme de chronocentrisme. Celui qui croit à cette creuse idole, admet bien que l'avenir sera encore plus beau que le présent, mais c'est surtout la supériorité illusoire du présent sur le passé, dans tous les domaines, qui fait le fond du culte et la délectation du catéchumène. Comparons, par exemple, l'état agricole à l'état industriel, celui-ci étant censé représenter un progrès sur celui-là. L'agriculture postule la paix. L'état industriel va à la guerre, par une sorte de sombre nécessité, car il abonde en machines destructrices, en moyens de transport et en transformations de forces rapides ; machines, moyens et forces que l'homme emploie aussitôt à ce qui lui est le plus cher, et qui est la domination. L'agriculture, adaptée aux sciences, fait la noblesse du paysage. L'industrie souille et détruit le paysage, par ses établissements d'une laideur épouvantable, quoiqu'on ait comiquement soutenu le contraire, au temps du naturalisme. De 1880 à 1900, l'esthétique du tuyau de cheminée d'usine, du marteau-pilon et de la tour Eiffel a été défendue par une légion de verbeux crétins. Sans doute, l'industrie est nécessité, mais ce n'est pas une nécessité aimable ; et le servage mental et corporel, auquel elle astreint l'homme et la femme, dans la société actuelle, est le tragique problème des temps modernes. Je ne pense point que ce tragique soit compensé par le téléphone, le phonographe, le cinéma, ni même la télégraphie sans fil.

Habitant pendant les vacances, une des plus nobles régions de la noble Touraine, près d'une petite ville où l'industrie s'installe, j'ai maintes fois, au cours de mes promenades, médité sur le contraste saisissant des laboureurs et des vignerons, dans leurs champs dorés et rouges, à l'aube heureuse, et des ouvriers allant tristement rejoindre leurs sombres et sinistres bâtisses. Le paysan tourangeau, vivant en famille, boit son vin clair et pétillant, trempe le miot et raconte en excellent style (venu de Rabelais et de plus loin) des histoires salées et poivrées. L'ouvrier d'usine tourangelle, sans tradition comme sans syntaxe, boit un alcool de feu falsifié, vit loin des siens et rage contre une société dans laquelle il ne voit (et qui ne l'en excuserait ?) qu'une marâtre. Le disparate de ces destinées, appuyées, l'une sur la tradition, l'autre sur le prétendu progrès, donne tristement à réfléchir. De même, il est comique de songer que les colonisateurs prétendent apporter le progrès à des populations raffinées, comme celles de l'Indo-Chine par exemple, où les usages de politesse sont infiniment supérieurs à ceux de l'Occident, où tant de très vieilles civilisations sont superposées et fondues, à la façon des strates de laque polie. Pendant que certaines choses s'améliorent, d'autres empirent. Les facilités extrêmes de la vie matérielle rendent l'homme inerte ou paresseux et amoindrissent en lui le sens de l'effort, condition essentielle de ce contentement un peu stable, que le vulgaire appelle le bonheur. Prenons un métier déterminé, l'hôtellerie, par exemple. Il est convenu (et tous les clubs touristiques du monde l'affirment) que les « hôtels modernes », les palaces, avec leurs salons luisants (et hideux) et leurs waterclosets et cabinets de toilette perfectionnés, sont très supérieurs aux auberges d'autrefois, du bon vieux temps. Tel n'est point mon avis, et l'on en reviendra. L'avantage assez bref de cabinets avec chasse d'eau et siège hyperciré, de cuvettes de porcelaine à bascule et de la circulation d'eau chaude (d'ailleurs souvent bouchée) est amplement compensé par l'infamie de la cuisine dite « européenne » et de ses sauces toutes préparées, de ses vins fabriqués et nocifs. La cuisine électrique est une atrocité, par rapport à la cuisine au gaz, elle-même fort inférieure à la cuisine à la broche, sur le feu de sarments.

En somme (et sans y insister davantage, le thème étant rebattu) il y a, ici et là, des progrès, ici et là des régressions, ici et là des *statu quo*, mais il n'y a pas le Progrès, avec un grand P, pas plus qu'il n'y a l'Évolution (avec un grand E). Le xixe siècle a eu la manie des majuscules, sous lesquelles se cache, en général, le minimum de réalité et de substance.

Dans le domaine de la vie intérieure (si négligé depuis l'effacement de la philosophie scolastique et son remplacement par la pseudo-métaphysique de la Réforme) le dogme de l'évolution et du transformisme, avant d'aboutir aux insanités de la psychanalyse, n'a donné lieu qu'à des pauvretés. Le xixe siècle a vécu sur le « tarte à la crème » de l'association des idées qui, lui aussi, explique tout par la série longitudinale et en faisant de la pensée une sorte de taenia, de direction uniforme, où l'anneau succède à l'anneau. L'introspection, complètement délaissée (alors qu'elle est l'unique instrument de l'examen psychologique) fut abandonnée aux moralistes et aux romanciers ; cependant que les cliniciens étudiaient *grosso modo*, en compagnie des aliénistes, les altérations d'une imagination dont on n'examinait point le fonctionnement normal. Il fut admis que, de la naissance à l'âge adulte, l'esprit de l'homme évoluait en progressant et progressait en évoluant, que le jeune enfant était une sorte de demi-fou, ce qui est exactement le contraire de la réalité, et que la chute du désir coïncidait avec le dépérissement de l'intelligence. L'époque 1860-1900, qui se prétendit observatrice et expérimentale, fut ainsi, au point de vue psychique, celle où l'on observa le moins et où l'expérience intérieure fut la plus misérable. Ce fut une des conséquences du matérialisme à la mode, épicurien comme à la Faculté de Médecine, ou stoïcien, comme chez Jules Soury.

En biologie enfin, la confusion transformiste amena à négliger ces descriptions, exactes et savantes, qui avaient été la gloire de l'école du Jardin des Plantes, des Cuvier, des Geoffroy Saint-Hilaire, des Quatrefages. Le dessin zoologique, botanique perdit son trait et fut remplacé par le badigeon. Les outrecuidantes généralités sont mères de sottes inductions. Elles foisonnent dans les thèses d'histoire naturelle, qui se succèdent jusqu'en 1914, et où se remarque la préoccupation d'introduire le doute, légitime et nécessaire dans la doctrine officielle du transformisme, sans cependant ruiner celle-ci définitivement. Car le premier Empire a caporalisé les Facultés et les Sciences et gravement amoindri, sinon tué, le goût des recherches originales, hors des sentiers battus.

Des sciences nouvelles surgissent, il est vrai ; l'histologie (application du microscope aux tissus normaux et pathologiques), l'embryologie, la paléontologie, etc… cela doit être porté à la colonne des profits du XIXe siècle, qui ne saurait évidemment se composer que de pertes. Mais, au lieu que ces sciences naissantes orientent et corrigent les généralisations hâtives, ce sont celles-ci, qui, dès le berceau, les encombrent et les faussent dans leurs résultats. Des chercheurs comme Ranvier, Mathias Duval, Déjerine, par exemple (je ne parle que de ceux que j'ai connus) se sont vus embringués, retardés, mis sous le boisseau, parce qu'ils n'acceptaient pas les yeux fermés, les bourdes pseudophilosophiques qu'on jetait, comme des housses, comme des passe-partout grisâtres, sur leurs essais d'abord, puis sur l'ensemble de leurs travaux. Ranvier, grand esprit à la fois distrait et modeste, en avait conçu une sorte de misanthropie. Je l'ai entendu un soir, dans ma jeunesse et sa vieillesse, chez Charcot, marquer, en quelques traits durs et sûrs, à propos précisément de l'Évolution, son scepticisme total. Rangés autour de lui, dans une attitude déférente, des professeurs de Faculté, ses collègues, semblaient l'écouter avec stupeur. Il comparait le dogme, alors universellement vénéré, à une mode, comme la crinoline, mais qui tourneboulait les esprits.

Je pense, à propos de l'Évolution et du Progrès, l'un portant l'autre, comme l'aveugle et le paralytique, que le XIXe siècle pourrait être appelé aussi le siècle du perroquet. Jamais, au cours des temps modernes, le psittacisme ne s'est donné plus librement carrière que de la Révolution à nos jours. Chateaubriand parle quelque part, des cacatoès hypercentenaires de l'Amérique du Sud, qui ont encore, dans le bec, des mots de la langue perdue des Incas. Peut-être, dans l'avenir, entendra-t-on des oiseaux verts et bleus crier sur les cimes des arbres, sans y attacher d'importance, ces termes vides de sens : « ... Droits de l'homme... Dnrroidlom... E...vlution... Prrrogrès... Prrogrrrès... » Des savants discuteront en keksekça là dessus, sans se douter que ces *flatus vocis* auront perturbé des cervelles humaines par centaines de milliers, empli des bibliothèques devenues poussière, et ajouté quelques nouveaux motifs à la rage séculaire de s'entretuer, qui tient les infortunés humains.

Seulement, alors que le perroquet ne répète que des lambeaux de phrase, avec sa frivolité rapide et nasillarde, nos perroquets à bonnets carrés, à toges ou habits académiques et mondains, ont répété les vingt-deux formules, qui sont rappelées à l'introduction du présent ouvrage. Ces vingt-deux-là et quelques autres, plus compliquées, tout aussi creuses. Quatre générations se les sont transmises, ces formules, avec une discipline et une soumission, un renoncement à la réflexion personnelle, qui n'ont peut-être jamais été égalés. Des Français de 1789 à ceux de 1848, de ceux de 1848 à ceux de 1871, de ceux de 1870 à ceux de 1900 et de ceux de 1900 à ceux de 1914, le stupide formulaire à rebours du sens commun n'a pas varié. Il est demeuré immuable au milieu des révolutions, des massacres, des incendies, des tourmentes de tous genres, légué par les pères aux enfants dans le même moule et les mêmes inflexions, à la façon d'un mot d'ordre, ou d'un mot de passe. Une étrange discipline de l'absurdité, sous-jaçente aux déclarations et proclamations émancipatrices et de prétendu libre examen, a mis dans les bouches de nos bisaïeux, de nos arrière-grands-pères, de nos grands-pères, de nos pères et de nous-mêmes (je veux dire de ceux de notre bateau) ces insanités stéréotypées, qui se sont traduites en lois et en mœurs, et nous ont menés là où nous en sommes, en ce bel an 1922 où j'écris : au ras de l'abîme.

« Celui qui n'évolue pas est un fossile... Il faut évoluer... On me reproche d'avoir changé, messieurs, pas du tout, j'ai évolué, je me suis adapté... L'évolution nous apprend que le passé ne ressuscite jamais... La loi du progrès exige de nous que... Le mouvement qui emporte le monde vers l'évolution démocratique... Cette guerre du Droit et du Progrès, où les démocraties ont vaincu... Celui qui ne marche pas avec le progrès est un cadavre ambulant... En avant donc, messieurs, au delà des tombeaux, vers le ce progrès indéfini... La grande loi de la nature, telle que nous l'enseignèrent Lamarck et Darwin, le transformisme, est aussi la loi du progrès. » N'entendez-vous pas tous ces perroquets, dans leurs chaires, à leurs tribunes, sur les tréteaux de la foire et du théâtre, répéter ces bourdes, en agitant leurs ailes, et faisant tinter les chaînes de leurs perchoirs !

Depuis qu'il y a des hommes, et qui raisonnent, le changement est apparu comme une des conditions de la vie en général et de la vie humaine en particulier. Mais pourquoi ce changement serait-il uniformément progressif et bon ? Pourquoi serait-il toujours souhaitable ? Une des caractéristiques de la nature humaine, c'est son effort de stabilisation et de résistance à l'écroulement perpétuel de la nature tout court. Du point de vue du sens commun (qui est celui que le XIXe siècle a toujours le plus dédaigné et rabaissé) il est bien clair que, si l'homme descendait d'une espèce aussi répandue que le singe, des témoignages, des spécimens du passage du singe à l'homme, des intermédiaires nombreux existeraient dans diverses contrées du globe. Pourquoi et comment auraient-ils précisément disparu ? *A priori*, le schéma dressé par Darwin et ses successeurs n'est qu'un schéma, c'est-à-dire une supposition linéaire, et prétendue commode, en présence de l'infinie complexité des formes et des ressources de la vie. Enfin, quiconque réfléchit est frappé de la pauvreté de conception de la sélection sexuelle et de la lutte pour la vie, comme agents principaux du prétendu transformisme. Ce ne sont là que deux procédés, entre les très nombreux procédés de la nature (connus et supposés) pour amener, soit une transformation, soit une stabilisation des êtres vivants. Non seulement le passage de l'inanimé à l'animé, l'origine matérielle de l'animé, demeurent environnés d'un mystère total, mais encore les plis de passage, si passage il y eut, d'une catégorie de l'animé à l'autre sont complètement ignorés de nous. Que reste-t-il, dans ces conditions, de l'explication évolutive, quant à l'échelle des êtres et quant à son aboutissement présumé, l'homme, si ce n'est une immense infatuation, généralisée à toute une époque ?

À quoi tenait cette infatuation ?

À l'absence d'une métaphysique véritable, qui eût permis, en quelque sorte, de faire le pont entre la théologie et la science, à son remplacement par l'embrouillamini initial et kantien (lui-même fils de la Réforme) entre la chambre métaphysique de l'esprit et sa serrure.

Enfin l'erreur ou l'infatuation évolutionniste, a donné à nos contemporains, pendant une cinquantaine d'années

(*L'Origine des Espèces* est de 1859) l'illusion d'une métaphysique portative, d'une explication générale de l'univers inanimé et animé. Cette illusion convenait à la débilité mentale de l'époque. Mais, si tel est le déchet de ce que l'on pourrait appeler le réduit central, biologique et philosophique, du transformisme, on imagine ce que doit être celui de ses ramifications dans les diverses sciences et dans la critique. Avant d'écrire ces lignes, j'ai commencé par relire les œuvres et la correspondance de Darwin. Excellentes dans la constatation, ces pages célèbres, et qui eurent tant d'influence, deviennent moins bonnes et arbitraires dans l'induction, et tout à fait médiocres dans l'hypothèse ; car bien que l'auteur s'en défende, il verse assez souvent dans l'hypothèse. *Hypotheses fingit*. Il est entraîné hors de ses limites, un peu comme Claude Bernard, par une sorte de présomption intellectuelle, qui est spéciale au temps dont nous parlons. Il semble que l'outrecuidance littéraire et politique ait déteint sur les milieux scientifiques, et leur donne une hâte à conclure qui n'existait point précédemment.

Au reste, il est très faux que les savants (tout au moins ceux des sciences touchant à la vie) puissent échapper complètement à la subtile ambiance de leur âge. Il y a un air moral, comme un air physique, composé de besoin d'originalité et de besoin d'imitation, diversement dosés suivant les générations. Cet air pénètre partout jusque dans les laboratoires les plus secrets, les *templa serena* et les tours d'ivoire. Nul n'y échappe et ceux qui prétendent s'y soustraire en sont quelquefois les plus profondément imprégnés. Je n'ai, pour ma part, jamais connu de savant, si spécialisé fût-il, qui n'eût son coin de prétention encyclopédique. L'homme rêve toujours, même éveillé, et son rêve a la couleur de son milieu. Par contre, j'ai connu beaucoup de savants, chez qui la passion politique et antireligieuse était vive et avouée. Ils foisonnaient au temps de mes études. Le type n'en est certainement pas perdu.

Ce qui reste du transformisme et de ses prétendues lois est déjà bien faible. Qu'en subsistera-t-il dans dix ans ? Autant que du déterminisme peut-être, c'est-à-dire un souvenir historique.

La notion de l'hérédité, de la transmission congénitale a paru, de son côté, faire un bond vers le milieu du xixe siècle et elle se retrouve dans tous les travaux biologiques, médicaux, psychologiques notamment, qui vont de 1860 à 1914. Dans les deux volumes (L'*Hérédo*, le *Monde des Images*) que j'ai consacrés au rôle de l'hérédité dans l'homme, l'esprit humain et l'imagination créatrice, j'ai négligé volontairement la courbe historique du problème que j'agitais et qui se présente maintenant tout autrement qu'à ses origines. L'hérédité m'apparaît aujourd'hui, après trente ans de réflexion, d'observation sur l'homme, et de lectures, comme un attribut, constant et permanent, de la vie, comme la principale force qui meut les êtres animés, et comme la génératrice de cette grande mémoire congénitale, dont la mémoire individuelle n'est qu'une subdivision. On pourrait dire, sans trop d'hyperbole, que l'hérédité c'est la mémoire. Elle est associée à la trame de l'être et souvent en lutte avec ce qui constitue sa personne, avec ce que j'ai appelé son *soi*.

Or, pendant tout le XIXe siècle, deux points (qui semblent aujourd'hui capitaux) ont été méconnus ou passés sous silence, dans l'étude de la transmission des caractères héréditaires : la partie non héritée de la personnalité, qui fait que celle-ci diffère essentiellement de ses ascendants ; le rôle de la reviviscence mentale héréditaire dans la faculté appelée imagination, et dans l'accord ou la lutte de celle-ci avec la raison. Ce sujet, si grave et important, se trouvait ainsi tronqué et diminué, et l'hérédité en était presque réduite au point de vue extérieur en quelque sorte, botanique, zoologique ou pathologique. C'est ainsi que Darwin, Galton et leurs émules et successeurs n'ont fait, à mon avis, que l'effleurer. On voit les conséquences : l'éducation exige une rectification constante des principes héréditaires défectueux. La volonté peut modifier les phénomènes héréditaires, en agissant sur les images intérieures. Enfin la liberté humaine est capable de surmonter, au prix d'un effort constant, ce qu'on a appelé la fatalité héréditaire, ce que j'appelle la mémoire héréditaire. Mais, du même coup, tombe le matérialisme commode, dont on s'est contenté pendant soixante-dix ans et davantage, que nous avons vu requérir l'évolution, que nous verrons requérir les localisations cérébrales et qui marque l'apogée de l'abrutissement dans l'enseignement supérieur de nos Facultés.

Constatons que presque autant de sottises ont été solennellement proférées et professées, quant à l'hérédité, au XIXe siècle, qu'il en a été proféré et professé quant à l'Évolution et au progrès. Les mêmes doctes personnages, qui posaient la loi du progrès continu et indéfini par la science, comme réelle, affirmaient aussi l'inéluctable fatalité héréditaire, sans s'apercevoir de la contradiction : L'homme asservi dans sa lignée, l'humanité libre et indéfiniment ascendante, telle était l'antinomie sur laquelle vécurent les deux générations de 1870 et de 1900. La rigidité de l'univers a comme corollaire la servitude héréditaire de l'espèce humaine, elle-même descendant du singe. Ce n'est que vers la fin du siècle que la philosophie française commence à envisager, timidement, la contingence des lois de la nature, nullement rejointe par la psychologie, la physiologie et la clinique, qui en demeurent au « tel père, tel fils » et à la chaîne congénitale infrangible. À l'époque où je concourais pour l'internat des hôpitaux (1891) et qui marquait l'apogée des insanités triomphantes, issues de la Réforme et de l'Encyclopédie et portées sur les ailes de la politique, le monde animé et la nature humaine, le premier créant le second, étaient ainsi considérés comme une sorte de bagne héréditaire, tendant néanmoins au progrès et au bonheur. On disait : « C'est la forme moderne de la fatalité antique, mais tout cela finira très bien. » Il ne faut pas s'étonner, dans de telles conditions, de la proportion, croissante et formidable, des aliénés de toute sorte, telle que chaque jour on construisait de nouveaux asiles. Ce qui semble extraordinaire, c'est que l'aliénation, avec de telles doctrines en circulation, n'ait pas encore été plus répandue.

En effet, la pression psychosociale, sur les esprits mal défendus ou non défendus par une foi, ou une conviction profonde, est, avec la spirille syphilitique, une des grandes causes des diverses folies, cycliques ou non, actuellement classées. Le délire de la persécution s'alimente de la captivité héréditaire, marotte sombre de nombreux déments. Le délire des grandeurs s'alimente de l'Évolution et du progrès continu. Les psychiatres ont mis sur le compte de l'alcoolisme (lequel a bon dos), ou de la neurasthénie aiguë (terme vide de sens) une multitude de dérangements cérébraux, dont la cause véritable est dans l'ambiance intellectuelle et morale. Ces savants étriqués et ces observateurs de l'immédiat ne tiennent pas compte du vertige général, qui résulte (même chez les demi-ignorants et les primaires) de la contradiction de deux notions fortes et universellement répandues. Je prétends que l'illusion du poids de la chaîne héréditaire est à l'origine de la plupart des mélancolies, que cette illusion, jointe à celle du déterminisme, a jeté un voile sinistre sur l'immense multitude des pensées serviles, depuis une cinquantaine d'années. J'entends par pensées serviles celles qui acceptent, par les journaux, les livres, les conférences, les conversations, des principes directeurs qu'elles n'examinent pas et qu'elles sont incapables, ou peu capables, de critiquer, puis de surmonter.

Le philosophe allemand Nietzsche, qui mourut paralytique général, parle quelque part de ces « papillons fatigués », qui meurent de lassitude mentale, après s'être promenés de thèse en thèse, sans pouvoir rencontrer, une seule fois, la reposante certitude. De tels papillons, égarés ou morts sur place, les vitres des cinquante années dont je parle sont pleines, à travers lesquelles ne filtrait plus — de 1870 à 1914 — aucun soleil réchauffant. Ou alors, c'était, comme le bergsonisme, une lumière artificielle, plus triste que ce bas crépuscule. Amoindrissement et disparition progressifs d'une élite critique. Effondrement de l'esprit de Faculté et de l'Enseignement supérieur. Affaissement des Humanités, qui défendent l'imagination contre les innovations abrutissantes ou déréglées. Maboulisme des thèses scientifiques et philosophiques prédominantes. Doute non corrigé par le doute du doute. Telles étaient les origines de ce vertige, qui peupla et qui continue à peupler les asiles, établissements hydrothérapiques et sanatoria de toute catégorie.

Il y a quelques mois, combinant le plan du présent ouvrage, je me trouvais, par une admirable matinée d'automne, sur la route des Antiques, qui va de Saint-Rémy de Provence aux Baux. L'air était pur comme une âme d'enfant. Le ciel d'un bleu angélique. D'un vieux couvent désaffecté, converti en maison de fous, me parvenait, de temps à autre, un cri aigu et monotone, que je reconnaissais bien, pour en avoir entendu de semblables, jadis, à Sainte-Anne (service du docteur Ball), Bicêtre, La Salpêtrjère, etc... Ce cri sans substance des aliénés, comme suspendu au-dessus du vide, est caractéristique. Il remue le cœur, ainsi qu'un deuil immense et latent. Je songeais, en l'écoutant, aux âmes de mes contemporains, et des pères et grands-pères de mes contemporains assiégées par la demi-douzaine d'insanités solennelles, doctrinaires, dogmatiques, que j'analyse et que je constate ici, assaillies et désorbitées, et se réfugiant dans ce cri suprême de l'humain qui se déshumanise. Avec une remarquable lucidité, due sans doute à la transparence de l'atmosphère, et aux lignes des vieux et mystérieux monuments triomphants, posés là par les proconsuls romains, je me disais : « C'est bien cela. Où le religieux priait, dans une cellule visitée par la haute Raison, qui distingue et équilibre l'homme, la folle crie aujourd'hui, la pauvre folle sur qui pèsent, sans qu'elle s'en doute, des années et des années de docile abrutissement par l'ambiance. À force d'affirmer la servitude héréditaire, ces docteurs de néant ont fini par la créer. Déjà nous voyons monter les suicides d'enfants, dernier terme, aboutissement fatal, de la pression psycho-sociale ; car l'enfant est le grand réactif du milieu. » Ainsi songeais-je, et peu à peu, comme dans un cauchemar, le ciel divin se décolorait, et l'heure et le lieu perdaient leur magie, ainsi que pour les malheureux enfermés, les déplorables victimes de leur temps absurde. Je m'arrachai à ma contemplation et retrouvai avec plaisir le Saint-Remy du poète Roumanille, tranquille et blotti dans sa lumière léonardienne, avec ses figues, ses olives, son pain crémeux et son vin clair.

On ne saurait croire à quelle profondeur a diffusé (par la presse quotidienne à un sou), vers la fin du XIXe siècle, la note fausse de l'hérédité tyrannique. Quelques mois avant la guerre, sortant de l'imprimerie de l'*Action française*, ma femme et moi, vers les minuit, par une belle soirée de printemps, nous rencontrâmes un maigre gamin, qui boitillait, chargé de journaux : « Tu vas vendre ça à cette heure-ci ? — Non, j'ai fini, je rentre chez nous. — Quel âge as-tu ? — Neuf ans. — As-tu mal à la jambe ? Tu boites. — Non, j'ai des grosseurs comme aux mains (il les montra, déformées en effet par des exostoses). Mon père était alcoolique. Alors vous comprenez... » Cet enfant de neuf ans, chétif, misérable, avait entendu parler des médecins et lu des articles sur l'hérédité alcoolique ! Je l'imaginais, dix ans plus tard, s'il vivait, en proie à l'obsession, à la folie, pseudo-héréditaire, à moins qu'il n'eût rencontré quelqu'un pour lui ouvrir l'espérance et le désabuser. Mais ce sont là de ces bonheurs qui n'arrivent guère que dans les contes de fées.

Le romancier anglais Thomas Hardy a peint. dans son célèbre ouvrage *Jude l'Obscur*, un ouvrier courageux, opprimé et comme meurtri par les obscures chimères de son temps. Je pense que ce type est devenu extrêmement fréquent. Mais, quand nous en rencontrons un sournois, inquiet ou rageur (et ce personnage ne manque pas dans les grandes villes) nous devons toujours voir, derrière lui, la théorie des hauts pédagogues, des professeurs de Faculté et d'hommes de lettres et de médecins illustres, qui ont jeté sur lui la chape de plomb et fait son malheur intérieur. Le mal que causent, en se propageant, les grandes erreurs, est toujours descendant. Chaque âge a eu les siennes ; mais celles du Stupide ont trouvé un terrain exceptionnellement favorable à leur propagation, alors que les vérités, luttant contre ces erreurs, voyaient (par la politique révolutionnaire et libérale, la seconde pire encore que la première) se dresser contre elles mille obstacles. Les docteurs fols engendrent les primaires, auxquels il faut préférer, et de beaucoup, les illettrés complets. L'illettré sait qu'il ne sait rien (du moins de ce qu'on appelle le savoir) alors que le primaire croit qu'il sait tout. Le primaire est un produit du XIXe siècle et un élément de perturbation considérable. Il y a des primaires dans tous les milieux. On peut apprendre au contact de l'illettré, qui n'est pas forcément un ignorant, alors qu'il n'y a rien à apprendre du primaire.

La notion fausse de la prison héréditaire en est arrivée, en quarante ans, à oblitérer, chez beaucoup, le sentiment de la responsabilité. Elle a créé l'esthétique basse et bornée de l'instinct. Elle a fait croire qu'il était beau de ravaler la dignité humaine. Cela s'est passé dans une zone obscure, entre la littérature vulgaire et la science vulgarisée.

C'est ainsi que la conjonction de ces deux erreurs, le transformisme et son appendice, la descendance simiesque de l'homme (flanquée de la lutte pour la vie et de la sélection sexuelle), puis la fatalité héréditaire insurmontable par la volonté, ont abouti, dans le dernier tiers du Stupide, à diminuer l'Homme, la spécificité humaine, sur tous les plans. Aux regards du haut enseignement, comme de la philosophie, comme des sciences, l'Homme était devenu un animal comme un autre, le dernier arrivé dans la série, le plus élevé, sans doute, mais chez qui un acquit appréciable dans l'intelligence se trouvait compensé par une perte fondamentale dans l'instinct. De même que les États, et les hommes qui, se disent pacifistes, aboutissent à déchaîner les tueries énormes qu'ils prétendent conjurer, de même l'affirmation solennelle des Droits de l'Homme et de la liberté politique et sociale a abouti, après moins d'un siècle (c'est-à-dire de quelques gouttes de l'impondérable durée), au rabaissement et ravalement de la dignité humaine et à l'exaltation de l'instinct animal. La stupidité ne consiste-t-elle point à aller donner précisément dans les écueils que l'on prétendait éviter ? C'est par une telle voie contrariée que la Terreur est sortie, sanglante, de la bergerie vicieuse de Jean-Jacques.

Le but de ce livre n'est point de démolir, pièce par pièce, cet échafaudage évolutionniste, à l'intérieur duquel il n'y avait que la plus vieille constatation de la philosophie grecque sur l'écoulement universel. Je renvoie, pour le détail, mon lecteur aux ouvrages spéciaux qui, chaque année, chaque mois, chaque semaine, viennent porter la hache dans les décombres du darwinisme et de ses applications… Il en est de même pour l'acceptation de la fatalité héréditaire et la méconnaissance du Soi personnel, et non congénital ni transmissible, qui ont pesé d'un poids si lourd sur la génération d'avant-guerre. Nous sommes en plein déménagement, et le piano est dans l'escalier, je veux dire la musique et les chœurs d'Évolution-progrès, dont on nous rabattait les oreilles. En retard d'environ dix ans sur la pensée générale, la presse à grand tirage ignore encore ce bouleversement, si gros de conséquences pour notre pays. C'est que la presse à grand tirage (que je connais bien, faisant moi-même, depuis quatorze ans, le dur métier de directeur de journal, aux côtés de Maurras) est devenue un appareil d'étouffement, bien plutôt qu'un appareil de divulgation.

La diminution de l'humain, théorique et pratique, est source de démoralisation. On s'aperçoit ici encore, bien que d'une façon détournée, que l'intellectuel commande le sensible. Par une voie qui n'a rien de mystérieux aujourd'hui, et que nous espérons avoir exposée dans ces quelques pages, la théorie de la descendance simiesque de l'homme aboutit, en trente années et moins, à la multiplication des crimes d'enfants, de même que la théorie de la fatalité héréditaire peuple les asiles d'aliénés et les peuplera demain (s'il n'est vigoureusement réagi) de *jeunes* aliénés. L'oiseau qui salit son nid est un sale oiseau, dit le proverbe. L'homme qui salit l'humain est un sale individu. Le siècle qui salit le siècle est un sale temps.

Immédiatement après l'Évolution, la « loi » du progrès et de la fatalité héréditaire, quel est le faux dogme qui s'avance ? Celui des localisations cérébrales et notamment de la localisation du langage articulé au pied de la troisième frontale gauche. C'était la suite de la théorie

« phrénologique » et matérialiste de Gall sur les protubérances et bosses crâniennes. Ici, fermant les yeux, je me porte à trente-cinq ans en arrière, à l'époque où je commençais mes études de médecine, dans l'enivrement du début. La pseudo-découverte de Broca, reprise par Charcot, étendue à une analyse (que l'on croyait complète) du langage articulé, tenait le monde scientifique. Charcot l'avait « philosophée » dans le schéma fameux de la Cloche (que l'on trouve dans ses leçons sur le système nerveux) et agrandie par la reconnaissance d'autres centres, tout aussi illusoires, correspondant à l'écriture, au mot vu, au mot entendu, au mot articulé, etc… Or, Broca et Charcot participaient du matérialisme anticlérical de leur génération, la plus médiocre, sans doute, du Stupide, et celle qui le caractérise le plus complètement ; attendu que les insanités antérieures y ont eu leur floraison et leur épanouissement naturels. Ces deux savants se jetèrent avidement sur une doctrine qui flattait leur marotte « Antidieu » (je ne vois pas de définition plus exacte de celle-ci) et construisirent, d'après elle, un fonctionnement de l'esprit humain, comparable à un tableau de sonneries électriques dans une antichambre de banque. À telle faculté, ou partie de faculté, correspondait une zone corticale de l'encéphale. Je vois encore les pains à cacheter, rouges, jaunes, bleus, verts, collés sur les circonvolutions de Sylvius, de Rolando, etc…, signifiant cette attribution tout arbitraire, fondée sur des observations fausses et incomplètes (parce que passionnées) de ces deux maîtres et de leurs élèves.

Quand je dis « passionnée » j'emploie (sans le secours de ma troisième frontale gauche) le mot qui convient. Je n'ai pas connu Broca, dont la frénésie « antidieu » était célèbre et, paraît-il, comique. Mais j'ai connu, avec le professeur Charcot (qui avait, par ailleurs, des parties de génie et une vaste et pittoresque culture), presque toute l'École de la Salpétrière. La plupart de ces médecins, d'une ignorance totale en politique, en métaphysique et en théologie, avaient cependant des opinions bien arrêtées sur la politique, la métaphysique et la théologie... très arrêtées et infiniment puériles et sommaires : celles de leur temps. Ils s'imaginaient commander aux phénomènes, qu'ils interprétaient à leur façon et constataient et commentaient souvent de travers. Leur infatuation (à l'exception de quelques-uns) était égale à celle de leurs patrons. Bref, si l'illusion de la circonvolution de Broca et Charcot eut cette vogue immédiate, et bientôt européenne, cela tient à ce que sa révélation flattait la manie anticléricale de l'époque et soulevait des passions venues de loin, de l'Encyclopédie (Helvétius, Condillac, La Mettrie et Cie) et, à travers eux, de la Réforme. Si je devais énumérer ici les innombrables travaux, thèses, articles, bouquins, dictionnaires, controverses (d'émulation, non de discussion), adhésions enthousiastes, considérations philosophiques, thérapeutiques, histologiques, anatomopathologiques, chirurgicales et autres, auxquels donna lieu cette petite farce de topographie cérébrale, linguistique et matérialiste, il me faudrait, sans exagérer, une dizaine de volumes de douze cents pages. Songez donc : on connaissait désormais le siège, presque la formation héréditaire, monsieur, hé-ré-di-tai-re, du verbe, considéré comme le suprême refuge de l'immatériel, et capté, cette fois, dans des cellules ramifiées et ramifiantes (le neurone, personnage éphémère et illusoire, lui aussi, hélas ! ne devait intervenir que plus tard) … du verbe adhérent à un atome de la matière, naissant, évoluant et mourant avec cet atome. Ça y était : le scalpel avait rencontré l'âme. Il n'y avait plus qu'à tirer les conséquences d'une aussi irréfutable démonstration de la non existence de Dieu.

Je me rappelle encore la solennité avec laquelle le professeur Charcot (qui avait pioché son schéma, certes ingénieux, mais vain, de la Cloche, jour et nuit, pendant un mois) annonça un jour à ses disciples que Nothnagel adhérait à la doctrine. Ce Nothnagel était un assez vague savant viennois, si j'ai bonne mémoire, demeuré rétif, pendant de longues années, à la sonnerie de l'antichambre, à la troisième frontale, à la définitive explication du langage articulé, et qui bouchait à lui seul le germanisme à l'admission de la merveilleuse découverte. Nothnagel une fois conquis, le reste de l'univers marcherait comme sur des roulettes. Quelque temps après, en effet, parut le livre où Nothnagel, faisant amende honorable, *en* remettait avec un zèle tout néophytique ; et distribuait, à tort et à travers, le long de l'écorce cérébrale, une multitude d'autres localisations normales et pathologiques, auxquelles n'avaient songé ni Broca, ni Charcot. Sacré Nothnagel, qu'est-il devenu ? Mort ou vif, je voudrais bien avoir de ses nouvelles, et savoir si ses doctes travaux ont rejoint, dans la barathre aux pseudo-découvertes, ceux de ses illustres émules français.

Les esprit simples s'imaginent qu'une aussi audacieuse affirmation que celle de Broca et de Charcot (et dont l'enfantillage et le sommaire, en une affaire aussi complexe que le langage, eussent dû sauter aux yeux) souleva, dès qu'elle apparut, mille critiques et réfutations. Quelle erreur ! L'autorité despotique des deux célèbres pontifes était telle et l'atmosphère médicale d'antidieu si compacte, que le nouvel et inconsistant évangile fut accueilli dans un respect total ; que dis-je, avec une vénération prosternée ! D'abord il y allait de la carrière des jeunes agrégés, admis à vérifier la branlante certitude, et des médecins des hôpitaux, qui auraient eu la velléité de la contredire, en s'avérant ainsi « calotins ». J'ai entendu la phrase, je ne l'invente pas : « Seuls les calotins pourraient nier, aujourd'hui, la circonvolution du langage ! » Ensuite la critique philosophique était nulle, dévastée par le kantisme et le spencerisme. Les philosophes de quelque valeur, un Lachelier, un Boutroux, étaient inhibés de respect devant cette Salpétrière, où la force de persuasion de Charcot fabriquait, à la douzaine, des hystériques, des somnambuliques, des cataleptiques, ainsi que des autopsies d'aphasiques, porteurs obéissants de leur lésion selon saint Broca, et conformes au schéma de la Cloche. Il ne se trouva pas un critique de quelque envergure (je dis pas un) pour démontrer l'absurdité préliminaire d'une thèse localisant la fonction du langage articulé dans tel ou tel groupe de cellules nerveuses, de ces cellules dont on ignore, du reste, le fonctionnement. Cette acceptation en bloc d'une simili explication baroque, bonne pour des sauvages des Iles sous le vent (sous le vent de l'erreur), fut accueillie, les yeux fermés, par les Instituts, les Facultés, les Académies. Les psychologues s'y conformèrent. Les métaphysiciens ou prétendus tels (nous avons vu qu'il n'y eut pas de méthaphysiciens en Occident au XIXe siècle) en tinrent compte. Les gens du monde et salonnards s'y rangèrent avec empressement, comme aujourd'hui aux théories d'Einstein. Il n'y a pas de plus bel exemple de crédulité scientifique en commun, de ruée à la servitude intellectuelle, que l'installation de cette doctrine de misère au milieu de la culture française et européenne, depuis l'autopsie de Leborgne par Broca (1861) jusqu'en 1906 environ, soit quarante-cinq ans !

Car, chose admirable, le pauvre bougre, dont le cerveau servit à Broca pour sa démonstration initiale, s'appelait Leborgne. Or celui qui utilisa cette frontale, pour y planter le drapeau du matérialisme, n'était pas borgne, mais aveugle. Il avait la cécité de l'Antidieu.

C'est ici que commence le conte de fée ; car toutes ces aventures intellectuelles du siècle buté et borné ont des solutions imprévues : il y avait, parmi les élèves de Charcot, un médecin aimable, discret, modeste et sage, d'une rare soumission aux doctrines du maître, et que l'on appelait

Pierre Marie. Jamais, pendant les polycliniques, on ne l'avait vu se dissiper, ni rire, comme l'avait fait parfois Brissaud, gardien fidèle du pédoncule cérébral. Pendant de longues années, Pierre Marie, docilement, avait accepté, les yeux fermés, l'évangile matérialiste de Broca et de Charcot ; ou, du moins, rien dans la conduite de ses travaux, n'avait laissé supposer qu'il commettrait un jour le sacrilège inouï de nier le tableau de sonneries dans l'antichambre, et de déchausser de la faculté du langage articulé le pied de la troisième frontale gauche. C'est cependant ce qui arriva.

Le mercredi 1ᵉʳ mars 1922, paraissait dans la *Presse médicale*, résumant de lents et patients travaux sur la question et de nombreuses observations, une leçon magistrale de Pierre Marie, qui sonnait le glas de la grande erreur. Cette leçon était ainsi intitulée : *Existe-t-il, dans le cerveau humain, des centres innés ou préformés du langage ?* Après une forte et lumineuse discussion, d'une irrésistible logique, appuyée sur le bon sens et de multiples cas cliniques et coupes anatomiques, l'auteur concluait que non, que de tels centres n'existent pas. C'était le déboulonnement de l'idole, au milieu de la stupeur consternée, mais silencieuse, de ses derniers adorateurs. Car, depuis dix ans, un sourd travail de délitement s'accomplissait dans les profondeurs du temple. Les fidèles adeptes de la Broca-Charcot entendaient des voix mystérieuses qui murmuraient : « C'est une chimère. On s'est trompé. On vous a trompés. Il n'y a pas de localisation cérébrale du langage articulé. »

Voici la conclusion de Pierre Marie. Il faut en dégager les suprêmes concessions, faites par le disciple émancipé aux idées professées dans sa jeunesse (car mon avis est que *toutes* les localisations cérébrales, les motrices comme les psychiques, sont destinées à disparaître, dans une interprétation toute différente des expériences sommaires qui les avaient fait admettre). Il faut en retenir l'essentiel, qui est le sciage du pivot central de l'erreur, de l'arbre de couche du néo-matérialisme :

« Il faut absolument nous dégager des anciennes conceptions qui tendaient à admettre, pour certains processus psychiques, notamment pour ceux du langage, des centres aussi étroits que pour les fonctions motrices. On sait que pour ces dernières, le point de départ semble bien être dans certains groupes cellulaires, d'où naissent des fibres de projection, qui transmettront, directement ou indirectement, aux organes moteurs périphériques, les excitations et les injonctions nécessaires. Pour les processus psychiques, il en est tout autrement : ceux-ci prendraient naissance par une sorte de vibration des éléments nerveux, et ces vibrations se propageraient par une série de réactions élaboratrices, à un très grand nombre de cellules qui seraient ainsi mises en action par l'excitation initiale, volontaire ou réflexe. Ce serait notamment une erreur de penser, comme on l'a fait autrefois, que telle ou telle cellule ou tel ou tel groupe cellulaire constitue un centre pour une des parties du discours : substantifs, adjectifs, verbes, etc., ou même pour la syntaxe qui régit l'emploi de ces différentes parties. »

Ces lignes rejoignent celles que j'écrivais, en 1916, dans *l'Hérédo* :

« Il n'est pas vrai que l'organisme dispose de l'esprit. C'est l'esprit qui domine l'organisme et peut, à l'occasion, le transformer. Il n'y a aucune espèce de raison pour que le cerveau soit (comme on le répète) le siège exclusif de la pensée. Il y a toute raison d'admettre que la pensée est diffuse à travers l'organisme, qu'elle commande. Le cerveau n'est qu'un grand central de communication, allant à tous les points de l'organisme, et en venant, qu'un laboratoire de transformation des hérédismes par l'instinct génésique. Il est quelque chose comme un ganglion, plus volumineux et plus compliqué.

Il est inadmissible que telle partie du cerveau soit le siège de telle faculté, comme le langage, ou d'une partie de telle faculté. Expression d'une partie de la pensée, le langage est diffus, comme elle à travers l'organisme. »

En d'autres termes, le terrible coup de pioche, porté par Pierre Marie dans l'édifice vermoulu du matérialisme médical du XIXe siècle, est le premier. Il ne sera pas le dernier.

La chute définitive de la localisation cérébrale du langage articulé fait tomber avec elle toutes les théories adjacentes, *c'est-à-dire toute la psychologie, prétendue physiologique, des soixante dernières années.* La philosophie matérialiste, dont l'axiome un était le support de la pensée humaine et du langage par des régions déterminées de l'encéphale, va rejoindre au néant la vaine philosophie spiritualiste, de sens contraire, de Cousin et de Jouffroy, à laquelle elle faisait vis-à-vis. Chaque jour on a pu constater, pendant la guerre, des blessures de la troisième frontale gauche, non accompagnées d'aphasie, des ablations étendues de la substance cérébrale non suivies de troubles intellectuels ; et, inversement, des aphasies et des agraphies, des cécités, des surdités verbales, non accompagnées de lésions de la région de Broca-Charcot. En fin de compte, le lien matériel, qui semblait rattacher le cerveau à la pensée par le verbe, est rompu. Quelques rares zélateurs du passé essaient encore de cacher la nouvelle, de présenter comme révisible l'arrêt fatal de Pierre Marie. Vains efforts. De tous côtés se dressent des confirmations.

Comble de désastre, voici que disparaissent comme par magie, ces cas de grande hystérie (léthargie, catalepsie, somnambulisme) sur lesquels, depuis quarante ans, roulaient tous les travaux concernant la suggestion hypnotique, la suggestion tout court, et qui avaient repris, à cent ans de distance (dans les limites du Stupide) le baquet de Mesmer et les passes magnétiques de ses successeurs.

Dès le 17 janvier 1912 (vingt ans après la mort de Charcot) le professeur Chauffard écrivait dans la *Presse médicale*, à propos des stabilités et conditions des espèces morbides :

« Nous aussi, nous avons, sous l'influence d'un autre maître Charcot, connu une grande époque de l'hystérie, et pendant des années, nos services nous ont montré chaque jour les plus beaux types de l'hystérie, telle qu'on la décrivait à la Salpêtrière.

Prenons l'exemple de l'hystérie mâle. En la seule année 1889, dans mon service de Broussais, mon interne d'alors, mon collègue d'aujourd'hui, M. Soucques, relevait dans une salle de 32 malades, 26 cas d'une authenticité indiscutable, avec anesthésie sensitivo-sensorielle partielle ou généralisée, anesthésie pharyngée, rétrécissement concentrique du champ visuel ; et, à ces stigmates classiques s'ajoutaient tous les accidents possibles de tremblement, d'hémiplégie, monoplégies, hémispasme glosso-labié, attaques apoplectiformes, etc.

Et Broussais n'était pas, croyez-le bien, un hôpital privilégié en matière d'hystérie masculine. À la même époque, dans le service de M. Raymond, à Saint-Antoine, huit cas étaient observés dans les deux seuls mois de février et mars 1890 ; à Bordeaux, dans le service du professeur Pitres, en quatre années, dans une salle de clinique générale de 38 lits, passaient 22 cas d'hystérie mâle indiscutable.

Et maintenant ? Par un singulier changement à vue, il n'y a presque plus d'hystérie dans ce nos services, pas plus chez les femmes que chez les hommes ; et, pour ma part, je crois bien qu'il y a plus de dix ans que je n'en ai observé un cas sérieux dans mes salles.

C'est que depuis Charcot, nos idées se sont profondément modifiées, en grande partie par le fait de la critique objective à laquelle M. Babinski a soumis la doctrine de l'hystérie. Ces hystériques si nombreux, si démonstratifs, si typiques, c'est nous médecins, qui par nos méthodes imprudentes d'examen, en faisions la culture artificielle et intensive. Aujourd'hui que nous sommes avertis, l'hystérie a à peu près disparu de notre clinique hospitalière, pour se réduire à un substratum mental, sur lequel l'avis de plus compétents que moi est encore très partagé. »

On sait que l'éminent docteur Babinski (qui a d'ailleurs conservé le culte de son illustre maître Charcot) a baptisé « pithiatiques » les phénomènes fonctionnels, de suggestion et de persuasion, groupés naguère sous le nom d'hystérie. La notion, introduite par lui, du pithiatisme médical, est une des plus fécondes qui soient. Elle a permis, pendant la guerre, de récupérer un nombre considérable de simulateurs sans le savoir, de ceux qu'en 1889 on aurait qualifiés d'hystériques et traités (id est cultivés) comme tels. Or la force persuadante, et même fascinante, était, au plus haut point, en Charcot. Elle émanait de lui avec une vigueur quasi irrésistible. Elle s'imposait à ses élèves ; elle s'imposait à ses malades. C'était un puissant modeleur de la volonté d'autrui, si puissant qu'il forgea des symptômes et des syndromes fragiles, sur lesquels la psychologie, et même la philosophie de son temps, échafaudèrent d'orgueilleux systèmes, maintenant abattus ou branlants.

Il n'y a pas qu'à l'hystérie que puisse s'appliquer la notion critique, si féconde, du pithiatisme, du développement morbide par persuasion. Dans ces vingt dernières années, principalement en Allemagne et en Autriche, les anomalies redoutables de la Psychopathia sexualis, avec toutes leurs conséquences familiales et sociales (de ce que j'ai appelé l'aliénation morale, par opposition avec l'aliénation mentale), ont donné lieu à une littérature considérable. C'est une question de savoir si cette bibliothèque, tirée à des milliers et des milliers d'exemplaires, n'a pas prolongé le mal qu'elle prétendait définir et combattre. Il faut tenir compte, en effet, du sentiment orgueilleux, lequel pousse tant de gens, même compréhensifs et cultivés, à développer en eux un penchant funeste, qui les met à part de l'humanité courante, leur semble faire d'eux des damnés d'un caractère spécial, et faciliter ainsi tous les narcissismes.

Tout médecin sait à quel point la fréquence du goitre exolphtalmique, ou maladie de Basedow, s'est développée au cours de ces dernières années. Quelle est la raison de cette multiplication ? J'ai remarqué, en interrogeant certains « Basedow » de ma connaissance, qu'ils ont presque toujours été profondément frappés, quelques mois ou quelques années avant qu'eux-mêmes tombassent malades, par un cas de goitre singulier dans leur entourage, accompagné des symptômes classiques de l'accélération cardiaque, du tremblement, de l'amaigrissement, de l'insomnie, etc. Tout se passe comme si une force obscure, agissant en eux, avait modelé, en les déformant, les organismes à la ressemblance de ces symptômes morbides. Autre forme d'autopithiatisme, avec une période incubatoire imaginative variable.

Nous ignorons encore les réactions de notre organisme, sous l'influence d'une idée fixe, prolongée pendant la veille et le sommeil, quelquefois d'une façon latente, et sous la couverture du spectacle changeant de la vie. Quand cette idée consiste en une image normale ou pathologique, appliquée à tel ou tel organe, il n'est pas téméraire de supposer qu'elle devienne motrice, et susceptible d'impressionner les tissus. Ainsi s'expliquent quelques observations d'enfants influencés, avant leur naissance, à l'état de fœtus, par telle ou telle difformité ou bizarrerie, qui avait ému, frappé la mère pendant la gestation, et reproduisant cette difformité ou cette bizarrerie.

Au résumé, et sans qu'il soit besoin de poursuivre indéfiniment cette énumération, chaque être humain possède en lui le moyen d'agir, soit sur ses propres tissus, soit sur ceux de ses semblables, par une irradiation de sa personnalité, plus ou moins vive selon les sujets. Il y a en nous une force, aussi mal connue que pouvait l'être l'électricité, il y a deux cents ans, que j'appellerai, faute d'un meilleur terme, psychoplastique, capable d'agir sur nos tissus, notre organisme, les tissus, l'organisme de nos semblables et aussi sur les substances organiques, animales ou végétales, destinées à modifier le milieu intérieur. Cette force n'est, aujourd'hui, ni différenciée nettement, ni mesurée. Nous savons seulement qu'elle varie en intensité, qu'il y a un indice psychoplastique et physioplastique, et que ces variations sont fonction de la personnalité elle-même, ou des circonstances qu'elle traverse. Les efforts faits pour la recueillir expérimentalement et la multiplier, comme on recueille et multiplie, à l'aide d'appareils spéciaux, la force électrique, n'ont pas encore été couronnés de succès. Ce sera (tout donne à le penser) une des découvertes de demain.

La notion du pithiatisme (du grec *peitheïn*, persuader), dégagée tout récemment par le premier neurologue du XXe siècle commençant[1], ne s'applique pas seulement aux maladies. Elle s'applique aussi, pour quiconque réfléchit, aux doctrines en vogue, concernant la cause de ces maladies et leurs traitements. Elle explique le don de fascination, qui est en certaines personnalités, et leur permet d'exercer ici-bas, sur la pauvre orgueilleuse humanité, une action bienfaisante ou malfaisante. Si nous prenons trois hommes dont les noms ont rempli les arches du Stupide (ce pont entre deux immenses hécatombes), Bonaparte, Victor Hugo, Pasteur, nous reconnaissons aussitôt, en eux, trois types de pithiase caractérisée : le premier, de pithiase exaltante et sanguinaire ; le second, de pithiase exaltante et perturbante ; le troisième, de pithiase bienfaisante.

Le cas de Bonaparte et celui de Victor Hugo ont été suffisamment développés pour qu'il soit inutile d'y revenir. C'est par leur absurdité (jugée sublime) qu'ils ont surtout entraîné les hommes du XIXe d'abord leurs contemporains, puis les fils et petits-fils de ceux-ci. Avec la persuasion bienfaisante d'un Pasteur, évidemment convaincu lui-même, le cher homme, de la vérité absolue de ses doctrines, nous touchons, au contraire, un cas de pithiase imaginative d'aspect rationnel. Il y avait certes un substratum, réel et génial, dans le magnifique roman scientifique, échafaudé par l'esprit de Pasteur et embaumé dans son Institut. Mais la gloire pastorienne agissant moins, vingt-sept ans après la mort du maître (nous avons vu que la durée moyenne d'une théorie scientifique, dans l'ordre biologique, est d'environ trente ans), les méthodes antiseptiques et aseptiques, le virus, les sérums eux aussi, commencent à donner des résultats moins satisfaisants, des signes de grande sénilité. Les croyants disent : « C'est parce qu'ils sont préparés avec moins de soin qu'autrefois. Les plats sont devenus moins savoureux parce que la cuisinière est moins bonne. » Je ne le pense pas. M. Roux passe, à bon droit, pour un savant considérable et d'une conscience à toute épreuve. Je n'en dirai pas autant de feu Metschnikoff, inventeur de l'ingénieuse phagocytose (laquelle tient encore à peu près comme explication commode de la purulence), mais primaire exalté et dont les écrits « philosophiques » sont burlesques. Il m'apparaît plutôt que le soleil pastorien se refroidit, que la foi dans les microbes, et dans la cuisine antimicrobienne est moins vive, et, conséquemment, que les remèdes issus de cette foi et porteurs de cette foi, deviennent moins efficaces. Les sérums, comme les vins trop vieux, radotent.

Certains sceptiques (qui n'auraient pas osé parler ainsi il y a seulement dix ans) commencent à murmurer, dans les parages mêmes de l'Institut Pasteur, que presque tous les sérums agissent à peu près de la même façon, qu'introduits dans l'organisme par la bouche, au lieu de la voie sous-cutanée ou intraveineuse, ils produisent exactement les mêmes effets. D'autres déclarent hautement, qu'à l'origine des grandes diathèses il y a certainement autre chose que les infiniment petits, que la minimoflore et la minimofaune, que l'étiologie uniquement bacillaire ou bactérienne est une vue de l'esprit trop simpliste, que Peter (l'adversaire acharné de Pasteur) n'avait pas si tort que ça. Des cas, assez nombreux, de rage après traitement auraient été notés... d'aucuns disent de plus en plus nombreux. Une tendance générale commence à se dessiner, qui attribue aux altérations chimiques et clasiques du sang (dont l'importance était devenue secondaire) un rôle pathologique retiré d'autant aux microbes. Bref, nous avons là tous les signes avant-coureurs d'un vaste déménagement, et le piano, cette fois, est déjà dans l'antichambre, s'il n'est pas encore dans l'escalier.

Comment cela s'explique-t-il ? Par le pithiatisme.

Nous pouvons nous faire une exacte idée de Pasteur par la plutarquienne biographie que lui a consacrée pieusement M. Vallery-Radot. C'était un homme simple, concentré, assez timide, chaste, d'une imagination certainement formidable et qui ne la dispersait ni en ordres et contre-ordres comme Bonaparte, ni en vocables et métaphores comme Victor Hugo. Une tension extraordinaire et précise de sa volonté présidait à ses expériences, poursuivies lentement, patiemment, d'après une vigoureuse et nette idée préconçue. Dès la première heure, comme il arrive aux persuasifs de son espèce, il eut des dévots, des fanatiques, irrités contre ses contradicteurs, ou ceux qui seulement doutaient. Quand il tint sa conception microbienne, elle l'absorba tout entier et fit de lui un somnambule, un personnage en état second, en transe imaginative, tranquille mais drue, un aimant en marche. De même que les spirites convaincus finissent par soulever la table, à force de vouloir son soulèvement, et transmettent au bois leur désir ardent de lévitation, de même les premiers pastoriens, penchés sur leurs bouillons de culture, ayant au milieu d'eux leur maître fascinant, communiquaient à ces bouillons et courts bouillons une vertu curative, d'une durée moyenne de X années. Du moins, je suppose que c'est ainsi que les choses se sont passées. Les chroniqueurs assurent que du vivant de Sydenham, et encore plusieurs années après sa mort, son vin d'opium aromatisé (quel sale vin !) guérissait quantité de maladies. À toutes les époques, des remèdes nouveaux, administrés par des médecins célèbres, ou de mystérieux rebouteux, ont guéri de très nombreuses diathèses. Puis, dans d'autres temps, ou d'autres mains, ils n'ont plus rien donné. D'où le conseil ironique et sage : « Prenez-en, pendant que ça guérit encore. » J'ai terriblement peur que les petit jus de l'Institut Pasteur, si ingénieusement combinés, d'après une formule générale si séduisante ne soient proches du bout de leur rouleau. On dit aujourd'hui, pour expliquer l'insuffisance d'antiseptiques jadis réputés, que le microbe s'est habitué à eux. Ne serait-ce pas plutôt que le temps les a désaimantés du fluide pastorien, du fluide pithiatique, qui agissait en eux ?

Je ne me dissimule pas ce que ces remarques, que j'estime justes, ont de pénible pour les savants convaincus de la pérennité, de la continuité des doctrines qui ont bercé leur jeunesse, et à l'abri desquelles ils ont passé leurs examens et vécu en réfléchissant,... ou sans réfléchir. Leur tort a été de croire, avec leur temps, que la Science et l'homme faisaient deux, que la Science était une sorte de mine à plusieurs compartiments, d'où l'homme laborieux extrayait, une fois pour toutes, des quartiers de sagesse, du minerai de vérité. Mais non ! Une grande partie de la science vient de l'homme et participe à la brièveté et à la faillibilité humaines. L'homme agit beaucoup plus qu'il ne le croit, et qu'il ne le voudrait, sur ces enfants de son esprit et de la nature, qu'il appelle les lois de la science.

Pendant une grande partie du moyen âge, une valeur thérapeutique fut attribuée aux pierres précieuses. On employait, contre la fièvre, la turquoise et le lapis. Le béryl était utilisé dans les affections hépatiques. L'hyacinthe guérissait l'insomnie ; la topaze la folie furieuse. Les colliers de perles étaient infiniment répandus. Tout le long du XVIe siècle, et jusque sous Louis XIV, l'or et le bouillon d'or tinrent l'emploi de panacées. Les mêmes personnes, qui administrent consciencieusement les sérums actuels, et qui ont bien raison de les administrer, puisqu'ils agissent ou semblent agir, rient de ces antiques remèdes de bonnes femmes. Mais il est bien certain qu'ils n'étaient pas, ces remèdes, à l'époque de leur vogue, moins efficaces que les sérums à la nôtre. Leur pouvoir théraporadiant était réel. J'ai connu, il y a quelques années de cela, un pauvre garçon atteint d'un cancer à la face, auquel furent faites, sur mon conseil, plusieurs applications de radium. C'était un de mes collaborateurs à l'*Action française,* il avait grande confiance en moi et j'avais eu soin de lui vanter (en m'adressant à son intelligence, qui était vive) la puissance d'action du nouveau remède, alors en pleine vogue. Les premiers résultats furent surprenants. En quinze jours, la tumeur, qui englobait, telle une pieuvre, la branche montante du maxillaire inférieur gauche et gagnait l'oreille, avait diminué de moitié. Le malade en crachait sans cesse des fragments mortifiés. Puis, au bout de ce temps, vers la sixième ou septième séance, un de ses amis, médecin, l'ayant rencontré, défit imprudemment mon travail pithiatique et lui démontra, par A plus B, que le radium était inopérant, dans les tumeurs en général et celles de la face en particulier. À partir de ce moment, l'action bienfaisante cessa net, le mal empira à vue d'œil et mon malheureux collaborateur mourut en quelques semaines, asphyxié par une projection cancéreuse laryngée. J'ai pu saisir là, sur le fait, l'action incontestable du moral persuadant sur le physique.

Nous avons tous connu des rebouteux, qui traitaient, avec un extraordinaire succès, dans les campagnes, des entorses, des névralgies, des ulcères rebelles. Les cures du zouave Jacob sont demeurées célèbres. Il n'est personne qui ne puisse citer quelque exemple d'une affection, réputée incurable, et qui a cédé à tel traitement d'un empirique renommé, ou même contesté. Lorsque j'envisage la courbe ascendante, puis stationnaire, puis descendante, des traitements pastoriens, je me dis que ce grand Pasteur était le mélange d'une imagination exceptionnellement robuste et d'une aimantation personnelle infinie. Cette aimantation impressionnait favorablement les savants et les simples. Elle s'est propagée, intacte, pendant quelque temps, une vingtaine d'années environ, après la mort du maître, grâce à la foi communicative des disciples, grâce à leurs travaux bactériologiques, à leurs efforts méritoires, à leurs recherches, aux résultats obtenus. Puis il en est advenu, de ces vaccins et sérums si ingénieux, comme des théories auxquelles ils s'appuyaient et qui commencent à chanceler par la base. Ils ont agi moins, en attendant de ne plus agir du tout. Seulement, il faut compter avec la période du doit-on-le-dire, et aussi avec les mouvements récalcitrants, qui se produisent toujours autour d'un dogme scientifique en régression ; car il est naturel que les zélateurs, les héritiers, les bénéficiaires de la décroissante pensée-aimant du patron ne se laissent pas dépouiller de leur auréole sans crier.

Est-ce à dire que tout soit destiné à tomber à la fois, de ces méthodes thérapeutiques qui, aux environs de 1892, semblaient destinées à guérir rationnellement tous les maux humains contagieux ? Nullement. Il est très possible que le sérum de Roux, par exemple, continue à agir fort longtemps sur la diphtérie, comme il est possible qu'il perde, avec les années, de son efficacité, ou qu'il soit remplacé par un autre remède, issu d'une autre conception pithiatique, et paré des charmes captivants de la nouveauté. Le laudanum de Sydenham n'a pas perdu toute action contre la colique et la douleur en général, bien qu'il soit de moins en moins employé. La colchique agit encore, assure-t-on, sur la goutte, qui, d'ailleurs, tend à disparaître chez nous. On m'assure que la spartéine n'amende plus les troubles cardiaques, alors que la digitale continue à tenir bon. Notons qu'il s'agit ici de médicaments d'expérience, issus du long tâtonnement des âges, non de médicaments issus d'une théorie générale, et, comme tels, infiniment plus fragiles. Le traitement par les substances végétales, empiriquement choisies, dites « les Simples » est le modèle du traitement par persuasion prolongée et transmise de génération à génération, en quelque sorte traditionnellement. Il arrive que, transplantés de village en village, ces mêmes Simples cessent d'agir, ou agissent moins, de même que les sérums, d'une génération (trente ans) à une autre.

Un savant, qui est un très singulier mélange d'enfantillage et de génialité, le docteur Charles Richet, a fait une étude spéciale des cas d'anaphylaxie, ou de rébellion organique quant à certaines substances et à certains remèdes, qui s'opposent aux cas de mithridatisme, ou d'accoutumance. L'anaphylaxie s'étend des rougeurs qui accompagnent, chez certaines personnes, l'ingestion d'une seule fraise des bois, aux accidents, quelquefois graves, du renouvellement d'une piqûre de sérum antitétanique, ou autre, à des années de distance. On peut se demander si le pithiatisme ne joue pas aussi un certain rôle là-dedans. Ce qui est vrai, c'est que l'imagination peut être, à notre avis, considérée comme une faculté, non seulement intellectuelle, mais somatique, répandue dans tout l'organisme, et donc susceptible de le modifier (voir *le Monde des Images*[2] déjà cité). Le docteur Paul Sollier, mon ancien et savant condisciple, qui est un des premiers observateurs de notre temps et auquel on doit, entre autres choses, le traitement méthodique et rationnel des intoxications chroniques, a décrit, sous le nom d'endoscopie, la faculté qu'ont certains malades de voir et de décrire le siège d'une lésion interne, d'une altération de la vésicule biliaire, par exemple. Ces faits et d'autres, que ce n'est pas le lieu d'examiner ici, m'ont amené à considérer la faculté des images comme un phénomène de la personnalité totale (morale et physique), c'est-à-dire comme un continuel déroulement en nous des formes ancestrales et héréditaires, comme une véritable gravitation de nos ascendants.

Vous voyez où je veux en venir. Sa Science dont le XIXe siècle est si comiquement vain, ne l'a pas conduit, n'a pas conduit ses savants, à aucun moment, à examiner le côté humain, c'est-à-dire caduc, très instructif en même temps, de ses découvertes. Il n'a cessé de dogmatiser celles-ci, et, à mesure qu'elles s'édifiaient, puis qu'elles s'écroulaient, d'inscrire sur elles des *ne varietur*. Cette manie prépare à notre génération, et à celle qui va nous suivre, d'extraordinaires surprises et déconvenues. Elle est la conséquence, même chez des gens accoutumés à juger les effets et les causes, d'une certaine débilité de l'entendement, jointe à un immense orgueil. Il m'a été donné d'être, pendant quatre ans, l'élève d'un homme d'une bonté célèbre, mais qui m'apparaît en outre, aujourd'hui, comme le plus grand savant peut-être du XIXe siècle, pour des raisons que je vais dire, et qui était le professeur Potain. Jamais le professeur Potain (qui n'avait cependant rien d'un sceptique, au sens « XIXe » du mot) ne généralisait à contretemps. Il aurait pu, s'il l'avait voulu, comme Charcot, découper arbitrairement des syndromes, les créer, par sa volonté, chez les malades, agir pithiatiquement, inventer, classer et étiqueter des diathèses cardiaques, pulmonaires, rénales etc… Il ne l'a jamais fait. Ses affirmations, très fortes et catégoriques sur le plan où il les émettait, étaient aussi très prudentes. Je m'étonnais, étant son élève, des limitations volontaires qu'il apportait sans cesse à sa merveilleuse imagination clinique, et que d'autres considéraient comme un manque de génie. Je les comprends et je les admire maintenant. Il avait peur du séduisant invrai, de la forgerie spontanée, fascinante et arbitraire, et il avait fait, de sa timidité naturelle, un précieux contrôle de soi-même. C'était le temps où les méthodes et théories pastoriennes, entrant en gare dans la crédulité scientifique académique, faisaient un bruit du diable et bousculaient tout sur leur passage. M. Potain demeurait à leur endroit, attentif certes, mais réservé, comme il était demeuré assez réticent quant aux transports fictifs de la grande hystérie. En d'autres termes, M. Potain était un homme qui connaissait l'homme.

Il est bien entendu que jamais Pasteur n'a prétendu apporter un système, complet et définitif, de guérison de tous les maux humains contagieux, pas plus que Darwin n'a affirmé, en aucun endroit de ses ouvrages, la descendance simiesque de l'homme, pas plus que Claude Bernard n'a codifié le déterminisme, ni Galton l'hérédité. L'affirmation extensive, entêtée, césarienne de Charcot (si fortement marquée au coin du mauvais siècle) n'est pas leur fait. Mais ils ne se sont pas méfiés de leur temps, ni de leurs élèves, qui ont déifié leurs romans, et les ont rangés tout de suite dans la catégorie de l'absolu. Ils ne se sont pas méfiés de l'ambiance qui distinguait farouchement la science de l'art, attribuant à la première la solidité inébranlable et la pérennité, avec le sérieux, faisant du second un amusement. L'art n'est pas un amusement, c'est une issue ; et nous venons de voir qu'il est infiniment plus stable et durable que les tâtonnements, d'ailleurs très souvent sympathiques, de la science, de toutes les sciences.

Le seul critique (et qui était aussi un savant et un poète) qui ait eu des aperçus justes et profonds sur les rapports de la science et de l'art avec la personnalité humaine au XIXe siècle, semble bien avoir été Goethe. Héritier du XVIIIe siècle, mais infiniment trop grand pour verser dans la honteuse encyclopédie (honteuse par excès de niaiserie), Gœthe ouvre les portes du XIXe siècle à deux battants, comme le plus impressionnant des spectacles, et son œuvre, du début à la fin, respire l'enthousiasme de l'espérance. Elle est sereinement instructive, comme le confluent de deux tendances, qui vont courir le monde : l'artistique, le scientifique. Avec cela, il est naturellement philosophe. Il va tout de suite à l'essentiel des problèmes posés, avec un enjouement solennel. Équilibre merveilleux des sens héréditaires, qui entraînent, et de la raison qui freine, du moi et du soi ! J'ai passé dix ans de ma vie laborieuse dans le contact de ces deux gaillards, Shakespeare et Gœthe, me reposant de l'un par l'autre et voyant, dans le second, ce qu'aurait pu être le XIXe siècle, s'il avait eu plus de tête. Puis, au milieu du XIXe siècle, nous eûmes notre Gœthe méconnu, dans la personne de Mistral, lumineux effort de l'esprit d'oc pour arracher l'esprit d'oïl aux aventures... Mistral, ce soleil du bon sens, érudit, épique et lyrique !

Il est des questions, relevant de la sagesse, qu'on ne pose jamais, et qui cependant mériteraient d'être posées. Celle-ci par exemple : un savant, qui est aux bords d'une trouvaille positive, dont le méfait dépasse, à ses yeux, le bienfait, doit-il passer outre, négliger le point de vue moral, aller jusqu'au bout de son génie, sans se soucier des conséquences, ou doit-il sacrifier sa découverte dangereuse ? Par exemple Berthelot et les explosifs. Ne me dites pas : « Mais les explosifs sont indispensables à l'industrie moderne... » ni « un autre les aurait inventés plus tard. » Ce serait répondre à la question par la question. Je dis que cette vénération de la découverte, même plus malfaisante que bienfaisante, parce qu'elle s'appelle « découverte », est un legs de la sottise du XIXe siècle, dont l'humanité devra revenir, si elle veut survivre. Eh bien ! cette question du fas et du nefas, dans tous les domaines, elle est dans Gœthe et elle est, après lui, dans Mistral et dans Mistral seulement. Elle fait partie de la *corruptio optimi* ; de la grave question du pouvoir imaginatif, sans le contrepoids de la sagesse, ni de la prudence.

La plupart des découvertes scientifiques, qui ont successivement émerveillé la badauderie académique entre 1789 et 1914, sont comparables à un feu d'artifice, s'élevant au milieu des « oh » et des « ah », et dont les baguettes retombent, dans un temps donné, sur le nez des spectateurs. Encore une fois, ne voyez dans cette image rien de péjoratif. L'absurde, c'est de vouloir que la science soit autre chose que ce qu'elle est, qu'elle soit une métaphysique, une mystique, une religion. L'absurde, c'est d'exiger d'elle un absolu, un immuable, même une continuité. Brunetière, et tous ceux qui, avec lui, proclament faillite ce qui est remplacement, sont des niais, ou, si vous préférez une expression plus polie, des serins. Même fausses, les doctrines scientifiques d'une certaine ampleur ont leur esthétique ; elles peuvent faire bien dans les musées. L'Évolution fera plus tard l'effet d'un album d'images d'Épinal à l'usage des gosses de quarante-cinq ans, entre 1860 et 1910 ; on pourra gaiement feuilleter l'album. La fatalité héréditaire, elle, demeurera quelque chose de laid et d'informe, îlot de bouquins inutiles, au milieu d'une mare de sang et d'ennui. Mais le Pastorianisme aura sans doute laissé le souvenir d'une amusante panacée... Toutes ces petites bêtes, ou prétendues telles, ces spirilles, ces cocci, ces bâtonnets, ces jus, ces sauces, ces sérums, dont on discutera pour savoir si vraiment ils guérissaient en 1900, formeront un ensemble pittoresque, dont se divertiront, ou sur lequel s'attendriront (selon les humeurs), nos arrière-neveux. Le monsieur qui a du temps à perdre (type éternel, Dieu merci) tombant, dans une bibliothèque publique ou privée, sur *l'Avenir de la Science* et le lisant, s'il a l'esprit bien tourné, ne s'ennuiera certes pas.

Je n'ai examiné que les principales marottes scientifiques du Stupide, sans tenir compte des secondaires, vu leur nombre et leur fragilité. Un travail divertissant consisterait à classer, d'après les sujets, les comptes rendus réunis de l'Académie des Sciences, et de l'Académie de Médecine, et à voir par quelles alternatives ont passé les cotes et taux de crédibilité des communications de tous genres. La mode joue, dans les conceptions des savants, un rôle aussi important et variable que dans la toilette des femmes, aiguillant tous les esprits dans la même direction et vers les mêmes hypothèses, puis dans une direction et vers une hypothèse totalement contraires. Ces compagnies donnent l'impression de troupeaux de moutons, changeant de parc avec une prodigieuse docilité. Ceci prouve la faiblesse en commun des personnalités écoutantes, réfléchissantes et discutantes.

Cependant (m'objecterez-vous) il y a l'expérience, la méthode expérimentale, qui donne des résultats positifs. Passe pour les hypothèses, induites d'après des faits constatés. Mais ces faits eux-mêmes ne varient point. L'expérience de laboratoire entraîne la certitude.

En effet, j'ai lu cela dans Claude Bernard, Paul Bert et leur séquelle. Il n'y a qu'un malheur. C'est que l'expérience s'appelle aussi interprétation, et que le risque de l'interprétation augmente, bien entendu, à mesure que l'on passe de l'inanimé à l'animé et des formes plus simples de l'animé aux formes plus complexes. Quiconque lit attentivement le *Discours de la Méthode* de Descartes, découvre cette préoccupation derrière ses formules d'aspect bon enfant. Mais l'*Introduction à la médecine expérimentale* n'est qu'un pathos à côté du *Discours de la Méthode* ; et ceci, entre parenthèses, marque bien la différence du niveau intellectuel entre le XVIIe siècle, si clair et pénétrant, et le XIXe siècle, si confus et superficiel. Nous avons vu l'erreur de Broca, quant à l'examen de la troisième frontale gauche de Leborgne. Multipliez cette erreur par dix mille et vous aurez le résultat des innombrables expériences, interprétées, depuis soixante ans et davantage, comme des démonstrations de telle ou telle thèse scientifique, dont il a été reconnu ensuite qu'elles ne démontraient rien du tout, ou qu'elles démontraient le contraire. Cela est vrai des simples examens de constatation. Prenons par exemple la recherche des bacilles de Koch dans la tuberculose. Il a été admis, à un moment donné, sous l'influence des théories pastoriennes, que ce bacille était la cause unique de la tuberculose, parce qu'on le trouvait dans les tissus des malades tuberculeux et des animaux tuberculisés. Or on l'a trouvé aussi chez des gens en apparence bien portants et ne présentant aucun signe apparent de tuberculose ; et l'on s'en est tiré en disant qu'ils étaient tuberculeux sans le paraître. Mais qu'est-ce qui prouve que ce bacille n'est pas une conséquence d'un principe humoral qui, en se développant, le ferait foisonner, en même temps qu'il provoquerait la tuberculose ? Ceci n'est qu'un cas entre une multitude d'autres. Le témoignage des sens, qui constitue l'expérience, ne vaut que par l'intervention de la raison et suit les vicissitudes de la raison, guide elle-même de l'imagination. Je pense fermement qu'un savant, qui a une doctrine préconçue, peut toujours instituer l'expérience démonstrative, qui viendra à l'appui de cette doctrine. Il y a, dans la vaste nature, des possibilités pour toutes les démonstrations, celles de l'erreur, comme celles de la réalité, celles du faux, comme celles du vrai. L'expérience peut être aussi suspecte que l'hypothèse. Les lévites du laboratoire doivent être surveillés. Il est des expériences de bonne foi, qui cependant trompent et mentent.

Le vulgaire s'imagine que les découvertes scientifiques sont soumises au sévère contrôle et à la critique des compétences. C'est inexact. Elles sont sujettes à des courants d'humeurs, ou à des préférences intellectuelles d'ordre général, qui poussent à les rejeter ou à les admettre, en affirmant qu'on les a contrôlées. Le génie de persuasion rend ces courants favorables et dissipe ou atténue l'esprit de contradiction, qui est une forme de la vigilance, une défense naturelle de l'esprit contre l'erreur par engouement. Les affirmations simplistes de Pasteur (une petite faune invisible, dévastant l'organisme humain, directement ou par ses sécrétions et ses déchets), produites avec une robuste et généreuse bonne foi et une ténacité paysanne, ont immédiatement conquis les imaginations paresseuses et matérialisées de son temps. Le pastorianisme a rencontré moins d'obstacles encore que le darwinisme. Comme il arrive dans les fortes poussées pithiatiques, quiconque se permettait le plus léger doute, au sujet des foudroyantes découvertes de l'excellent homme, même des plus hasardeuses, apparaissait comme de mauvaise foi, comme un insensé et un ennemi public. Peter, présentant quelques objections sérieuses et pesées, fut accablé d'imprécations et d'outrages. L'assentiment enthousiaste des savants, comme des ignorants, autour des thèses (actuellement plus que menacées) de Pasteur est comparable à celui qui environna Victor Hugo dans la seconde phase de sa vie. J'ai vu mon bien cher maître Tillaux trembler de vénération, en accueillant Pasteur qui venait à l'Hôtel-Dieu, comme je l'ai raconté, injecter son vaccin sauveur contre la rage à une douzaine de Russes, lesquels moururent enragés après le traitement. On dit alors que le traitement échoua, parce qu'ils avaient été mordus à la figure, ces Russes, et tardivement inoculés. Je pense qu'il échoua à cause de l'ignorance où étaient ces malades à demi sauvages de l'infaillibilité pastorienne. Un interne de service, s'étant permis un doute bien innocent sur l'efficacité du nouveau remède (histoire de renaniser dans les plates-bandes médicales), se fit rabrouer par Tillaux, comme un incongru.

Ce que l'on peut prévoir à coup sûr (d'après les leçons d'un passé récent) c'est que le jour où la bactériologie pastorienne s'écroulera, soit dans le coup de tonnerre d'une interprétation d'ensemble entièrement nouvelle, soit dans l'affaissement mou et la disparition de l'efficacité des sérums et des interprétations adjacentes, c'est l'ensemble qui plongera d'un coup au barathre. Tel compartiment ne sera pas préservé. L'engouement intellectuel et sentimental se retirera comme il est venu ; et le coup décisif sera peut-être porté par un élève de Pasteur, de même que les localisations cérébrales et l'hystérie ont succombé sous les coups d'élèves de Charcot. Ces retours sont toujours ironiques, comme il arrive dans le revers des affaires humaines.

« Qu'importe (s'écrient les sceptiques, de forme optimiste) ! Pendant le temps de leur vogue et de leur pithiase, tous ces sérums auront en somme fait du bien. » C'est mon avis et je ne dénie pas une certaine beauté à ces illusions successives, qui constituent les relais du « progrès » scientifique ; à condition qu'on reconnaisse les droits de la critique, et qu'on ne proclame point l'intangibilité de ces illusions expérimentales, ni l'omnipotence intellectuelle du siècle où elles ont le plus abondamment fleuri. Le romantisme de la Science a pu rendre des services, que n'ont rendus ni le romantisme littéraire, ni surtout le funeste romantisme politique. Il faut seulement savoir que c'est un romantisme.

Je ne cite ici que pour mémoire, les aberrations, les manies, les phobies et les folies véritables auxquelles a donné lieu, en contre-choc, la microbiologie, ainsi que les pratiques abusives qu'elle tend à introduire dans la législation. Un bon quart de nos contemporains, depuis les travaux de Pasteur et de son institut, vit dans la terreur des bacilles et dans la recherche des moyens de s'en préserver. D'ailleurs, les épidémies, dont on annonçait la disparition, ont continué à sévir comme jadis ; et une des plus mortelles qu'ait connues l'humanité fut celle de grippe dite espagnole — d'aucuns parlaient de peste — au moment de l'armistice de la guerre européenne (novembre 1918). Soit que le caractère véritable de cette épidémie ait été méconnu, soit que les sérums antigrippaux aient cessé d'agir, soit que le microbe ait été mal isolé, soit que cette grippe ne fût pas l'effet d'un microbe. Ce qui est sûr, c'est que les gens mouraient comme des mouches, exactement comme s'il n'y avait pas eu d'Institut Pasteur, et que ceux qui se frappaient, et prenaient le plus de précautions contre le bacille supposé, étaient aussi les premiers et les plus gravement atteints. Car, en dépit des théories héritées du Stupide, il y a un Institut infiniment supérieur à celui de Pasteur, qui est celui de l'Indifférence. On ne compte plus les victimes de la croyance pathétique aux microbes et de l'affaissement physico-moral consécutif à la terreur de ces minimes ennemis du genre humain.

Les sciences biologiques sont jeunes, quelques-unes n'ont pas cinquante ans. Il y en a de mort-nées. Il y en a de balbutiantes. D'autres peuvent être appelées à disparaître, comme reposant sur une conception erronée. Leurs contours s'effacent plus promptement que celles des tableaux des maîtres. Regardez ce qu'est devenu le Déterminisme de Claude Bernard, à côté du bleu ou du rose de Fra Angelico, ou du jaune de Vermeer de Delft, ou du doré de Rembrandt, ou des fameux verts de Vélasquez. N'alléguez point que ces couleurs et cette doctrine ne sont point comparables entre elles ; car ces doctrines passagères ont la couleur du temps. Aux époques fortes, où abondent les talents originaux, vigoureux et sages, ce sont les hommes qui mènent les idées, lesquelles composent l'ambiance. Aux époques faibles, au contraire, c'est l'ambiance qui crée des principes vagues, lesquels, à un moment donné, s'incarnent dans un homme, dramaturge, poète, penseur ou savant, influençable, poreux et sans volonté. Hugo est le père du romantisme, mais il est le fils de l'aberration impériale napoléonienne, et il en a le cliquetis dans la tête. Claude Bernard est le fils du matérialisme ambiant, ce qui donne à ses plus célèbres expériences (le sucre du foie… la fièvre, etc.) un caractère de simplicité élégante, mais aussi de fragilité, tout spécial. Car ceux mêmes qui célèbrent officiellement son génie savent bien qu'il ne reste plus de son œuvre une seule affirmation qui soit entière ; et, ses ouvrages renommés et caducs n'étant plus retirés, il serait impossible de se les procurer en librairie. C'est que le fatalisme ambiant a disparu lui aussi, s'est retiré des concepts philosophiques, comme des considérations historiques, comme des études cosmogoniques, géologiques, ou biologiques. Le sombre coloris mental s'est effrité.

Sans doute le siècle industriel a vu construire et se perfectionner beaucoup de machines et il a été, d'un certain point de vue, le siècle de l'acier, du suicidaire acier, qui se retourne, en fin de compte, contre son père, le genre humain. Parmi ces machines, les dernières en date, qui servent à parcourir les espaces célestes, avaient été romantiquement considérées comme devant amener la paix parmi les hommes, par la facilité des communications et des échanges. La guerre a prouvé que les avions avaient un pouvoir de destruction sans précédent et duquel on pouvait attendre, dans un avenir rapproché, l'écrasement de cités entières. Le retournement de la machine contre l'homme est un problème tel qu'on peut se demander si c'était la peine d'exterminer les fauves et les carnassiers, étant donné qu'ils seraient remplacés par une zoologie métallique, infiniment plus redoutable que les animaux féroces antédiluviens, que le tyrannosaure de cinquante-cinq mètres de haut. Le bonheur par le progrès de la machine est devenu très aléatoire. Ces considérations sont trop banales pour que j'y insiste. Sans qu'il soit complètement justifié d'établir, dès maintenant, entre l'un et l'autre, un rapport de cause à effet, l'industrialisme apparaît aujourd'hui comme le prolégomène, comme l'antichambre de la guerre exhaustive. Le vieux chemin de fer lui-même, destiné à faciliter les échanges entre les nations (et il les facilite en effet), sans rapprocher les nations pour cela, intellectuellement ni moralement, est devenu surtout un outil de concentration militaire. La vie pastorale et agricole fait le bonheur et la famille. — *O fortunatos !...* — la vie industrielle les défait. Le XIXe siècle n'est peut-être pas responsable de son terrible développement industriel, ni de celui du prolétariat y attenant ; mais il est responsable de n'avoir rien tenté pour parer aux souffrances sociales qu'engendre ce développement industriel, et il ne l'a pas fait, parce qu'il était sans conception politique, ou parce que sa conception politique était faussée. De quelque côté que l'on se tourne, quel que soit le domaine scientifique envisagé, théorique ou appliqué, on aboutit aux mêmes constatations.

J'appelle stupide un conducteur de peuple qui, déchaînant des forces redoutables, est incapable de les endiguer, ou de les adapter à l'état de paix. J'appelle stupide un savant qui ne sait pas guider sa science, ni la soumettre à la raison générale. L'exemple de Bonaparte et celui de Charcot sont là pour démontrer que l'on peut, tout ensemble, être génial et stupide.

1. ↑ Babinsky, déjà nommé.
2. ↑ L'*Hérédo*, le *Monde des Images* et en général tous mes ouvrages de critique littéraire, politique et philosophique ont paru à la *Nouvelle Librairie nationale*.

CONCLUSION

> « Oh, le XIXe siècle, à en juger du moins par la tête de la Société et de la littérature, est bien peu le fils de son père le XVIIIe ! Plus il avance en âge, plus il se cotonise et s'affadit. Cela se traduit dans les moindres choses, comme dans les plus grandes. »
>
> Sainte-Beuve, Nouveaux Lundis, t. XI,
>
> art sur l'orthographe, du 2 mars 1868.

> « Le prodigieux épaississement des esprits, depuis trois quarts de siècle de culture barbare, amène une sorte de nuit, tout à fait comparable à celle qui précéda l'an mil, tant les facultés de frémir et de sentir ont seules prévalu et cru. »
>
> Charles Maurras. Préface du Chemin de Paradis, 1895.

Parvenu au bout de cette étude déjà longue (et cependant fort incomplète, car chacun de mes chapitres aurait pu faire aisément un volume), je conclurai par quelques remarques. Elles serviront de réponses aux objections éventuelles.

Première objection : il y a eu, au XIXe siècle, des religieux éminents, des hommes politiques de valeur, d'éloquents défenseurs du bon sens et de la tradition raisonnable, de grands et sages écrivains, et de beaux savants.

Réponse : qui le nierait ? Certainement pas moi. Je fais seulement remarquer qu'à ces valeurs véritables, authentiques, ont été préférées, par le siècle, en général, les valeurs fausses. Nous l'avons vu, chemin faisant : Hugo a été préféré à Mistral ; Taine à Fustel. L'influence d'un Renan a été infiniment supérieure à celle d'un Joseph de Maistre. La publicité, le renom, l'autorité ont été au clinquant, au paradoxal, ou à un certain fade, ont été au séduisant, à l'ingénieux, au contradictoire, non au logique, ni à la force sage, ni au clair parler.

Seconde objection : La révolution a été la conséquence d'abus antérieurs. Elle est la fille du XVIIIe siècle.

Réponse... Et la mère du XIXe. Elle a créé, entre autres dogmes, celui de la nation armée, qui vient de dépeupler la planète et la redépeuplera demain. Elle est le grand fléau. Un fléau dénoncé dès son début. Mais ceux qui le dénonçaient ne furent pas écoutés. L'installation et le développement de ce fléau sont dus aux libéraux plus qu'aux révolutionnaires eux-mêmes. Nous attendons encore maintenant le « thermidor » (au moins intellectuel) du libéralisme.

Troisième objection : Le XIXe siècle est le siècle de la Science et de l'Industrie.

Réponse. *Corruptio optimi pessima.* Le XIXe siècle (privé de la règle et de l'ordre) a tourné la science au fatalisme occidental, et l'industrie à la guerre. Il a obscurci la liberté intérieure, qui permet de discerner et d'éviter les chimères sanglantes. En tout, il a donné le pas à l'erreur et mis sous le boisseau la lumière des causes efficientes.

Quatrième objection : Comment définirez-vous cette erreur ?

Réponse. J'appelle erreur ce qui tue, et vérité ce qui vivifie. J'appelle erreur ce qui expose inutilement, et vérité ce qui protège. La première vague démocratique nous a valu le charnier révolutionnaire et napoléonien n° 1. La seconde nous a valu le charnier de 1870-1871. La troisième nous a valu le charnier de 1914. Du côté chair et sang, la chose est jugée par plusieurs millions de jeunes cadavres accusateurs.

Cinquième objection : Mais, de votre point de vue même, il y a eu une vigoureuse réaction, tout le long du XIXe siècle.

Réponse. Elle n'a pas été assez vigoureuse, puisqu'elle ne l'a pas emporté. Le libéralisme avait su lui persuader qu'il faut avoir honte de la vigueur. Marius et Cicéron avaient endoctriné Sylla. Signe incomparable de stupidité !

On aura beau tourner et retourner la question dans tous les sens, on en arrivera toujours à ce point que des millions de Français ont payé de leur vie les sottises, même solennelles, même rythmées, même et surtout grandiloquentes, issues d'abord de la Réforme, puis de la Révolution, et vénérées au XIXe siècle. Car ce siècle a eu la bosse de la vénération, appliquée à l'absurdité. Ce fut le siècle du suicide en commun. En vain, m'inviterez-vous, devant cette évidence, à relire une page mélodieuse ou entraînante de Hugo, de Michelet ou de Renan ; je vous rirai au nez. Cette lecture m'est masquée par une brume rouge. Il n'y a pas de beau mensonge. Un mensonge, à la fin, se paie toujours cher. Parés des couleurs les plus éclatantes, les perroquets de la démocratie apparaîtront toujours couverts de sang. Les plus sanglants auront été ceux qui répétaient « paix » et « fraternité ».

Celui qui souffre et ne cherche pas à distinguer les causes de sa souffrance, pour la guérir, est stupide. L'habitant français du XIXe siècle aura souffert des maux inouïs, tenant à l'imbécillité de ses dirigeants, choisis par lui, encore plus qu'à leur malfaisance ; il aura cru que ces maux étaient nécessaires. Voir la phrase désolante de Charles Bovary : « C'est la faute de la fatalité. » Il aura tourné résolument le dos à ceux qui lui démontraient, clair comme le jour, l'origine politique de ses malheurs. Le modèle de ces aveugles par persuasion, est, pour moi, le lecteur des *Débats* ou du *Temps*, où le gémissement sur les effets du curare voisine quotidiennement avec l'apologie du curare. Ce lecteur ne s'en aperçoit pas. Sa ruine, l'effondrement de sa famille, le massacre périodique de ses enfants, ne lui ouvrent nullement les yeux. C'est un dévot des contradictions et âneries imprimées, dont il se régale chaque soir. Le catoblépas, qui se rongeait les pieds, sans s'en apercevoir, était un animal intelligent et éveillé, à côté de lui.

Je sais que le présent ouvrage apparaîtra à beaucoup comme un sacrilège philosophique, politique, scientifique, littéraire, comme un blasphème affreux, etc… C'est l'habituel concert des grenouilles, frappées au bon endroit de leur petit pantalon verdâtre. Je sais aussi qu'avant dix ans il fera l'effet d'une bergerie, vu l'immense écroulement de chimères sanglantes qui sera alors accompli, au milieu d'un déluge de malédictions. Avant dix ans, avant cinq ans peut-être la France devra être monarchique, ou elle ne sera plus ; car la France est de constitution familiale, et la famille et la démocratie sont aussi antinomiques que la Patrie et la démocratie.

Ce qui perd les âges, comme les individus, c'est l'orgueil. Cet orgueil est la marque distinctive du XIXe siècle, sur tous les plans et dans tous les domaines. Il ignore résolument l'humilité, cette vertu suprême et qui tend à ses rares adeptes la clé des deux univers, l'intime et l'extérieur. Ses prototypes sont des orgueilleux : un Bonaparte, un Chateaubriand, un Hugo, un Berthelot, un Renan. Celui-ci est un orgueilleux rude et sommaire ; cet autre, un orgueilleux onctueux et rusé ; celui-ci brandit un sabre ; celui-là, un bouquin ; cet autre, une formule chimérique, ou sceptique, ou une alternative pittoresque. Mais tous brandissent quelque chose : admonestation, mensonge ou menace ; tous prétendent, eux aussi, ériger leur point de vue en maxime universelle. Leurs apostolats, terribles ou ridicules, apparaissent, à distance, d'autant plus plats qu'ils les croyaient sublimes. Ces prétendus géants sont des nains, quant au bon sens, des nains agrandis par leur miroir ; et ce miroir fut leur époque. À chacune de leurs commémorations officielles (car le xxe siècle est encombré de ces douloureux centenaires) on pourrait apporter la liste de leurs ravages, moraux ou matériels… « Mais ils ne l'avaient pas fait exprès… Mais ils croyaient bien faire. » Précisément parce qu'ils étaient pleins d'orgueil, et parce que l'orgueil guidait toutes leurs pensées et tous leurs actes.

Une sixième objection, d'ordre moral, est tirée des nombreuses institutions charitables, qui ont pullulé dans ce siècle où la banque (c'est-à-dire l'exploitation légale d'autrui) a pris, par ailleurs, une importance de premier plan. Je réponds que ces institutions charitables, abondantes en effet et souvent ingénieuses, ont été, au xixe siècle, plus tolérées qu'encouragées (quand elles n'étaient pas entravées, ou combattues) par l'esprit démocratique et les pouvoirs politiques. Il suffit de voir comment, de 1898 à 1906 et au delà (années décisives de défense républicaine) ont été traitées les bonnes œuvres qui n'étaient ni protestantes, ni juives. On peut suivre, depuis trente-cinq ans, la dégradation progressive des services de l'Assistance publique, des hôpitaux notamment, où l'incurie est trop souvent devenue la règle. Il en est de la charité au xixe comme de la liberté. Elle s'est tellement manifestée en paroles et en écrits (officiellement, du moins) qu'il ne lui est plus resté de forces pour se manifester en actes. En général, la charité depuis 1789, comme l'architecture, est un art perdu et ce qu'on appela la dureté des temps fut, à notre époque, la dureté des hommes.

Il appartenait aussi à ce siècle des maximes funambulesques de proclamer l'antinomie de la pensée et de l'action, et de séparer l'esprit qui conçoit de l'esprit qui réalise. Comme si, à l'origine de toute action réelle et durable, il n'y avait pas, non seulement une pensée, mais une doctrine ! L'intangibilité du penseur, ou prétendu tel, a ainsi déchaîné sur la société une nuée d'empoisonneurs et de destructeurs impunissables, qui firent de leur immunité un dogme de plus. Cependant que les pusillanimes, ou simples poltrons, qui discernaient clairement le bien, se retranchaient, pour ne pas entrer dans la mêlée, sur la prétendue antinomie. En même temps et parallèlement, le romantisme judiciaire désarmait le ministère public, c'est-à-dire la société, au bénéfice de l'avocat simple, c'est-à-dire du particulier, et attendrissait, à tous les degrés de la juridiction, sur le criminel ou le délinquant, non sur ses victimes. Un jurisme entortillé, sentencieux et vain, prenait le pas sur la Justice elle-même, séparée de l'équité par les abîmes de l'individualisme égalitaire. Les saccades de la politique démocratique, vacillante et branlante, se communiquaient aux tribunaux et aux prétoires. L'effondrement spirituel et intellectuel, qui ouvrait la Sorbonne à l'étranger, ouvrait le Palais de justice à la pire faiblesse et au pire désordre, en dépit de talents éclatants, mais dont les éclats blessaient le Droit. L'importance pathétique et politique de retentissantes affaires de Justice devenait égale à leur dérèglement.

Les constatations que je fais ici sont faites couramment, dans toutes les professions, depuis huit ans, depuis le coup de foudre de la grande guerre, par beaucoup de personnes sensées, auxquelles manque l'énergie de les formuler. Elles préfèrent se lamenter et geindre, plutôt que de remédier. J'ai connu un médecin comme cela. Il pleurait, en examinant ses cancéreux : « Ah ! mon pauvre monsieur, que vous allez souffrir et quelle mort horrible vous attend !…

— Mais docteur, en ce cas, que dois-je faire ?

— Rien. Vous n'avez rien à faire, ni à tenter. C'est précisément ce qui me désole. Vous êtes perdu et bien perdu. »

Encore ce médecin avait-il l'excuse qu'il n'existe aucun traitement rationnel du cancer. Au lieu que le mal de l'esprit (qui fut celui de notre Stupide) peut parfaitement se traiter par l'esprit. Conséquences du mal de l'esprit, les maux sociaux et politiques peuvent être vigoureusement conjurés ; et il faudra bien qu'ils le soient, si la France, et avec elle le genre humain, veulent éviter le grand naufrage. À plusieurs reprises déjà, au cours de l'histoire moderne, ce naufrage a menacé. Puis il est arrivé un pilote. Le malheur est qu'au commencement du Stupide, celui qui se proposa comme pilote et fut accepté, Napoléon, était lourd des erreurs qu'il prétendait réparer, et dont il augmenta les ravages. Ensuite, des malins affirmèrent qu'il fallait compter avec ces erreurs, faire semblant de les partager, et, sous le masque, les combattre. C'étaient des maladroits, ces malins. Leurs masques, mal attachés, faisaient rire ; et en se ralliant à l'erreur politique, ils lui apportaient un appoint nouveau. D'ailleurs, on se bat plus mal de près que de loin ; on se bat fort mal sous un déguisement ; et l'adversaire, non défini, ni délimité, profite aussitôt de cet avantage. Il y a le sain et le malsain, comme il y a le bien et le mal ; le renanisme comme le libéralisme, n'est qu'une forme de couardise profonde, n'est qu'une loucherie de l'âme effarée.

Au XIXe siècle, qui fut celui du nombre brut, de la quantité, de l'antiqualité, des stupidités révolutionnaire et libérale, et de leurs vingt-deux principes de mort, l'audace fut du côté des destructeurs. Il s'agit de faire que, maintenant, elle soit du côté des reconstructeurs, de ceux-qui détiennent le bon sens et le réveil de la raison agissante. Le terme, injustement bafoué, vilipendé, honni, de Réaction doit être relevé et repris hardiment, si l'on veut donner la chasse à l'erreur sanguinaire, si l'on veut ramener, ici et ailleurs, la vraie paix et les institutions et notions de vie, avec la ruine des notions et institutions de mort, honorées au XIXe siècle. Je n'ai pas écrit ce livre véridique, ce livre de bonne foi, pour autre chose que pour rendre cœur à la Réaction, c'est-à-dire aux reconstructeurs, dans tous les domaines, sur tous les plans, dans tous les milieux ; que pour leur inculquer cette certitude, cette ardeur, où paraît le signe de la victoire.

FIN